병역 거부

변화를_
위한_
안내서_

병역 거부

변화를_ 위한_ 안내서_

전쟁저항자인터내셔널(WRI) 지음
여지우 최정민 옮김
전쟁없는세상 엮음

갈무리

일러두기

- 이 책의 외래어 표기는 국립국어원의 외래어 표기법을 기준으로 하였으며, 인명은 현지어 발음을 우선으로 하였다.
- 이 책의 본문에서 주석은 모두 각주 처리하였다.
- 정기간행물, 신문, 잡지, 영화, 음반 등은 「 」, 단행본, 논문, 보고서는 『 』로 표시하였다.
- 이 책이 취하는 폭넓은 병역거부의 관점에 따라, '양심적 병역거부'에서 '양심적'이라는 수식이 맥락상 반드시 필요한 경우가 아니면 생략하고 그냥 '병역거부'로 옮겼다.

이 책은 참여연대 국제평화협력기금 '지혜기금'의 후원으로 번역되었습니다.

2부 운동 전략

3부 병역거부의 확장

프롤로그

왜 이 책인가

병역거부는 흔히 어떤 분쟁에서 발생하는 불의, 혹은 전쟁 그 자체의 부당성에 맞서 개인이 취하는 도덕적 태도로 간주되고 설명된다. 하지만 병역거부는 또한 정치적 행동의 일종이자, 캠페인과 조직화를 위한 운동의 구심점이다. 이러한 수단으로서의 병역거부에는 일정한 장점과 넘어야할 특정한 도전이 있다.

이 책은 병역거부 활동을 하는 전 세계의 조직가와 활동가들에 의해 쓰였고(세계 곳곳의 병역거부자와 숙련된 활동가들이 쓴 짧은 글과 간단한 사례 연구들이 담겨 있다), 또 그들을 위해 만들어졌다. 그들은 자신이 참여한 행동과 캠페인에 대해 이야기하고, 성공적인 캠페인을 위한 조언을 공유하며, 자신의 운동이 처한 어려움을 논한다. 책의 각 장은 병역거부 운동이 작동하는 광범위한 정치사회적 맥락을 다루고, 다양한 이념적 토대에 따른 병역거부의 구체적인 특징들을 기술하고 있다. 나아가 병역거부자들이 운동의 지속 가능성을 확장하고, 자신이 대항하는 불의를 만들어낸 군사주의적이고 가부장적인 사회 구조를 똑같이 재생산하지 않도록 반드시 해결해야 할 난제들을 제기한다.

병역거부 운동은 그것의 저주가 축복이 되기도 하고, 축복이 저주가 되기도 하는 독특한 위치에 있다. 국가 차원의 징병 제도와 지속 중인 분쟁 혹은 전쟁은 활동가들이 없애고자 하는 주요한 목표인 동시에, 병역거부 운동이 조직되고 힘을 얻기 위한 조건을 형성한다. 수많은 청년이 군대에 징집되거나 전쟁에 파병될 수 있는 상황에서, 누군가는 어떤 식으로든 저항을 택하기 마련이다. 이는 병역거부 운동에 젊은 활동가가 꾸준히 유입된다는 뜻이고, 그중 일부는 장기간 운동에 헌신할 것이다. 이것은 구금이나 기타 징벌에 직면한 병역거부자를 계속해서 후원할 실질적 동기와 절실함이 유지되는 데도 도움이 된다. 또한 지속 중인 분쟁은 저항 운동이 국제연대의 초점이 되는 데도 기여한다.

그러나 병역거부 운동의 (상대적) 성공이 여러 가지 면에서 그 자체의 걸림돌이 되기도 한다. 예를 들어, 세계적으로 징·모병이 거의 (대부분 이성애자) 남성에게만 집중된다는 점을 고려할 때, 병역거부 운동은 다른 사회 운동보다 훨씬 더 (이성애자) 남성을 중심으로 돌아가기 쉽다. 캠페인의 초점이 감옥에 가는 것에 집중될 경우, 자칫 군대가 퍼뜨리는 것과 동일한 군사화 된 영웅 숭배를 재생산하는 운동이 될 수도 있다. 병역거부에서 전형적인 선언적이고 공개적이며 이념적인 형태의 거부는 대개 특권을 누리는 계급과 인종 집단의 청년에게 더 매력적이다. 그에 비해 사회적 취약 계층의 구성원은 보다 '조용한' 형태의 입영 기피나 군 복무 중단을 택하기 쉬우며, 이는 때때로 '징병 기피' 혹은 '병역 기피'라 불린다. 이것은 결과적으로 운동의 이상과 가치를 왜곡하고, 이념적 균열과 딜레마를 만들어낼 수 있다. 운동이 성공해 병역거부자가 법적으로 완전히 인정받고 징병제가 폐지된 경우에도, 운동은 종종 활동의 초점을 잃고 전쟁에 대한 저항의 개념을 확장하거나 전환하는 데 실패하여 결국 명맥이 끊기기도 한다.

이 책은 병역거부와 관련된 이런 모든 문제와 난관을 다루는 한편, 이를 조직화의 기회로 활용할 방법을 논하기 위해 구상됐다. 그리고 논의가 한 국가에 갇히지 않고 국제적인 범위로 확장 가능하도록 특별히 신경을 기울였다. 세계의 병역거부 운동은 지리적으로 빠르게 확산되고 있다. 반세기 전만 해도 세계에서 병역거부 운동이 가장 활발한 곳은 유럽과 북아메리카였다. 오늘날 이러한 과거의 운동은 많이 약화되고, 라틴아메리카와 중동, 한국을 비롯한 아시아의 일부 분쟁 지역으로 그 초점이 옮겨갔다. 이 책이 쓰이는 와중에도 이집트와 태국 등 이전과는 전혀 다른 정치적·문화적 맥락에서 새로운 병역거부 운동들이 틀을 잡아 가고 있다. 이 책은 특히 이렇게 새로이 떠오르는 운동의 필요에 맞게 구성되었으며, 가능한 한 국제적인 범위의 경험들을 다루고자 노력했다.

이 책은 크게 네 부분으로 구성되어 있다. 시작은 서론과 병역거부의 역사에 대한 간략한 소개다. 여기서는 어떤 이들이 병역거부를 해왔는지, 그리고 이것이 오늘날 병역거부 운동에서 어떤 의미를 가지는지 알아본다. 이어지는 1부는 '함께 활동하기'라는 제목이 보여주듯, 특권 집단과 피억압 집단이 섞인 역학 관계 속에서 서로 어울려 협력하는 것을 돕고자 기획했다. 이 책은 전체적으로 젠더와 관련해 많은 지면을 할애하고 있는데, 1부 첫 장에서는 이 책에서 젠더를 강조하는 것이 왜 중요한가 하는 질문을 첫 번째로 던진다. 1부의 서문 역할을 하는 이 글은 페미니스트 학자인 신시아 코번Cynthia Cockburn이 썼으며, 전쟁저항자인터내셔널War Resisters' International, WRI이 2014년 출간한 『비폭력 캠페인을 위한 안내서Handbook for Nonviolent Campaigns』에 수록된 퀴어 활동가 캐티스 라스카Cattis Laska의 글을 재정리한 젠더의 교차성, 즉 젠더가 다른 권력관계와 교차되는 방식에 관한 토막글도 실려 있다. 다음으로는 터키의 페르다 울체시Ferda Ülker가 여성 병역거부자로 '커밍아웃' 하면서 경험한 젠더 역학에 관한 짧은 경험담이 그 뒤를 이으며, 이와 함께 두 개의 인터뷰도 곁들여져 있다. 하나는 미국 반군사주의 평화 운동의 인종 역학에 관한 아프리카계 미국인 활동가 그렉 페이튼Greg Payton과의 인터뷰이고, 다른 하나는 이스라엘 병역거부 운동의 계급 역학에 관한 이스라엘 병역거부자 노암 구르Noam Gur와의 인터뷰다. 이상의 글들에서 얻은 통찰과 편집자의 보다 폭넓은 사회운동 경험은 다음 장 '특권과 차이 속에서 활동하기'에서 고스란히 한데 모아진다.

서로 다른 동기를 가진 사람들과 함께 활동하는 내용을 담은 6장에서는 병역거부 운동에 이르게 된 다양한 동기가 여러 개인의 경험담 또는 '이야기' 형식으로 간략히 서술돼 있다. 라파엘 우스카테귀Rafael Uzcategui는 라틴아메리카 운동 내의 여러 정치적 경향을 자신의 아나키즘 관점에서 설명한다. 리처드 스틸Richard Steele은 아파르트헤이트 시기

남아프리카공화국 방위군 소속으로 싸우기를 거부한 자신의 경험담을 들려준다. 훌리안 피에로Julia'n Fierro는 콜롬비아에서 평화주의 신념에 따라 병역거부를 한 것에 대해 이야기한다. 오스카 퀸토Oscar Quinto는 메노나이트Mennonite[1] 신도로서 자신의 평화주의가 종교적 신념에서 어떻게 비롯되었고, 이것이 결과적으로 보다 다양한 사회정의 활동으로 이어진 것에 대해 설명한다. 이정식은 한국에서 젠더 및 성 소수자로 살아가는 것에 관해, 그리고 그 경험이 어떻게 병역거부로 이어졌는지 이야기한다. 마지막은 전쟁저항자인터내셔널이 2010년 출간한 『여성 병역거부자 선집』에 실린 아이단 할릴리Idan Halili의 글을 발췌한 것이다. 그녀는 페미니즘 신념에 근거해 이스라엘 방위군 복무를 거부한 것에 관해 이야기한다. 병역거부를 하게 된 각자의 다양한 동기에 관한 이들 사례 연구 뒤에는, 이러한 차이 속에서 창의적으로 함께 활동하는 수단으로 합의에 의한 의사 결정 방법에 대한 자료가 수록되어 있다.

2부는 운동 전략을 다룬다. 첫 장은 이스라엘 페미니스트 단체 뉴프로파일New Profile의 활동가 세르게이 샌들러Sergeiy Sandler의 글로, 그는 병역거부자에 대한 후원을 조직하기 위한 몇 가지 유용한 방향을 제시한다. 다음으로는 국제앰네스티 그리스지부Amnesty International Greece의 활동회원 알렉시아 수니Alexia Tsouni가 국제연대를 구축하는 몇 가지 방법을 제안하고, 국제연대가 매우 중요한 역할을 한 병역거부자 두 명

1 **옮긴이 주** 16세기 종교개혁 시기에 메노 시몬스(Menno Simons)가 창시한 기독교 교파로, 평화주의를 강조한다.

의 사례를 들려준다. 퀘이커유엔사무소Quaker United Nations Office의 레이첼 브렛Rachel Brett은 국제법상의 병역거부를 개략적으로 소개하고, 뒤이은 장에서는 독일의 병역거부자이자 비폭력 활동가인 안드레아스 스펙Andreas Speck과 콜롬비아의 병역거부 활동가 밀레나 로메로Milena Romero가 국제인권 기제가 국내 사례에 어떻게 적용될 수 있는지를 콜롬비아의 사례에 비춰 살펴본다. 다음 두 장은 평상시가 아닌 전시의 병역거부자와 탈영병 지원을 다루고 있는데, 하나는 보얀 알렉소프Bojan Aleksov가 발칸 전쟁 당시의 병역거부자의 관점에서 썼고, 다른 하나는 독일의 병역거부자 및 탈영병 망명 지원 단체 커넥션Connection e.V.의 루디 프리드리히Rudi Fiedrich가 썼다. 그런 다음 반군사주의 평화 운동에서의 참전자의 역할과 그들이 겪는 어려움을 이야기한 이라크반전참전군인회Iraq Veterans against the War 웬디 바랑코Wendy Barranco의 글이 그 뒤를 잇는다.

또한 2부에는 징병제 하에서의 민간 대체복무를 둘러싼 찬반 논쟁과 관련 캠페인을 살펴보는 내용도 포함돼 있다. 우선 핀란드의 반군사주의자 카이 우웨Kai Uwe와 루카 토이보넨Ruka Toivonen이 핀란드의 병역거부 운동의 경험에서 그에 관한 찬반양론을 간략히 소개한다. 그런 다음 러시아의 변호사 알레나 카롤리오바Alena Karoliova가 자신이 활동하는 단체인 시민/군대/법률Citizen·Army·Law이 민간 대체복무와 관련된 캠페인에만 집중하는 이유를 설명하고, 안드레아스 스펙이 민간 대체복무가 어떻게 독일의 병역거부 운동을 '탈정치화'함으로써 징병제의 폐지를 지연시켰는지를 살펴본다. 끝으로 스페인의 반군사주의 단체인 반군사주의대안/병역거부운동연대AA-MOC의 활동가들이 징병제 이후의 병역거부 운동을 이야기하는 것으로 2부의 마침표를 찍는다.

병역거부의 확장을 다룬 마지막 3부는 칠레의 병역거부자이자 비폭력 활동가인 하비에르 가라테Javier Gárate가 쓴 급진적 사회 변화의 발판으로서의 병역거부에 관한 장으로 문을 연 다음, 병역거부가 한국의 군사주의에 일으킨 균열을 설명한 이용석의 글이 이어진다. 그 뒤 페르다 울체시가 터키 사회에서 젠더와 군사주의가 만나는 지점을 서술하고, 터키에서 박사 과정을 밟고 있는 도우 두르군Doğu Durgun이 여성과 레즈비언, 게이, 바이섹슈얼, 트랜스젠더LGBT[2] 병역거부자의 역할을 설명하며, 장애 활동가 뷜렌트 퀴취카슬란Bülent Küçükaslan이 터키의 장애인 차별과 징병제, 남성성에 대해 논한다. 한편 이스라엘의 병역거부자 사하르 바르디Sahar Vardi는 군사주의라는 '주인의 집'을 주인의 도구로 무너뜨리는 것[3]에 의문을 제기한다. 그리고 그 뒷장에서는 군 복무를 거부하는 것 외에 군사주의에 저항하는 다른 방식의 양심적 거부와 그 장단점을 살펴본다. 전쟁저항자인터내셔널 사무국에서 일하는 한나 브록Hannah Brock은 전쟁을 통해 얻은 부당한 이득을 거부하는 것에 관해 이야기하고, 반군사주의대안/병역거부운동연대는 (군사비 지출에 해당하는 일

2 전쟁저항자인터내셔널이 이 책에서 LGBT라는 용어를 사용하기로 한 이유는 그것이 젠더 및 성 소수자를 나타내는 가장 보편적인 표현이기 때문이다. 그러나 우리는 이 약어 안에 포함돼 있지는 않지만 비슷한 어려움을 겪는 다른 젠더 및 성 소수자들, 즉 간성(intersex), 젠더 퀴어(gender queer), 무성애자(asexual) 등이 존재한다는 사실을 잘 알고 있으며, '여성'과 'LGBT'가 서로 배타적인 범주가 아니라는 사실도 충분히 인식하고 있다.

3 **옮긴이 주** 미국의 페미니스트 작가 오드리 로드(Audre Lorde)의 표현을 빌린 것이다.

정 액수 혹은 비율의 세금 납부를 거부하는) 전쟁세 거부 캠페인을 설명한다. 뒤이어 전쟁저항자인터내셔널의 크리스틴 슈바이처Christine Schwetizer 의장은 전쟁에 저항하는 공동체의 사례를 제시하고, 멕시코의 이고르 세케Igor Seke는 범죄 조직의 단원 모집에 저항하는 것도 일종의 병역거부라고 설명하며, 한나 브록은 특히 군대가 가난한 경제적 처지를 모병의 기회로 삼는 상황에서 군사주의의 대안을 마련하는 다양한 방법을 소개한다.

부디 이 책을 통해 독자 여러분이 평화와 정의를 위한 투쟁에서 병역거부를 어떻게 새롭고 혁신적인 방법으로 활용하고 그 운동을 더 나아가게 할 수 있을지에 관한 영감을 얻을 수 있기를 바란다.

들어가며

역사 속의 병역거부

한나 브록은 전쟁저항자인터내셔널 사무국에서 살상거부권Right to Refuse to Kill 프로그램 담당자로 일하며, 병역거부와 징병 반대 활동가들이나 청소년 군사화에 저항하는 사람들과 함께 활동하고 있다. 영국과 팔레스타인의 풀뿌리 비폭력 운동에도 참여해온 그녀는 이 글에서 병역거부와 병역거부자들의 역사에 대해 개략적으로 설명한다.

군사 집단에 강제로 입대하는 것은 역사 속에서 새로운 일이 아니다. 지난 수천 년간 예속되고 종속된 수많은 인민이 자신의 주인이나 군주의 재산과 권력을 위해 집을 떠나 목숨을 걸고 싸우기를 강요받아 왔다. 그와 동시에 국가와 군주가 '전문적인' 군대 혹은 용병을 이용해 전쟁을 수행하는 경우는 그보다 훨씬 더 흔했다.

국민 국가가 (주로 남성들을 대상으로) 대규모 군 입대를 의무화하는 제도로서 징병제의 기원은 일반적으로 1793년 혁명 이후의 프랑스로 거슬러 올라간다. 그에 앞서 북아메리카에서는 1775년부터 1783년까지 지속된 '독립전쟁' 당시에 조지 워싱턴이 '징병draft'을 법제화했다. 징병제는 18, 19세기에 국민 국가의 등장과 정체성 형성에서 중요한 역할을 했으며, 특히 유럽의 경우 그 부산물로 탄생했다. 수아디 아이딘Suadi Aydin에 따르면, 국가는 이 시점에서 "완전한 형태로" 전쟁의 행위자가 되었다.[1]

반면 개인적 차원에서 군 입대를 거부하고 모든 인간에 대한 무장 폭력에 반대하는 행위는 그보다 훨씬 이전부터 존재해왔다. 서기 295년 병력을 충원하러 누미디아(오늘날 알제리)에 당도한 로마군에 입대하기를 거부한 막시밀리아누스Maximilianus는 초창기의 '양심적 병역거부자'로 기록되어 있다. 그는 기독교 신자로서 폭력을 행사할 수 없다고 주장했고, 결국 처형당했다.

이렇게 막시밀리아누스처럼 종교에 기반을 둔 병역거부는 양심적 병역거부 역사의 초기에 가장 흔한 형태였고, 16세기 네덜란드의 아나뱁티스트Anabaptist[2]와 퀘이커Quakers[3]의 사례처럼 근대적 병역 면제권이 처음 인정된 것도 종교적 신념에 따른 병역거부자들 덕분이었다. 하지만 반군사주의 운동과 전쟁저항자인터내셔널에 영향을 준 또 다른 흐름은 징병 저항과 기피, 탈영의 역사였다. 베트남 전쟁에 반대한 1960년대 미국의 징병 기피자들 같이 유명한 사례를 제외하면, 이런 식의 저항은 보통 비조직적이고 눈에 잘 드러나지 않는 편이며, 따라서 관련 기록도 많지 않다.

1 Çınar, H. Özgür abd Üsterci Coşkun (eds.) 2009, Cosnscientious Objection: Resisting Militarized Society, (London and New York: Zed Books)

2 **옮긴이 주** 유아세례를 인정하지 않는 기독교 교파로 메노나이트, 브레드린 등이 여기서 파생되었다.

3 **옮긴이 주** 17세기에 조지 폭스(George Fox)가 창시한 기독교 교파.

이집트에서는 1800년대 초반 무함마드 알리Muhammad Ali 치하에서 징병제가 도입되자, 많은 이들이 군 복무 부적합 판정을 받기 위해 고의로 신체를 훼손했다. 팔다리를 절단하거나, 한쪽 눈을 실명시키거나, 탄약포를 뜯는 데 필요한 치아를 뽑거나, 방아쇠를 당기는 손가락을 자른 이들이 한둘이 아니었던 것이다. 그러자 군대는 장애인으로 구성된 머스킷총 부대를 창설하는 것으로 대응하고 나섰다. 그래서 아예 외국, 주로 시리아로 도망치는 이들이 줄을 이었다. 전쟁저항자인터내셔널의 관점에서는 개인의 양심과 집단의 비무장 저항이 하나의 반군사주의 전술로 병역거부에 영향을 미쳤다고 할 수 있을 것이다. 뿐만 아니라 징병에 대한 저항은 무장 봉기를 촉발하기도 했다. 무함마드 알리의 과세와 징병에 맞서 일어난 1834년의 팔레스타인 농민 봉기가 그 사례이다.

18, 19세기의 널리 알려지고 기록으로 남겨진 양심적 병역거부의 역사 중 많은 부분은 유럽과 북아메리카의 유럽 출신 종교적 망명자들과 연관되어 있고, 특히 여호와의 증인과 퀘이커, 메노나이트, 브레드린Brethren[4] 등의 아나뱁티스트 단체처럼 박해받는 집단과 관계가 깊다. 징병과 같은 국가 법률에 대한 거부는 많은 경우 이들이 박해받는 표면적 원인이기도 했다. 이러한 종교 집단은 일반적이지 않고 법에 위배되며 대중의 반감을 일으키는 행동을 실행하는 데 있어 매우 중요한 조직

4 **옮긴이 주** 1820년대 아일랜드 더블린에서 복음주의 운동으로 태어난 기독교 교파.

과 내부 결속을 제공했다. 반면 다른 비종교적 집단의 저항과 이 시기 유럽을 벗어난 세계 다른 지역의 사례는 대개 그보다 기록이 드물고 잘 알려져 있지 않다. 이 책에서 말하는 넓은 의미의 병역거부에 관해서는 더욱 그렇다. 이는 그런 저항이 존재하지 않았기 때문이 아니라, (설립 당시의 전쟁저항자인터내셔널을 비롯해) 대부분 유럽에 기반을 둔 단체들의 역사와 평화주의 연구가 그들에 대해 무지하며, 그들의 유산을 오늘날의 산 역사로 이어오지 못했기 때문이다. 이 장은 평화주의에 관한 문헌 기록과 개인적·집단적 기억의 산물로서, 이러한 '알려진' 역사의 한계에 태생적으로 갇힐 수밖에 없다.

전쟁저항자인터내셔널은 1921년 네덜란드 빌토번Bilthoven에서 1914~1918년 동안[5] 치러진 전쟁 와중에 살아남은 유럽의 병역거부자들에 의해 설립됐다. 대부분 이전에 인도주의, 사회주의, 아나키즘 운동을 하던 사람들이었고, 종교 운동에 관여한 사람도 소수 있었다 (다수의 기독교인들은 그 대신 1919년 역시 빌토번에서 설립된[6] 국제화해연대International Fellowship of Reconciliation, IFOR에 참여했다).

당시 운동에 참여한 평화주의자와 반군사주의자들이 징병 전반과 20세기 들어 점차 일반화되기 시작한 '총력전'[7] (즉 '모든 인적·기술적 자원의

5 **옮긴이 주** 1차 세계 대전을 가리킨다.

6 이는 단순한 우연이 아니었다! IFOR와 WRI가 창설된 곳이 모두 키스(Kees Boeke)와 베티 보크(Betty Boeke) 부부의 집이었다는 사실은 그 두 사람이 두 단체의 설립 과정에서 맡았던 역할을 잘 드러내준다. 국제시민봉사회(Service Civil International)도 이곳에서 탄생했다.

7 Bröckling in Çınar, p. 55.

전면적 동원)'에 반대한 반면, 종교적 병역거부자들은 자신들의 병역 면제를 위한 캠페인에만 주로 관여했다. 당시 총력전에 맞선 투쟁은 네덜란드의 아나키스트이자 반군사주의자인 바트 데 리흐트Bart de Ligt가 1934년에 남긴 기록인 『전쟁과 전쟁준비에 맞선 투쟁 계획Plan for Struggle against War and War Preparation』에 명확히 기술되어 있는데, 여기서 울리히 브뢰클링Ulrich Bröckling이 반군사주의 전술의 '백과사전적' 목록이라고 부른 항목 중의 하나로 병역거부가 언급되어 있다.

권리로서의 병역거부는 소수의 유럽 개신교 국가들을 시작으로 20세기 초부터 조금씩 인정되기 시작했다. 양심적 병역거부권은 1900년 노르웨이에서 처음 법률로 보장됐고, 1917년 덴마크에서도 인정됐다. 1916년 영국의 징병제법은 징병제를 도입할 당시부터 양심적 병역거부를 허용한 최초의 사례였지만, 1차 세계대전 동안 영국의 많은 병역거부자들은 여전히 감옥에 수감됐다. 이에 비춰볼 때, 영국에서 강제입영이 처음 도입될 당시부터 징병제는 많은 논쟁을 불러 일으켰던 터라 일종의 양보 차원에서 양심적 병역거부자를 위한 조항이 필요했던 것으로 보인다.[8]

1차 세계대전 이후, 병역거부에 관한 연대는 유럽의 단체들 사이에서 시작되어 전쟁저항자인터내셔널과 국제화해연대 같은 국제 네트워크를 통해 라틴아메리카와 북아메리카, 아프리카 등지로 확산됐

8 당시 영국의 일부였던 아일랜드 섬 전체에서는 민중봉기에 대한 우려로 징병이 면제되기도 했다.

다. 지역 차원에서는 세계병역거부자회의International Conscientious Objectors' Meeting와 유럽병역거부사무국European Bureau for Conscientious Objection, 그리고 1990년대에는 훗날 라틴아메리카반군사주의/병역거부조정국Coordinadora Latinoamericana de Antimilitarismo y Objeción de Conciencia, CLAOC이 된 라틴아메리카병역거부회의Encuentro Latinoamericano de Objeción de Conciencia, ELOC가 연결고리 역할을 했다. 국경을 넘은 연대는 한국 전쟁과 베트남 전쟁 당시의 미국인 병역거부자들처럼 익히 알려진 20세기 운동의 사례에서도 핵심적인 역할을 담당했다. 덕분에 그들 중 상당수가 캐나다로 망명할 수 있었고, 그곳에서 처음에는 풀뿌리 차원의 도움을 받다가 나중에는 정부 차원의 지원까지 얻을 수 있었다.

라틴아메리카에서는 1990년대를 기점으로 여러 반군사주의 운동이 등장했다. 콜롬비아와 엘살바도르에서는 내전의 영향으로, 칠레와 에콰도르, 파라과이 등에서는 군사 독재의 종식과 함께 그런 현상이 나타났다. 독재 정권의 군사주의와 억압에 깊이 잠식된 사회의 청년들은 '새로운 가치관 아래서 폭력과 무장투쟁을 멀리한 채, 정치의식을 표현하고 정체성을 형성하는' 수단으로 병역거부를 택했다.[9] 라파엘 우스카테귀는 이 책의 1부에서 이들 운동의 세 가지 주요 경향에 대해 설명하고 있다. 첫째는 현재 콜롬비아, 에콰도르, 칠레, 아르헨티나 등지에서 활동 중인 평화정의봉사단SERPAJ을 비롯한 종교 운동이고, 둘째는 징병

9 칠레의 병역거부 단체인 NO헬멧/NO군복(Ni Casco Ni Uniforme)의 설립자 하비에르 가라테(Javier Gárate)가 저자에게 쓴 서신에서 인용.

반대 캠페인을 전술의 하나로 활용하는 마르크스주의·반제국주의 운동이며, 셋째는 아나키즘 운동이다. 그러한 맥락에서 이 세 경향은 서로 잘 협력하지 않았다. 또한 라파엘의 표현에 따르면 "반군사주의 정체성은 이러한 세 경향과 분리된 채로는 결코 발전하지 못했다"고 한다.

병역거부 캠페인은 보통 국가 차원에서 법적인 인정을 요구하는 형태를 띤다. 상당수 국가에서 병역거부권은 처음에 특정한 종교적 신념에 관해서만 예외적으로 인정되었는데, 이는 다른 모든 병역거부자에 대한 차별이다. 국제연맹League of Nations과 이후 국제연합 United Nations 같은 국제기구가 만들어진 이후, 각국에 압력을 가하는 수단으로서 병역거부의 국제법적 인정을 위한 캠페인도 진행되었다. 유엔인권위원회Human Rights Commission는 1987년 3월 10일 최초로 양심적 병역거부권을 공식 인정하고, 각국에 이행을 요구했다. 병역거부권의 인정과 법제화를 위한 노력은 과거부터 지금까지 국제적·지역적 차원에서 다양하게 계속 이어지고 있다.

유럽과 그 밖의 많은 나라에서 병역거부 및 징병 반대 운동은 '성공'을 거뒀고, 그 과정에서 징병제의 폐지 또는 유예가 이뤄졌다. 지난 20년 동안 불가리아, 보스니아-헤르체고비나, 크로아티아, 체코, 프랑스, 독일, 헝가리, 이탈리아, 라트비아, 마케도니아, 몬테네그로, 폴란드, 포르투갈, 루마니아, 세르비아, 슬로바키아, 슬로베니아, 스페인, 스웨덴, 모로코, 페루, 아르헨티나가 그 대열에 합류했다. 스페인의 인수미시온Insumisión 운동과 세르비아의 경우는 반군사주의가 징병제를 무너뜨린 명백한 사례이다. 징병제 폐지의 결과로 반군사주의 단체가 활동할 각양각색의 환경이 만들어졌지만, 그것은 단순히 '승리'만은 아니었다. 징병제 폐지는 많은 경우 "잘 훈련된 군인들로 구성된 가볍고 기동성 높은 군대가 요구되고 (…) 대규모 징집병들로 구성된 군대가 과거의 유물이 된"[10] 국가의 군사 전략이 되었다. 뿐만 아니라, 징병제 폐지는 병역거부 운동과 반군사주의 운동으로 사람들을 끌어들이는 주된 통로를 막아버렸다. 징병제가 폐지된 이후 병역거부 운동에 일어난 현상에 대해서는 18장에서 더 논의하고자 한다.

아무튼 징병제는 오늘날 전 세계의 수많은 사람들에게 여전히 영향을 미치고 있다. 한국, 이스라엘, 핀란드, 에리트레아, 키프로스, 아제르바이잔 같이 양심적 병역거부권이 인정되지 않는 세계 많은 나라에서 병역거부자는 아직도 구금당하고 처벌받고 박해받는다. 병역거부권 인정을 향한 여정은 결코 끝나지 않았을 뿐더러, 그것이 반군사주의자들의 궁극적인 목표도 아니다.

병역거부를 한 이들은 누구인가?

병역거부의 역사는 일반적인 전쟁 반대의 역사와 다르고, 어떤 식으로든 참전을 면한 사람들의 역사와는 더더욱 다르다. 군 입대가 의무인 상황에서 어떤 선택을 하느냐는 어떤 선택지가 열려 있느냐에 달

10 Lammerant, Hans 2013, 'The End of conscription and the transformation of war', in The Broken Rifle [online] May, <http://www.wri-irg.org/node/21760>

려 있다. 이와 관련해 빈곤층은 징병을 기피하는 반면, 중간 계급은 병역거부를 택한다는 지적이 흔히 제기돼 왔다. 이런 주장이 항상 사실인 것은 아니지만, 상황에 따라서는 그럴 가능성도 있다. 예를 들어, 일종의 민간 대체복무를 허용하는 국가가 '양심위원회'를 통해 병역거부 신청자의 '적합성'을 판단하는 경우가 있다. 개인의 양심을 시험하는 것이 정당한지에 관한 정치적 판단은 차치하더라도, 이런 절차는 위압적이기 마련이고, 토론이나 대중연설에 익숙한 고등교육을 받은 사람에게 더 매력적인 선택지일 수 있다. 또한 병역거부자가 종종 여러 언론과의 인터뷰를 감당해야 하는 현재의 운동 문화는 당사자의 성향과 배경, 경험에 따라 마냥 두렵게만 느껴질 수도 있다. 그렇다면 그것만으로 중간 계급과 상위 계급이 병역거부에서 더 유리한 위치에 있다고 이야기할 수 있을까?[11]

하지만 현실은 노동 계급과 중간 계급이라는 이분법보다 훨씬 더 복잡하다. 어떤 방법을 통해 징병을 면하는가? 국외로 도주하는가, 지하로 잠적하는가, 학업을 지속하는가, 아니면 징집 대상이 아닌 전문직종에 취업하는가? 이런 방법을 택할 수 있는 능력은 여러 면에서 특권이나 지위와 연관이 있다. 반대로 그렇다고 해서 모든 병역거부 운동에 노동 계급의 참여와 지도적 역할이 없었던 것은 결코 아니다.

국가가 전쟁에 소집하는 것은 주로 남성이기 때문에, 군 복무를

11 4장 노암 구르의 인터뷰를 참조하기 바란다.

거부하는 사람 역시 대부분 남성이다. 하지만 그렇지 않은 곳도 있다. 오늘날 에리트레아, 이스라엘, 모잠비크, 노르웨이에서는 여성도 징집 대상에 해당된다. 이스라엘의 경우, 가장 큰 병역거부 단체 중 하나인 뉴프로파일은 대부분이 여성들로 구성된 페미니스트 단체다. 그럼에도 역사적으로 볼 때 병역거부 운동은 주로 남성들이 주도해왔다. 여성이 단지 밥상을 차리는 수준이 아니라 보다 의미 있는 방식으로 활동에 참여할 수 있는 환경을 조성하고, 가부장제와 군사주의의 관계를 제대로 인식하기 위해서는 더욱 과감한 노력이 필요하다.

또한 여성들은 터키의 사례[12]와 같이 병역거부를 도구 삼아 남성의 도움 없이 여성 스스로 군사주의를 거부하는 선언을 별도로 조직해왔다. 이에 대해서는 전쟁저항자인터내셔널이 2010년 출간한 『여성 병역거부자 선집Women Conscientious Objectors–An Anthology』에서 자세히 다루고 있다. 따라서 이 책에서는 가부장제를 통해 군사주의와 권력을 이해하는 방법의 몇 가지 예시를 22장에서 살펴보고, 이런 이해를 조직에 적용하는 방법을 5장과 25장에서 다룰 것이다.

병역거부와 그 역사에 관한 문헌은 주로 '신념정치conviction politics'를 기반으로 캠페인을 조직하는 평화주의자와 신앙인, 활동가들을 다룬다. 하지만 이른바 '개인적' 사유에 근거한 거부도 그 못지않게 중요하다는 주장도 있을 수 있다. '난 부양할 가족과 돌볼 부모가 있고 생계

12 21장과 22장을 참조하기 바란다.

를 이어야 해. 그런데도 집을 떠나 군에 입대할 수는 없는 노릇이야.' '난 죽고 싶지 않아.' 군 복무에 대한 이와 같은 반감은 징병 반대 캠페인에 있어 정치적 신념만큼이나 중요하다. 그 첫 번째 이유는 그것이 개인의 자유의 중요성과 우리 삶을 지탱하는 힘을 뒷받침하는 강력한 근거이기 때문이다. 두 번째는 그런 심리가 폭넓은 대중의 공감을 받을 수 있기 때문이다. 세 번째는 그것이 이념적 주장보다 더 구체적인 방식으로 전쟁과 실향민의 삶, 그리고 군대라는 위계적 살인 집단에 내재된 공포를 조명하기 때문이다. 하지만 이런 정서는 진보단체를 비롯해 결국 캠페인을 조직할 사람들이 공유하는 이념적 동기보다 더 제어하기 어렵다는 문제가 있다. 뿐만 아니라, 그것은 그들이 도전하고자 하는 국가의 입장에서는 더 '하찮게' 인식되기 때문에 지지자들의 동정을 유발하거나 그들이 피하고자 하는 군대의 존중을 얻기가 더 어려운 경우가 많다.

애초 병역거부의 역사가 종교에서부터 시작됐고, 압도적으로 남성 중심적이며, 대개 특권적인 배경을 가진 이들의 선택이었다는 사실을 인정할 때, 병역거부가 주류 세계 혹은 '3세계' 출신의 여성과 유색인종, 반군사주의자들에게 의미하는 것은 무엇일까? 우리는 이 책에서 주류 세계의 반제국주의·반자본주의 활동가들뿐만 아니라 페미니즘 운동의 사례들을 통해, 이러한 질문에 적어도 일부나마 답할 수 있기를 기대한다. 더 나아가 백인·중간계급·남성 중심의 병역거부 운동에도 문제의식을 불러일으킬 수 있기를 바라 마지않는다. 이 책의 저자들과 전쟁저항자인터내셔널을 비롯한 그 연계 단체들에 백인·중간계급·남성 중심성에 따른 문제가 없어서가 아니다. 때때로 우리에게도 그런 문제들이 존재해 왔고 또 지금도 존재하는 게 사실이다. 우리에게 정답이 있는 것은 아니지만, 그럼에도 질문에 답하고자 노력할 것이다. 병역거부는 분명히 군사주의에 저항하는 강력한 도구이지만, 영웅주의와 희생, 위계 같은 군사주의의 함정을 피해갈 수 있는 보다 급진적인 대안을 제시할 다른 방안들도 존재함을 인정해야 한다.

과연 미래는 어떠할 것인가? 병역거부 운동은 흔히 "만약 전쟁이 났는데 아무도 전쟁터에 나가지 않는다면?"이라는 오랜 문구에서 영감을 받아왔다. 조만간 기술의 발전으로 인해 어쩌면 버튼 하나로 수천 명의 군인을 죽일 수 있게 돼 아무도 전쟁터에 '나갈' 필요가 없어질지도 모른다. 병역거부 운동은 특히 20세기의 이른바 '세계 대전' 같은 '총력전'에 필요한 군사 동원을 방해하는 걸림돌로서 군국주의 국가들을 위협하고 있다. 대규모 군인을 필요로 하는 '지상군 중심'의 사고방식이 갈수록 전문화되는 군대와 로봇에 의해 대체될수록, 우리는 더욱 새롭고 유연한 방식의 병역거부 운동을 개발해야 할 것이다. 우리는 함께 활동할 때 최선의 성과를 낼 수 있으며, 그것이 전쟁저항자인터내셔널이 존재하는 이유 중 하나다. 전 세계의 평화주의자들은 이러한 연대를 통해 국경을 넘는 교류와 운동에 계속 매진할 것이다.

1부

함께 활동하기

독자 여러분은 이 책이 전체적으로 '젠더'라는 주제에 특별히 초점을 맞추고 있음을 알게 될 것이다. 대체 그 이유는 뭘까? 신시아 코번 박사는 런던에 거주하는 페미니스트 연구자이자 작가이다. 그녀는 검은옷의여성들Women in Black과 국제여성평화자유연맹Women's International League for Peace and Freedom에서 활동하며, 런던시티대학교 사회학부와 워릭대학교 여성젠더학센터 명예학과장을 맡고 있다. 여기서 그녀는 다음의 질문에 답한다.

1. 왜 젠더가 중요할까

이 책의 편집자와 저자들의 '젠더 문제'에 관한 확고한 신념은 매우 반가운 점이다. 하지만 그것이 왜 중요한가? 국가의 전쟁 준비에 동원되기를 거부하는 사람들의 운동인 병역거부를 연구하는 데 젠더 분석이 어떤 도움이 되는가? 이 질문의 답은 세 가지로 말할 수 있다.

첫째, 경제적 계급 관계와 인구를 구성하는 민족 문화적이고 '인종적인' 차이에 대한 분석 없이는 어떠한 사회적 문제(전쟁은 철저히 사회적 현상이다)도 온전히 인식하고 이해할 수 없는 것과 마찬가지로, 사회적인 것의 모든 측면들은 속속들이 젠더화 되어 있기 때문에 젠더 분석은 반드시 필요하다. 비록 이것이 사회학의 상식이 되는 데는 수백 년에 걸친 페미니스트들의 지난한 노력이 필요했지만 말이다. 국가가 전쟁을 수행하려면, 다른 공공서비스 지출과 맞바꾼 군사 예산의 증가와 전쟁에 의한 죽음과 파괴, 불행을 국민들이 감수하도록 정신적으로 대비시켜야 한다. 국가를 구성하는 개인은 권력과 다양하게 연결돼 있고, 복합적인 속성과 욕구를 지니고 있다. 그들은 계급과 젠더, 민족에 따라 다른 상황에 놓여 있고, 각자가 치르는 전쟁 준비와 수행의 비용은 평등하지 않다. 지배 계층은 계급과 민족의 단결에 호소하는 법을 잘 알고 있고(이주민은 종종 입대의 대가로 영주권이나 시민권을 얻기도 한다), 흔히 가상의 적으로부터 '여성과 아이들을 보호'하고자 하는 남성성에 호소해 군대에 동원한다.

둘째, 젠더 분석이 중요한 이유는 그것이 아니었다면 우리가 제대로 자각하지 못했을 수도 있는 군대와 군사주의, 군사화의 문제점들에 경종을 울려주기 때문이다. 여성들을 심지어 전투 임무에까지 끌어들이는 최근의 추세를 우리에게 일깨워주고 문제의식을 심어주는 것이 대표적인 예다. 이념으로서의 군사주의, 즉 전쟁과 무장을 중요시하는 사고방식을 젠더의 관점에서 바라볼 때 여성과 남성에게서 각각 다른 성향이 나타나기도 하는데, 때로는 오히려 그런 시각이 우리에게 편견을 덧씌우는 경우도 있다. 일례로, 영국의 총리였던 마가렛 대처는 '비록' 여성이었지만, 지독히 군사주의적인 정치인이었다. 신시아 인로Cynthia Enloe가 명확히 보여줬듯이 똑같은 관점을 군사화에 적용하면, 남성이 군사화된 관습에 편입되는 현상뿐 아니라 국가 경제와 가족의 삶의 여러 양상이 어떻게 형성되는지 그 과정이 잘 드러난다.[1]

1 Enloe, Cynthia 2000, Manoeuvres: The International Politics of Militarizing Women's Lives (Berkeley, Los Angeles, London: University of California Press)

셋째, 군사적인 것에 대한 젠더 분석은 결과적으로 여성성과 남성성의 상호관계에 대해 아주 많은 것을 알려준다. 우리가 자칫 가볍게 지나쳤을 지도 모를 특성들, 특히 남성과 남성화에 관해서는 더더욱 그렇다. 예컨대 교육학자들은 남자아이들의 전형적인 '거칠고 난폭한' 문화가 성인 여성과 여자아이들에게 주는 해악을 잘 알면서도 이 문제를 적극적으로 해결하려고 하지 않는데, 이는 전투 준비태세를 유지하는데 미래 세대의 남성성이 필요하다는 국가의 인식으로 설명이 가능하다. 남자다운 남자라는 관념도 이것과 관련돼 있다. 아이셰 귈 알투나이Ayşe Gül Altınay의 표현에 따르면, "군대는 강제적인 물리력인 동시에 (남성적인) 국가적 욕망과 생산이 일어나는 장소다."[2]

법적인 의무임에도 불구하고 개인이 다양한 이유로 군 복무를 거부하는 행위인 병역거부는 여러 가지 차원에서 권력관계의 극적인 융합이 일어나는 지점이다. 근대 이전의 군 복무는 때로는 자발적이고 때로는 지배 계급에 의해 강요되었으며, '용병'이 돈을 받고 싸우는 경우도 있었다. 18세기 유럽에서 국민 국가 체제가 공고해지면서 국가가 특정 나이의 남성에게 병역의무를 부과하는 관행이 생겨났고, 병역거부도 그와 함께 등장했다. 이것은 개인 남성과 국가 사이의 관계에서 (국가의 군인으로 복무할 의무라는) 책임이 권리와 결부되기 시작한 중요한 사례이다. 즉 시민권의 반대급부로 국가가 부여하는 의무가 병역 의무인 것

2 Ayşe Gül Altınay 2004, The Myth of the Military Nation: Malitarism, Gender and Education in Trukey, (New York & Basingstoke: Palgrave MacMillan), p3.

이다. 반면 병역거부자는 때로 기소와 구금을 각오하고 자국을 도망쳐, 무국적이라는 '모호한 상황'에 놓이기도 했다. 그리고 대부분 남성만이 군대에 징집된다는 사실은 국민으로서 여성의 권리가 열등한 위치에 놓이는 원인 중 하나였다. 비록 드물지만 (현재 이스라엘처럼) 국가의 징집이 여성에게까지 확대되는 경우에도 젠더 분석의 중요성은 줄어들지 않는다. 역으로 민족주의와 군사주의, 가부장제가 밀접하게 뒤얽힌 사회적 권력관계가 시간에 따라 어떻게 변하는지를 그 특수성 속에서 파악하고자 할 때, 젠더 분석의 필요성은 더욱 더 커진다.

군사화된 형태의 남성성과 시민권을 지지하고 옹호하는 사람들은 당연히 병역거부를 비웃고 경멸한다. 반대로 살인에 대한 거부가 존중받는 평화 운동 내에서, 병역거부자는 젠더화된 전혀 다른 두 가지 방식으로 표현될 수 있다. 첫째는 일종의 대안적인 남성 영웅의 모습이다. 조국을 위해 '남자답게' 죽음을 무릅쓴 군인이 영웅화되는 것처럼, 반군사주의 신념을 위해 재판과 굴종, 구금을 무릅쓴 '그의' 영웅적 각오 덕분에 병역거부자가 평화 운동 내에서 찬양받고 존경의 대상이 되기도 한다. 이제 그는 또 다른 남성적 모범이 되는 것이다.

한편, 남성의 거부 행위가 개인과 국가뿐 아니라 여성과 남성, 여성성과 남성성의 특성과 가치관 사이의 이중 권력투쟁 속에서 진보적인 움직임이 될 수도 있다. 이것은 병역거부자가 마초적이고 영웅적인 남성성과, 군 복무를 기피하는 부끄럽고 굴욕적이며 탈남성화된 남성성의 두 가지 전형을 모두 거부할 때 생겨난다. 이처럼 상반되는 두 남성성의 전형을 '모두 거부하는' 태도는 군사주의와 전쟁이라는 사회 영역에서 젠더 문제에 대한 깊은 이해가 있어야만 나올 수 있는 반反가부장적 선택이다.

이스라엘처럼 여성에게 병역 의무가 부과되는 경우, 병역거부는 당연히 여성에게도 가능한 선택지가 된다. 그러나 대부분의 나라에서 징집은 여전히 남성에 국한된다. 이 경우 여성의 병역거부는 남성과는 다른 형태의 전략을 수반하는데, 여성은 아는 (친구나 가족 등) 남성 병역거부자를 지지함으로써 적어도 병역거부에 '참여'할 수는 있다. 하지만 일부 국가의 여성들은 병역거부의 개념을 확장해 다른 형태의 반군사주의·반국가주의 운동을 그에 포함시켰다. 이들은 '국방세' 납부를 거부하거나, 군대의 학교 개입 내지는 비디오 게임과 영화에 만연한 군사주의를 반대하는 활동을 벌인다. 이런 상황에 젠더 분석을 적용함으로써 여성은 '적'을 상대로 한 국가의 제도화된 폭력과, 군인과 민간인 할 것 없이 다른 남성을 대상으로 하거나 특히 가정 내에서 성적인 형태로 여성을 대상으로 벌어지는 남성들의 매우 습관화된 폭력 사이의 연관성을 인식할 가능성이 커진다. 젠더 폭력의 연속성에 대한 여성들의 이런 페미니즘적 자각은 '단순히' 병역거부자를 직접 지지하는 데 그치는 것보다 훨씬 더 광범위한 운동으로 여성들을 이끌 수 있다. 이는 민족주의 및 군사주의가 가부장제와 교차되는 해로운 지점이 어디인지를 드러내줌으로써 '폭력에 저항하는 여성'의 운동과 '전쟁에 저항하는 인민'의 운동이 서로 보조를 맞춰가게끔 할 것이다. 더 나아가 군사주의에 반대하는 남성이 여성 운동과 손을 잡고 LGBT 운동의 협력자나 당사자로서 현재의 지배 관계를 전복하기 위한 사회의식의 확산을 돕게 될 수도 있다.

젠더의 교차성Intersectionality에 관한 주석[3]

남성과 여성의 행동, 남성성과 여성성에 대한 생각은 인종, 나이, 장애, 계급, 성적 지향, 민족, 종교적 신념과 같은 다양한 사회적 범주와 상호 작용하고 그에 따라 변화한다. 뿐만 아니라 시간과 공간에 따라서도 다르며, 우리 모두의 생애 전반에 영향을 미친다. (…) 태어날 때 지정받고 이후 스스로와 사회에 의해 형성되는 젠더 정체성은 우리 자신의 삶과 그에 영향을 미치는 결정에 대해 저마다 매우 다른 크기의 권한을 부여한다. 그러나 우리가 누릴 수 있는 권한과 특권은 다른 사회적 범주(특히 인종과 계급, 나이)에도 깊이 의존하는데, 이는 우리가 아주 다양한 방식으로 젠더에 따른 이익과 불이익을 받는다는 걸 의미한다.

2. 여성과 병역거부: 페르다의 이야기

전쟁저항자인터내셔널이 2010년 발간한 『여성 병역거부자 선집』에서 발췌한 이 글에서 페미니스트이자 반군사주의 활동가이며 터키 최초로

3 Written by Cattis Laska, and taken from Gender and Nonviolence', in Handbook for Nonviolent Campaigns, 2nd ed. (London: War Resister's International), p23.

병역거부 선언을 한 여성들 중 한 명인 페르다 울체시는 2005년에 그런 결정을 내리기까지의 과정과 그것을 통해 경험한 젠더 역학을 설명한다. 그녀의 선언문도 함께 실었다.

지금까지의 양심적 병역거부는 병역거부 선언을 한 남성들과 직결된 문제였다. 그러다보니 그 문제를 정의 내리고 틀을 만든 것도 자연히 남성들이었는데, 병역 의무를 지는 당사자가 바로 그들이기 때문이었다. 그에 비해 우리 여성은 스스로를 투쟁의 주체가 아닌 지지자로 여겼다. 그러나 운동에 깊이 참여할수록, 우리는 병역거부 투쟁에서 여성의 역할이 무척 중요하다는 사실을 깨닫기 시작했다. 그럼에도 우리가 "그래, 우리가 여기 있다"고 말할 용기를 얻기까지는 오랜 시간이 걸렸다. 그 이유 중 하나는 우리에게 내재된 군사주의 문화였다. 저항 운동에 참여하는 우리조차 이런 문화적 환경에서 자라면서 그 흔적을 완전히 지우지 못했던 것이다. 우리는 저항 운동 집회에서도 여성으로서 두려움을 느꼈다. 문제 제기를 해야 할 경우엔 어떤 논란의 여지도 없도록 완전무결하고 명확한 주장을 내놓아야 한다는 강박에 주저하곤 했다. 하지만 시간은 우리를 기다려주지 않았다.

우리는 병역거부가 특별히 남성에게만 국한된 영역이 아니고, 그러한 인식이 자칫 성차별주의로 빠질 수 있으며, 병역거부를 군대와 병역 의무에만 초점을 맞추지 말고 더 넓은 관점에서 봐야 한다고 주장하지 못했다. 실제로 우리 여성들이 용기를 내어 스스로의 견해를 표명하기까지는 엄청난 시간이 걸렸다. 그리고 2004년 5월 15일, 터키 최초의 '밀리투어리즘Militourism 축제'[4]에서 다섯 명의 여성 동지가 병역거부를 선언했다. "그게 너희랑 무슨 상관인데?"와 같은 비판이 날아들었지만, 그들의 용기에 고무된 더 많은 여성들이 이후에 병역거부 대열에 합류했다. 현재 터키에는 62명의 양심적 병역거부자가 있고, 그중 13명이 여성이다. 비록 그 수가 적어 보일 수 있지만, 짧은 투쟁의 역사와 군사주의 문화의 영향을 고려하면 결코 무시할 수 없는 숫자다.

여성들이 용기를 내어 병역거부자로 '커밍아웃'할 수 있었던 계기는 과연 무엇이었을까? 내가 생각하기에 가장 큰 이유는 마침내 우리가 나서야 할지를 결정할 시점이 되었기 때문이다. 우리는 단순히 남성 병역거부자의 병역 면제를 요구하는 것 이상을 위해 싸웠다. 병역거부라는 의제를 확장하려면, 투쟁의 전면에 여성이 나타나 문제를 제기하는 게 반드시 필요했다. 그럼에도 우리는 그 과정이 험난할 것임을 예감했고, 적절한 때가 오기를 기다렸다. 나에게는 몇몇 '선구적인' 여성들이 먼저 나서준 순간이 그때였다. 한편 그 다섯 명의 여성에게는 많은 시간을 들여 준비한 밀리투어리즘 축제가 바로 그때였고, 그것은 우리 모두에게 자극을 주었다. 당시 다섯이 함께 병역거부 선언을 하기로 결심한 것은 그들 모두 연대에서 용기를 얻었기 때문이었다. 우리는 "왜?"라는 질문이 수없이 쏟아질 것을 알았지만, 오랜 세월 동안 그에 대한

4 **옮긴이 주** 군사 기지, 군 교도소, 군수 기업, 군영 기업, 군사 박물관, 군 묘지, 국가영웅 기념비 등의 순회와 시위, 전시, 공연 등으로 구성된 행사로, 반군사주의자와 병역거부자들에 의해 2004년 이스탄불, 2005년 이즈미르, 2006년 앙카라에서 개최됐다.

답을 머릿속에 떠올리며 가다듬어 왔고 드디어 때가 온 것이다.

남성들은 아직도 병역거부 운동에서 여성의 역할을 남성 병역거부자의 부인이나 여동생, 누나, 어머니 정도로만 생각하고 있으며, 그런 견해를 예사로 받아들인다. 그리고 설사 여성에게 그런 관계가 없다 하더라도 그들은 "여성의 가까운 친구 중에 남성 병역거부자가 있을 수 있다"고 말한다. 하지만 여성의 병역거부 운동 참여에 대한 이와 같은 이유들은, 여성을 필연적으로 남성에 의존적인 존재로 규정한다. 따라서 우리의 선언은 우리가 이 투쟁에 참여하는 이유를 우리 자신의 언어로 설명하는 게 핵심이었다. 물론 우리는 이 문제에 공감하는 다른 모든 이들과 마찬가지로, 병역의무의 이행을 거부하는 남성 병역거부자의 입장을 지지한다. 그러나 우리의 근본적인 목적은 사회생활과 관계의 모든 영역을 관통하는 군사주의를 가시적으로 드러내는 것이다. 즉 그것을 명확히 드러냄으로써 그에 대항하고자 하는 것이다.

〈페르다의 선언〉

나는 스스로를 반군사주의자이자 페미니스트라고 규정했기 때문에 당연히 병역거부자일 수밖에 없다고 믿는다. 이 선언을 통해 나는 이러한 '비공식적' 지위를 '공식적인' 지위로 전환한다!

병역거부 운동은 '강제 징집'에 반대하는 투쟁에서 끝나지 않는다. 그것은 더 광범위한 차원을 포함한다. 우리 여성은 운동의 단순한 '지지자'에 머물기에는 그보다 더 큰 지위와 목소리를 가지고 있다. 병역거부는 군사주의와 그에 수반되는 모든 것에 직접적으로 저항하는 것이다. 군사주의적 사고는 군대의 담장 안에 머물지 않고, 일상을 지배하는 군사적 세계를 형성한다. 이 세계에서 여성은 비하되고 무시당한다. 여성의 위치는 우리가 드물게 전면에 나서야 할 상황에서조차 언제나 뒤편에 고정되어 있다. 이 세계의 언어는 권위와 위계, 그리고 복종이다. 이 단어들은 우리 여성들에게 아주 익숙하고 의미심장하다.

그것들은 우리를 끊임없이 뒤로 밀어내는 악명 높은 장벽이다. 특히 이 나라에 사는 여성에게 군사주의는 언제나 삶의 모든 영역, 거리와 가정, 직장, 인간관계, 투쟁 현장, 그 밖의 모든 곳에 예고 없이 나타나는 불청객이다.

오늘 나는 예전부터 간직하고 있던 믿음, 즉 모든 암시적이고 명시적인 형태의 군사주의를 거부하고 군사주의에 저항하는 모든 이에게 연대를 표한다. 군사주의가 내 삶에 개입하는 한, 나는 투쟁을 계속 이어갈 것이다. 나는 거부한다!

3. 인종: 그렉 페이튼과의 인터뷰

물론 병역거부 운동이 자각해야 할 권력관계로는 젠더만 있는 게 아니라, 젠더와 군사주의 모두와 교차하는 다른 요소들도 상당수 존재한다. 그중 하나가 인종이다. 우리는 아프리카계 미국인 베트남 전쟁 참전자 그렉 페이튼을 인터뷰했다. 그는 베트남반전참전군인회Vietnam

Veterans Against the War, 평화참전군인회Veterans for Peace, 전쟁저항자연맹War Resister's League, 사회정의를위한흑인참전군인회Black Veterans for Social Justice에서 활동하는 국제 평화 활동가다. 우리는 인종과 인종주의가 그의 운동 경험에 미친 영향에 대해 이야기를 나눴다.

Q 어떻게 운동에 참여하게 되었는지 알려주실 수 있나요?

저는 베트남 전쟁에 참전했던 군인입니다. 군에 징집됐는데, 감옥에 갇히고 싶지는 않았어요. 그게 베트남에 간 가장 큰 이유죠. 군 생활이 그리 어렵진 않았고, 체력도 좋았기 때문에 그럭저럭 견딜 만 했어요. 그런데 베트남에 가서 전쟁의 진정한 의미를 알게 됐죠. 우리가 타인의 이익을 위해 이용당한다는 걸 깨달은 겁니다. 특히 군대 내에서의 백인과 흑인 병사들 간의 관계와 인종차별 문제에 관해 말했다가 그만 찍혀버렸죠. 다른 미군 병사들이 여러 번 저를 공격했고, 그래서 싸움이 많이 벌어졌어요. 저는 허가 없이 부대에서 이탈해 어느 베트남 가정에 머물렀고, 미군에게 몇 번 총격을 받기도 했죠. 그러면서 전쟁에 관해 큰 깨달음을 얻었어요.

당시엔 베트남 참전 군인들이 조직적인 활동을 벌인다는 사실을 몰랐어요. 운동에는 주로 젊은 백인 학생들이 많았거든요. 그런데 참전에 반대하는 사람들을 조직하던 그들도 우리 동네에는 한 번도 오지 않았어요. 당연히 우리는 병역거부에 대해서도 몰랐고, 캐나다로 갈 수 있다는 것도 몰랐어요. 아무것도 몰랐죠. 그러다 군대를 떠나 집에 돌아왔는데, 문제는 제가 베트남에서 약물에 손을 대기 시작해 15년 동안 끊지 못했다는 거예요. 처음엔 어떻게든 버텨보려 했지만, 결국 집도 없이 떠도는 신세가 됐죠. 그때 안 해본 일이 없었던 것 같아요.

Q 돌아왔을 때 지지 모임 같은 것이 있었나요?

아무것도 몰랐어요. 단체를 찾아갈 생각도 못 했죠. 그냥 잊어버리고 지금 생활이나 잘하려고 했어요. 그러다 약물 재활 프로그램을 받으러 재향군인회에 갔다가 프로그램에 참여하러 온 베트남 반전참전군인회 회원들을 만난 거예요.

Q 그때부터 병역거부 운동과 반군사주의 활동에 참여하게 된 거군요.

좋은 경험이었어요. 베트남이 제 약물 중독의 촉매제였다는 걸 그때 깨달았죠. 거기서 정치적으로 무슨 일이 벌어지고 있는지, 병사들이 어떻게 이용당하고 버림받는지에 대해 제대로 된 교육을 받기 시작했고, 참전자 모임에도 아주 적극적으로 발을 들여놓게 됐어요. 그러다 맷 마이어Matt Meyer를 통해 전쟁저항자연맹에 참여하게 됐고, 그 외 여러 활동들에도 나가기 시작했어요. 참전 군인들과 베트남 전쟁 반대 캠페인 사이에는 어떤 연결고리가 있었거든요.

Q 베트남 전쟁에 반대하는 운동이 백인 중산층 학생 중심이었다

고 하셨는데, 베트남 반전참전군인회와 전쟁저항자연맹에서 활동 할 때 인종에 따른 역학 관계는 어땠나요?

상당수 모임에서 제가 유일한 흑인이었어요. 다른 흑인들이 참여한 건 한참이 지나서였죠. 프로그램 참여를 도와준 클래런스 핏치 Clarence Fitch라는 형제가 몇 안 되는 흑인들 중 한 사람이었요. 그런데 그가 에이즈에 걸리는 바람에, 다시 제가 한동안 모임에서 유일한 흑인이 됐죠. 여러 해가 지나서야 더 많은 흑인들이 참여하게 됐고, 주변에 머물던 사람들은 좀 있었을지는 몰라도 이 운동은 대체로 백인들의 운동이었어요.

Q 그 이유가 뭐라고 생각하나요?

친한 사람 중에 흑인이 얼마나 있나요? 많지 않죠? 그게 문제에요. 사람들은 자기 주위를 벗어나지 않아요. 아는 사람을 조직할 뿐이죠. 의식적으로 다른 사람을 배제한 건 아니겠지만, 그들의 참여를 독려하는 방법을 모르는 겁니다.

Q 운동에 참여하기 시작했을 때, 그것이 다수 백인들의 의식을 일깨우진 못했나요?

많은 이들이 백인의 특권과 그 작동 방식을 부정했어요. 자신이 실제로 겪어보지 못했기 때문이죠. 인종이 문제가 되는 상황에 있어본 적이 없는 거예요. 다른 사람들은 죄다 백인이고 자기 혼자만 다른 인종일 때의 기분을 이해하지 못해요. 가만히 있어도 바로 눈에 띄기 때문에, 저는 그들이 어떤 사람인지 몰라도 그 사람들은 제가 흑인인 걸 대번에 알죠. 그러니 저를 다르게 대하기 마련인 겁니다.

Q 백인이 자신들의 특권을 내려놓지 못하는 상황이 얼마나 나아졌고, 더 나아지려면 어떻게 해야 할까요? 어떻게 하면 보다 많은 사람들을 아우르는 집단이 될 수 있을까요?

초기에 전쟁저항자연맹 모임이 그들과 다르게 생긴 사람을 배제하고 있다는 걸 인식한 사람이 몇 있었어요. 그들이 다른 사람들을 설득했죠. 다른 집단에 먼저 손을 내밀어야 해요. 가장 좋은 방법은 그들의 문제를 찾아서 함께 해결하는 겁니다. 그럼 그들도 당신의 문제를 함께 도와주겠죠.

군사주의는 흑인이든 백인이든 모두에게 영향을 미쳐요. 그 밖의 모든 인종들도 마찬가지고요. 그건 군사주의가 공동체에 미치는 영향과 그 작동 방식 때문이에요. 평화 운동에 참여하는 백인들은 자신의 활동 분야에 대해서는 환경이든 반핵이든 병역거부든 매우 단호하고 열정적이지만, 다른 투쟁에 대해서는 무지해요. '흑인의 생명도 중요하다Black Lives Matter' 캠페인처럼 생존을 위한 투쟁에서 우리는 군사주의와 맞닥뜨립니다. 경찰이 사람을 죽이는 상황을 말이죠. 제가 사는 지역에서도 한 흑인이 경찰을 피해 달아나다가 등에 총 여덟 발을 맞고 죽었어요. 하지만 우리가 군사주의와 싸운다는 것을 다른 인종, 특히 백인들은 이해하지 못해요. 예컨대 전쟁저항자연맹은 전쟁을 이야기하면서도 경찰의 가혹행위가 벌어질 때는 그 문제를 입에 올리길 주저했어요. 사안이 전쟁이 아니라는 이유로 말입니다. 우리가 주말 모임을 시작하게 된 것도 바로 그 때문이에요. 당시 LA에서 경찰 폭력으로 인해 폭동이 일어나자 군인과 탱크가 출동했고, 지역 시민들의 눈앞에 온갖 군사주의가 펼쳐졌죠. 바로 거기에 군사주의와 인종 간의 연결고리가 있어요. 이곳도 중동이나 라틴아메리카의 전쟁터처럼 될 수가 있는 겁니다.

Q 문제는 백인 활동가들의 의식 부족과 깨닫기를 꺼려하는 태도라고 할 수 있겠군요?

어느 정도 맞는 말이에요. 다른 문화에서 온 사람이 새로운 문화에 익숙해지는 건 어려운 일이에요. 저도 처음엔 모든 백인 집단이 너무 불편하게 느껴졌고, 백인이 쓰는 용어들을 일일이 익혀야 했어요. 그나마 이런 주제에 관심이 있어서 그 과정을 이해하고 견딜 수 있었지만 말이죠. 하지만 생존을 위해 싸우느라 그럴 시간이 없는 사람들도 있어요.

Q 더 많은 사람이 그런 과정을 견디는 데 도움이 될 만한 게 있을까요? 보다 많은 사람들을 아우르는 운동이 되려면 무엇이 필요할까요?

우리가 하는 일이 그들이 필요로 하는 것과 관련돼 있다는 걸 보여줘야 해요. 남아프리카공화국을 예로 들면, 많은 흑인 집단이 징병폐지캠페인End Conscription Campaign, ECC을 지지하고자 했지만, 동시에 그로 인한 결과를 우려했어요. 만약 그들이 여전히 백인으로의 특권을 누린다면, 군대를 거부한 뒤 고향에 돌아가 다시 흑인을 억압하지 않을까? 우리가 그들을 도우면, 과연 그들도 우리를 도울까? 이런 걱정들이 있었던 거죠.

일단 단체가 중앙에서 팔짱만 끼고 있어선 안 되고, 더 많은 사람에게 먼저 다가가 관계를 맺어야 해요. 많은 경우, 단체는 자기네 의제가 제일 중요하다고 생각해요. '모두가 우리 문제에 동참해야 돼' 하는 식이죠. 하지만 다른 단체 입장에서는 꼭 그렇지만은 않아요. 작년 남아공에서 열린 전쟁저항자인터내셔널 회의에 갔다가 살면서 가장 놀라운 장면을 목격했어요. 사람들이 서로 다른 집단들에 먼저 다가가니까 그들도 동성애 혐오나 페미니즘 같은 것이 곳곳에 존재한다는 사실을 깨닫기 시작했죠. 우리끼리만 외롭게 활동한다고 느끼는 경우가 아주 많지만, 실제로는 다른 데서도 똑같은 문제가 일어나고 있어요. 먼저 직접적으로 관계를 맺으려 하지 않으니까, 소수일 수밖에 없는 거죠.

그나마 제가 활동을 시작한 1980~90년대보다는 상황이 많이 좋아졌어요. 훨씬 나아졌죠. 하지만 여전히 활동가들은 다른 사람의 문제를 이해하지 못하거나 이해하려 하지 않는 경우가 많아요. 제가 전쟁저항자인터내셔널과 전쟁저항자연맹에 애착을 가지는 건 그들이 제게 먼저 다가와 줬기 때문이에요. 우리는 관계를 맺고 있고, 저는 그들에게 즉시 이메일로 국제 연대를 할 수 있죠. 반면 많은 단체들이 이런 체계를 갖추지 못하고 있어요. 특히 풀뿌리 단체들은요. 이스라엘에 반대하는 투자 철회 운동을 예로 들면, 처음엔 대부분의 사람들이 그게 뭔지 몰랐어요. 하지만 이제 전 세계 모든 집단의 사람들이 거기에 동참하고 있어요. 정말 멋진 일이죠!

Q 그동안 많은 개선이 이뤄졌고, 더 많은 연대가 일어나고 있다는 말씀이네요.

'많다'는 것의 기준이 뭔지는 모르겠지만, 여러 가지가 개선됐어요. 그러나 지금도 같은 문제를 겪고 있다고 생각해요. 중요한 건 자신이 공감하는 단체들과 협력을 구축하는 거예요. 군사주의는 다양한 방식으로 모두에게 영향을 미쳐요. 특히 경제적인 면에서요. 청년들이 상황을 명확히 이해할 수 있도록 그들에게 다가가야 해요. 이를테면 담배를 보세요. 30년 전쯤에 금연 운동이 있었어요. 당시에는 여기저기서 너나없이 담배를 피워댔죠. 그런데 지난 30년 동안 금연 운동가들이 흡연 문화를 바꿔놨어요. 이제 회의 중에는 절대 담배를 피우지 못하죠. 요지는 사람들이 흡연이 해로운 걸 안다는 거예요. 학교에 다니는 어린 아이들도 담배가 안 좋다는 걸 알죠.

Q 어떻게 하면 반군사주의 운동이 그걸 따라할 수 있을까요?

우리는 참전 군인으로서 사람들과 관계를 맺었어요. 예를 들어 교사들과 끈이 닿으면 직접 학교에 찾아가 학생들에게 이야기를 들려주는 식이었죠. 그리고 이러이러한 결정을 내리라고 말하는 대신, 군대에 가면 알아야 할 것에 대해 알려줬어요. “여러분의 생명은 더 이상 여러분의 것이 아니게 된답니다”와 같은 이야기 말이죠. 우선 젊은 사람들에게 다가가야 해요. 우리가 뿌린 씨앗은 그들이 자라서 사회적인 결정을 내리기 시작할 때 비로소 결실을 맺을 거예요. 또한 이런 내용을 여러 언어로 번역해야 돼요. 전쟁저항자인터내셔널에서 스페인어로 공식 자료를 내는 것에 관해 논쟁하던 게 기억나네요. 스페인어에도 여러 종류가 있고, 모든 사람이 똑같은 스페인어를 하는 게 아니라는 문제제기였죠. 하지만 일단 해봐야 돼요! 그럼 어떻게든 해결될 거예요. 우리는 때로 완벽함에 너무 신경 쓰느라 아예 일을 그르칠 때가 있어요.

Q 사람들과 더 폭넓게 교류하고 문화적 감수성을 가지되, 실수가 두려워서 너무 경직되면 안 된다는 말씀이군요?

우리 자신과 아이들의 더 나은 삶을 위해 가야 할 길이 멀어요. 저는 노예제의 요람인 미국 남부에서 자랐어요. 그곳엔 아직도 흑인에 관한 편견을 부추기는 정서가 많아요. 그들의 생각을 바꾸려고 열심히 노력해왔고, 많은 진전을 이뤘다고 생각해요. 미국의 백인들 상당수는 경찰이 무장도 안한 흑인을 총으로 쏴 죽인다는 사실을 믿으려고 하지 않았어요. 다들 “그럴 만한 짓을 했으니 그랬겠지” 하는 거죠. 우리를 아예 사람 취급도 안 하는 사람들도 많아요. 경찰이 우리를 쏴 죽이는 것과 같은 군사주의가 세계 도처에서 작동해요. 미국에서 무슬림이 받는 대우도 끔찍하죠. 미국은 폭력의 책임을 모두 남에게 돌리고, 스스로는 아무 책임도 지지 않으려 해요. 피가 거꾸로 솟을 지경이죠! 사람들은 문제가 있어도 듣지 않고, 자기가 편한 대로만 생각하려고 해요.

Q 얘기가 나왔으니 말인데요. 아까 제가 어떻게 하면 '우리' 백인들이 자신의 활동과 운동을 보다 더 포용적인 방식으로 바꿔나갈 수 있을지 여쭤봤죠. 그런 권력관계를 뒤집는다는 것이 흥미로운데요…

네, 예를 들면 백인 활동가들이 행진을 계획하고는 흑인 단체들을 불러서 시위에 참여할 의향이 있는지 물어보는 경우가 있어요. 하지만 절대 계획 단계에서 부르진 않아요. 이미 다 계획한 다음에 흑인 단체들을 불러서 이래라 저래라 하지 마세요. 더 많은 흑인이 참여하길 바란다면 처음부터 불러야죠. 계획 단계에서부터요. 우리도 목표나 전술에 대해 의견이 있을 수 있어요. 그런데 그냥 와주기만을 바라면서, 스스로 포용적이라 생각한단 말이죠! 백인들은 우위를 점하려고 해요. 흑인을 장식물 취급하고, 조직 단계부터 함께 하지 않아요. 그리고 우리 문제에 관해서는 왜 흑인 활동가들과 연대하지 않나요? 글로만 접하지 말고, 직접 만나고 무슨 도움이 필요한지 물어보세요. 단순하게 들릴지 몰라도, 유인물을 만들거나 할 때 그에 필요한 장비와 자원이 당신의 단체에 더 잘 갖춰져 있을 수 있어요. 그런 기반이 갖춰지지 않은 작은 단체에는 큰 도움이 되겠죠. 그들의 문제가 무엇인지 귀 기울여 들어야 해요.

Q 백인의 당황스러운 행동을 접한 흑인 활동가들에게는 어떤 조언을 하고 싶나요?

문화 차이를 이해해야 해요. 미국인은 대부분 백인을 보면서 그들이 다 똑같겠거니 생각해요. 다양한 유럽 국가 같은 집단 간의 차이를 이해하는 데는 시간이 필요해요. 세계 곳곳에서 온 사람들은 저마다 세상을 보는 방식이 달라요. 상대방이 어디서 왔는지 알아야 해요. 저는 다행히 그 난관을 극복할 수 있었어요. 이런 것들에 관해 같이 이야기할 사람이 있었거든요. 하워드 클락Howard Clark과는 서로를 통해 배울 수 있을 만큼 아주 가까운 사이가 됐어요. 그래서 상대방의 의견을 물어보고, 평가에 대한 두려움 없이 뭔가에 관해 모른다고 말할 수 있었어요. 예를 들어, 저는 게이 문화에 대해 잘 몰랐지만 인내심 있는 친구들이 있었어요. 한 번은 전쟁저항자연맹 활동에 참여한 지 얼마 안 돼서 캘리포니아에서 회의가 열렸는데, 플레이보이 잡지에 실린 베트남 참전 군인에 관한 기사에 제 얘기가 있어서 사람들에게 보여줬어요. 그랬더니 사람들은 그 잡지가 얼마나 성차별적인지 알려주더라고요. 제가 평화 운동을 하면서 성차별에 관해 배운 첫 번째 수업이었어요.

Q 흑인 단체가 흑인만을 대상으로 조직화하는 것에 대해서는 어

떻게 생각하시나요?

전쟁이 나면, 온갖 경제적 배경의 사람들이 징집되죠. 제가 만난 어떤 사람은 그때까지 흑인을 만난 적이 한 번도 없었어요. 뉴스에서 보고 들은 게 전부였죠. 우리는 쓰는 용어가 달라서 의사소통도 제대로 못 했어요. 한편 흑인 병사끼리는 말이 통해서 쉽게 뭉칠 수 있었죠. 비슷한 경험도 많고요. 오랜 세월 동안 인종 분리가 있었죠. 특정 집단은 그들의 문화를 정체성으로 가질 필요가 있어요. 모두가 동질적일 필요는 없고, 항상 모든 것에 함께 해야 한다고도 생각하지 않아요. 흑인 단체에 속하면서 사안에 관심을 가지고 다른 집단과 연대하는 식으로, 한 문제에 모두가 집단적으로 기여할 수 있어요.

다른 집단을 받아들이는 건 어려운 일이에요. 사람들은 당신이 속한 집단의 역사를 이해하지 못하고, 당신이 이미 찾은 답을 제시할 수도 있어요. 그래도 그들의 이야기를 듣는 것은 중요해요. 누구도 묵살해서는 안 돼요. 그들의 말에 귀 기울이지 않기 시작하면, 사람들은 관계를 차단해요. 저는 사회정의를 위한 흑인참전군인회에서 활동해 왔는데, 이 사람들은 흑인 참전 군인들의 주거나 교육 기회, 홈리스 쉼터 제공에 주로 초점을 맞추면서도 전혀 배타적이지 않아요. 흑인 참전 군인들을 조직하는 일로 활동을 시작했지만, 여전히 포용력을 갖추고 있죠. 다른 이들과 함께 일한다고 해서 꼭 우리 단체의 자율성을 포기할 필요는 없어요. 그들은 베트남 반전참전군인회와도 연대해 여러 특정 사안들에서 함께 활동하면서 서로에게 상을 주고받기도 했죠! 이렇게 협력의 기회는 무궁무진해요.

Q 젠더 의식과 포용력에 대해서는 어떻게 생각하나요?

제가 젠더에 관해 배운 건 대부분 이 단체들에서의 활동을 통해서 얻은 거예요. 좀 전에 말했듯이 평화 운동 내의 성 차별과 여성 착취에 관해서도 알게 됐는데, 특히 흑인 여성에 관해서는 정말 미묘한 차이들이 많더라고요. 어떤 흑인 여성과 대화를 나눠봤다고 해서 그녀가 모든 흑인 여성을 대변하는 건 아니에요. 제가 모든 아프리카계 미국인을 대변할 수 있는 게 아닌 것처럼 말이죠. 일종의 표본 집단을 접하는 정도라고나 할까요. 하지만 흑인 여성이 많은 상황에서 소외되어 있는 건 사실이에요. 제가 활동을 시작할 무렵 남성들이 모든 걸 지배하는 현실을 여성들이 지적하던 게 기억나요. 남성 발언자가 여성 발언자보다 훨씬 많다거나, 심지어는 여성 발언자가 단 한 명밖에 없는 걸 비판하곤 했죠. 그때까지 저는 그런 생각을 해본 적이 없었거든요. 아무튼 더 많은 목소리에 귀 기울여야 해요. 흑인 여성이 단 한 명밖에 없다면, 더 많은 포용과 균형의 기회를 놓치고 있는 셈이죠. 단지 겉치레로 한두 명 세워놓는 게 아니라, 여러 사람이 같이 어우러져야 해요.

4. 계급과 사회경제적 배경: 노암 구르와의 인터뷰

인종과 젠더 외에 알아야 할 또 다른 중요한 권력관계는 계급과 사회경제적 배경이다. 이스라엘의 페미니스트 단체 뉴프로파일의 활동가이자 병역거부자인 노암 구르와의 인터뷰를 통해, 이스라엘의 일반적인 병역거부자보다 낮은 사회경제적 배경 출신의 병역거부자로서 그녀의 경험에 관해 이야기를 나눴다.

Q 이스라엘의 병역거부 운동에 참여한 계기에 대해 간략히 말씀해주세요.

18살 때였어요. 이스라엘 군 입대를 거부했죠. 그때 처음 병역거부 운동에 발을 들였어요. 그 전에 병역거부자들과 함께 활동하는 페미니스트 단체 뉴프로파일에 연락을 한 적은 있었어요. 군대에서 벗어나기 위한 도움을 받으려 했죠. 한동안 수감 생활을 마치고, 예루살렘으로 거처를 옮겨 더 적극적인 역할을 맡기 시작했어요. 그렇게 뉴프로파일에 가입해 활동한 지 어느덧 3년이 넘었네요.

Q 운동 내 계급과 사회경제적 권력관계에 있어서 뭐가 가장 눈에 띄었나요?

뉴프로파일은 비록 바뀌려고 노력하고는 있지만, 굉장히 백인 중심적인 단체예요. 뿐만 아니라 창립한 지 15년이 지난 불과 최근까지만 해도 주로 아무런 경제적 보상 없이도 자원 활동을 할 시간과 능력이 있는 높은 연령대의 여성들이 주축인 단체였어요. 하지만 병역거부 운동을 하는 다른 단체의 상황은 아주 안 좋았어요. 거긴 대개 4, 50대 남성들이 주였고, 그들은 일을 해서 돈을 벌어야 했거든요. 이런 문제는 뉴프로파일 뿐만 아니라 훨씬 더 뿌리 깊은 문제에요. 뉴프로파일에서 활동하려면 두 가지 길이 있는데, 하나는 병역거부 선언을 하고 감옥에 가는 거예요. 하지만 그렇게 할 수 있는 사람들은 소수에 불과하고, 아예 그게 불가능한 사람도 있어요. 이건 단지 병역거부 운동 내부의 문제가 아니라 전체 시스템의 문제예요. 뉴프로파일이 그런 형태의 병역거부를 장려하긴 하지만, 또 문제점들을 바꾸려고 열심히 노력하고 있기도 해요. 그러나 시간이 좀 걸리겠죠. 지금 뉴프로파일에는 전보다 해야 할 일들이 훨씬 더 많은데, 사람들은 생활이 안정되고 돈이 많지 않으면 자원 활동을 할 수 없다고 생각해요. 하지만 뉴프로파일에서 활동하는 청년들 대부분은 그런 안정적인 상황과는 거리가 멀죠.

Q 병역거부 운동의 노동 문화라 할 수 있는 '자원 활동제'의 접근성이 떨어진다는 거군요. 사람들의 교육 배경은 어떻고, 그 부분이 병역거부 활동에 대한 참여에 어떤 영향을 미치나요?

흥미로운 질문이네요. 우린 막 새로운 사업을 시작하고 있어요. 저를 비롯한 몇 명이 먼저 대학 장학금 현황을 알아보려고 해요. 저희 집에는 돈이 없어요. 교사인 어머니와 최저 임금 노동자인 아버지는 제 학비를 대주시지 못해요. 장학금도 받지 못하죠. 재정적으로 자립하기 위해 도중에 학업을 쉬어야 했어요. 저뿐 아니라 많은 사람이 그래요. 저희가 이 사업을 시작한 이유도 그거예요.

뉴프로파일은 병역거부와 반군사주의에 관해 일종의 구세대적인 관념을 가지고 있어요. 하지만 구성원들 중 상당수는 학생들이죠. 이게 흥미로운 이유는 한편으로 장학금을 받지 못해 좌절하는 사람이 많기 때문이에요. 그것이 대학에 들어갈 수 있는 가능성에 영향을 주죠. 뉴프로파일의 활동가 다수는 사람들에게 군대에 가지 않아도 인생에서 바뀌는 것은 많지 않다고 말해요. 하지만 저 같은 학생 입장에서는 그렇지 않아요. 군대에 가지 않고도 장학금을 받는 사람은 별로 없어요. 군대에 가지 않고 부모가 돈이 없는 사람은 아예 공부를 못 하죠. 그래서 저는 병역거부가 인생에 영향을 주지 않는다는 말에 동의할 수 없어요. 군대에 가지 않으면 장학금 기회의 90%가 차단되니까요.

Q 병역거부자가 되는 방법 중 하나가 공개적으로 병역거부를 선언하는 거라고 하셨죠. 사람들이 자기 목소리를 내는 데 있어 학력과 사회경제적인 배경이 어떤 영향을 미치나요?

네, 이 말을 하려니 웃긴 게 저는 텔아비브에서 멀리 떨어진 작은 마을 출신의 세파르디 유대인[5]이에요. 대부분의 병역거부자들과는 달리 특권계급 출신이 아니라는 점에서 이 주제를 이야기할 수 있는 기준을 충족한다는 뜻이죠. 제가 감옥에 간 사실은 언론에서도 다뤄졌는데, 사실 이런 경우는 매우 드물어요. 텔아비브 출신이 아닌 세파르디 유대인 중에 저 같은 경우가 얼마나 될지 모르겠어요. 감옥에 가면 그게 훨

5 **옮긴이 주** 이스라엘의 유대인은 크게 세파르디 유대인과 아슈케나지 유대인으로 나뉜다. 이스라엘에서 이베리아 반도 출신의 세파르디 유대인은 주로 사회 하층계급을 구성하고, 동유럽 출신의 아슈케나지 유대인은 주로 지배계급을 구성한다.

씬 더 명확해지는데, 당시를 돌아보면 사람들은 제가 텔아비브 출신이고 병역거부를 할 수 있는 특권계급에 속한다고 여겼던 것 같아요 비록 사실이 아니었지만, 감옥에 있던 다른 동료들이 왜 그렇게 생각했는지는 알겠어요.

안 그래도 가진 거 없고 하루하루 살아가기 벅찬 사람이 군대에도 안 간다는 건 정말 많은 걸 잃어버릴 위험을 감수해야 한다는 걸 뜻하죠. 저는 그들이 병역거부 선언을 하지 못하고, 기회를 잃지 않기 위해 군대에 가는 걸 이해할 수 있어요. 군대에 가지 않으면 수많은 기회가 닫혀요. 언론 노출은 그보다도 더해요. 평생 가거든요. 어느 고용주든 제 이름을 구글에 쳐보면 바로 알 수 있어요! 이스라엘에서는 병역거부 전력자들을 검색해보면, 그가 누구인지 뿐만 아니라 무슨 말을 했는지도 훤히 드러나죠. 이스라엘의 군사 점령 때문이 아니라, 가족을 먹여 살리느라 3년간 복무할 형편이 안 돼서 병역을 거부한다고 말하는 사람은 없어요. 하지만 막상 감옥에 가보면 그런 이유 때문에 군대에 가지 않은 사람들을 무수히 만나게 돼요.

하지만 아무도 나서서 그런 말을 하지는 못해요. 그럼 더 많은 걸 잃거든요, 병역거부자의 선언문과 인터뷰를 보면, 그들이 텔아비브 밖에서 일어나는 일에 대해 얼마나 눈감고 있는지 알 수 있어요. 우물 안 개구리처럼 말예요. 병역거부가 '유일한 도덕적 선택'이고, 자신들이 얼마나 '영웅적'이며, 모두가 그런 선택을 할 수 있다고 말하는 선언문이 허다해요. 그걸 들으면 이런 생각이 들죠. '모든 사람이 자신의 신념에 따라 감옥에 갈 수 있는 특권을 갖고 있지는 않아.' 인터뷰를 읽어 보면 '난 다른 방법이 없으니 어쩔 수 없이 군대에 가야 할 것 같아' 하는 생각은 안 들어요. 선언문을 보면 영웅이 되는 것이 유일한 선택지로 보이죠. 하지만 병역거부를 하는 세파르디 유대인은 별로 없어요. 그럴 여건이 안 돼서죠.

Q 병역거부도 중간 계급의 특권이라는 거군요? 그 점이 병역거부 운동과 이 운동이 반군사주의를 위한 사회 동력이 될 가능성에 미치는 영향은 뭘까요?

에티오피아계 유대인들이 반군사주의 슬로건을 내걸고 텔아비브 중심지에서 폭동을 일으킨 적이 있었어요. 경찰폭력에 반대하는 시위였는데, 전혀 예상치 못한 일이었죠. 저는 그것이 뉴프로파일 외에도 이스라엘 내에 군사주의에 저항하는 다양한 목소리가 있다는 걸 보여줬다고 생각해요. 실제로 군사주의에 관해 말하는 사람은 아주 많아요. 하지만 그들이 하는 이야기에 귀 기울이고 그게 우리 활동에 얼마나 부합하는지 따져본 적도 없고, 심지어 어떤 이들은 별로 중요하지 않다고도 생각하죠. 거기서 많은 가능성이 사라져요. 에티오피아 출신 공동체가 아무리 군사주의에 대해 이야기해도, 그 사람들은 결코 더 큰 반군사주의 운동의 일부가 되지 못할 거예요. 안 그래도 열등한 취급을 받는데, 감옥에 가는 것만이 병역거부의 유일한 방법이라는 이야기를 듣고 병역거부 운동이 백인 중산층의 전유물로 보인다면, 거기에 동참할리가 있겠어요? 그런 이유로 우리 활동에 절대 참여하지 않을 사람이 한둘이 아니에요.

이런 식으로 우린 많은 사람들을 놓치고 있어요. 그들은 우리를 그저 감옥에 가고 반대를 위한 반대를 하는 전문 시위꾼으로 바라봐요. 자기만의 방식으로 뭔가를 하는 사람들도 많은데, 지금 같으면 우리는 결코 그들의 일부가 될 수 없고, 그들도 결코 우리의 일부가 될 수 없을 거예요. 그게 문제예요.

Q 그게 변할 수 있을까요?

만약 우리가 언론과 '외부인들', 그리고 이스라엘 대중들에게 말하는 방식을 바꾼다면, 마치 영웅이라도 된 것처럼 감옥에 가야하느니 하는 이야기는 줄이는 대신 완전히 다른 방식으로 병역거부를 말한다면, 그리고 우리가 군사주의에 대해 말하는 방식을 바꿔서 모든 형태의 군사주의를 거부하는 온갖 종류의 행위를 다 담을 수 있다면, 변할 수 있다고 봐요. 또한 단지 병역거부가 아니라, 징병제 자체에 대해서도 이야기해야 돼요. 징병제에는 수많은 문제가 있는데, 사람들은 징병제 폐지를 옹호하는 것이 또 다른 형태의 군사주의를 촉진한다고 생각해서 아무도 그 얘기를 하지 않아요. 저는 이스라엘의 징병제 폐지를 앞당기는 것이 지금 상황에서 최선의 전략이라고 생각하는데, 아무도 동의하지 않더라고요! 가족을 부양해야 해서 군대에 갈 수 없는 사람도 있고, 그냥 가기 싫은 사람도 있어요. 만약 징병제가 없어지고, 군대에 가지 않아도 삶에 별 영향을 받지 않는다면, 그게 다섯 명이 한 달 동안 감옥에 가는 것보다 훨씬 큰 성취겠죠.

Q 사람들이 거기에 동의하지 않는 이유가 뭘까요?

글쎄요. 병역거부 운동 내에서 이런 주장을 하는 소수의 사람들이 있어요. 그런데 다른 사람들은 그것이 자본주의적인 접근이라고 생각해요. 주위의 좌파 병역거부자들 가운데 상당수는 우리 주장대로 되면 지금보다 더 많은 문제가 생길 거라고 생각해요. 흑인들이 다른 선택의 여지가 없어서 군대에 갈 수밖에 없는 미국의 상황을 이야기하면서 이스라엘도 그렇게 될 거라는 거죠. 하지만 실제로는 그보다 더 복잡한 문제예요. 그리고 오늘날의 상황이 이미 그렇게 흘러가고 있어요! 특권에서 소외된 사람들이 결국 군대에 가거든요.

5. 특권과 차이 속에서 활동하기

이번 장에서는 영국의 교차성 페미니즘[6]과 학생운동에 주로 참여해온 한 활동가가 특권과 차이에 관해 간략히 설명하고, 그런 여건에서 활동하는 현실적인 방안을 제시한다.

"우리는 서로 간의 차이를 무시하거나, 차이를 변화의 동력으로

6 **옮긴이 주** 젠더와 인종, 나이, 장애, 계급, 성적 지향, 민족, 국적, 종교, 사상 등 개인의 정체성을 규정하는 다양한 범주들의 상호 교차와 중첩, 그리고 이에 따른 억압과 차별, 권력관계를 강조하는 페미니즘 이론과 방법론.

보기보다는 분리와 불신의 이유로 바라보도록 길러졌다. 공동체가 없으면 개인과 그녀가 받는 억압 사이의 극히 일시적인 휴전만 가능할 뿐, 해방은 없다. 그러나 공동체의 의미는 우리 내의 차이를 없애는 것이 되어서도 안 되고, 이런 차이가 존재하지 않는 것처럼 애써 외면하는 것이 되어서도 안 된다."[7]

이는 미국의 흑인 레즈비언 페미니스트인 오드리 로드Audre Lorde가 1979년에 한 말이다. 이처럼 차이를 인정하면서 함께 활동하는 것이 어떻게 가능한가 하는 문제가 그다지 새로운 문제는 아니다. 더 나아가, 단순히 차이를 용인하는 데 그치지 않고 차이 속에서 어떻게 창의적으로 활동할 것인지는 참여자 전체의 역량을 온전히 이끌어내고자 하는 운동이라면 모두가 풀어야 할 과제다. 로드는 주로 1970~80년대 미국 페미니즘 운동에 참여한 여성들의 차이에 대해 썼지만, 그녀의 통찰 대부분은 보다 일반적으로 적용이 가능하다.

차이의 존재를 인정하는 것이 당연히 첫 번째 단계이겠지만, 중요한 것은 그 의미를 이해하는 것이다. 차이는 종종 서로의 우열을 가리는 지표가 된다. 어떤 인종, 젠더, 국적, 종교는 다른 것보다 '더 좋은' 것으로 대중에게 무의식적으로 받아들여진다. 이런 생각과 행동은 모든 사람이 명목상으로는 평등하다고 간주되는 현 상황에도 여전히 유

7 Lorde, Audre 2007, Sister Outsider: Essays and Speeches by Audre Lorde, (New York: Random House), p.112.

지된다. 실제로 그럴 때일수록 거기에 대해 문제를 제기하는 것이 더 어려울 수 있는데, 마치 그것이 존재하지 않는 것처럼 생각하기가 더 쉬워지기 때문이다.

로드에 따르면, "우리 사이의 차이가 필연적으로 한쪽의 열등함을 뜻하는 한, 모든 차이의 인식에는 거대한 죄책감이 따르기 마련이다."[8] 개인적으로 고백하건대, 나는 내가 다른 사람보다 과도한 특권을 누리는 집단에 속한다는 사실을 인정하기가 쉽지 않았다. 그것은 내가 원하던 원하지 않던 타인이 받는 억압에서 이득을 본다는 뜻이기 때문이다. 이렇듯 특권과 억압은 언제나 서로 엮여 있고, 서로를 재는 가늠자가 된다.

이는 내가 충분한 자격을 가지고 누린다고 생각했던 것이 실은 나의 특권에 의한 것일 수도 있음을 인정해야 한다는 뜻이기도 했다. 개인적인 예를 들자면, 나는 교육과 취업에서 내가 누렸던 행운이나, 활동에서 나의 기여가 다른 사람들에게 받아들여지는 방식이 순전히 나 자신의 공이라고 주장할 수 없다. 내가 백인 중산층이라는 사실이 도움을 주었기 때문이다. '백인'과 '중산층'이 우리 사회의 이른바 '표준 지표'이자 상상 속 우월성의 지표임에도 불구하고, 모든 사람이 이런 특권을 가진 것은 아님을 직시하는 것은 마치 내 자존심에 대한 공격처럼 느껴질 수도 있다. 그리고 내가 표준 지표도 아니고 상상 속 우월성의

8 Lorde, Audre 2007, Sister Outsider: Essays and Speeches by Audre Lorde, (New York: Random House), p.118.

지표도 아닌 여성이라는 사실 때문에, 이럴 때 짜증이 나기도 한다. 내가 '행운'을 위해 나름의 억압을 극복해야 한다는 사실은 내가 특권으로 인해 다른 방식으로 이익을 봤다는 사실보다 내게 있어 훨씬 더 명백하다. 만약 내가 소외와 맞서 싸우는 데 익숙한 이유가, 남성들이 우리 사회의 시각에서 볼 때 여성인 나에 비해 그들의 상상 속 우월성을 바탕으로 연대 활동에서 나보다 많은 기회를 얻고, 같은 집단에서 그들의 기여가 나의 기여보다 더 권위 있게 인식되기 때문이라면, 내가 어렵게 얻어낸 권위와 기회를 포기하는 것처럼 느껴지는 행동을 하는 것에 주저하게 될 지도 모른다.

하지만 다시 로드의 말을 빌리면, "만약 내가 의식적으로든 아니든 내 자매의 억압에 동참하고 있고 그녀가 그것에 항의한다면, 내가 그녀의 분노에 나 자신의 분노로 답하는 것은 반발로 논쟁의 본질을 덮는 것밖에 안 된다. 이는 기력의 낭비이다. 그렇다. 내가 공유하지 못하거나 나 자신이 일조하고 있는 고통이 다른 여성의 목소리로 자세히 묘사되는 것을 가만히 듣고 있기란 무척 괴로운 일이다."[9] 그러나 마찬가지로, "우리가 우리 여성들 간의 분노를 명료히 언어화할 수 있다면, 그리고 말하는 방식을 놓고 자신을 방어하는 만큼의 열의로 적어도 그 내용에 귀 기울인다면, 그로 인해 파멸하는 일은 없을 것이다."[10]

9 Denise Drake and Steve Whiting, 'Working in Groups', in Handbook for Nonviolent Campaigns, 2nd ed. (London: War Resisters' International), p.91.

10 Lorde, Audre 2007, Sister Outsider: Essays and Speeches by Audre Lorde, (New York: Random House), pp.113,115.

차이 속에서 활동하는 것은 분명 어려운 일이다. 하지만 도움이 되는 현실적인 방안들이 있다. 그중 일부를 간단히 살펴볼 것이다(7장에서 소개할 합의에 의한 의사 결정도 참조하기 바란다). 포용적이고 평등한 운동에서는 누구든 기회를 얻기 위해 싸워야 하는 상황이 애초에 있어서는 안 된다. 모든 모임은 모두가 발언 기회를 누리도록 그 자체로 체계를 갖추고 있어야 한다. 이를테면 아무나 즉석에서 끼어 들 수 있게 하는 대신에, 한 명씩 돌아가면서 각자의 생각을 이야기하게 하는 방식도 좋은 방법일 수 있다. 모두가 자신의 참여도를 스스로 인식하도록 요구하는 것도 중요하다. 하지만 너무 많은 기회와 특권에 익숙한 사람은 평소보다 적은 기회와 특권이 주어졌을 때 자신이 '소외'되었다고 느끼기도 한다. 따라서 스스로의 인식을 요구하는 것만으로는 부족할 때가 많다.

마찬가지로 소외가 모든 사람에게 똑같이 인식되는 것은 아니며, 소외에 익숙한 사람은 특히나 그렇다. 모든 사람이 자신이 더 많은 발언 기회를 누려야 한다고 생각하는 것도 아니다. 그들의 시각을 듣지 못하고 놓치는 것이 집단에게는 아쉬운 상황에서도 말이다. 그러나 누구도 자신이 원치 않는데 의무적으로 참여해야 한다는 압박을 받아서는 안 된다. 참여를 이끌어내는 방법은 다양하다. 예를 들어, 모임 전이나 중간에 서면으로 제안을 받거나, 전체 집단을 소규모 활동 단위로 나누는 것도 이 딜레마를 해결하는 데 도움이 될 수 있다. 이는 어떤 상황에서든 별 생각 없이 정해진 방식으로 일을 처리하는 것보다 더 창의적으로 활동하는 수단이기도 하다. 하지만 이런 대안적인 활동 방식을 실제로 고안한 사람이 누군지 주의할 필요가 있다. 만약 그들이 기존 방식에서 특혜를 누리는 사람과 동일하다면, 필요한 만큼의 참여를 충분히 이끌어내지 못할 가능성이 크다. 예를 들어, 서면 제안을 받는 대안은 여러 사람 앞에서 말하기를 힘들어 하거나 그에 필요한 교육을 받지 못한 사람에게 매력적일 수 있지만, 마찬가지로 부담 없이 종이에다 제안을 쓰는 일도 같은 식의 교육을 받아야 가능한 경우도 많다.

때로는 비슷한 배경을 가진 사람들로 구성된 소규모 단위나 회의체가 필요할 수도 있다. 이를 통해 이들 집단은 자신의 욕구를 집단적으로 파악하고, 거기에 맞는 활동 방식을 찾아 전체 집단에 제안할 수 있다. 이런 소규모 단위는 공동의 억압에 맞서는 지원망으로서도 그 자체의 가치를 지닐 수 있다.

차이와 그에 따른 특권 혹은 권리의 차별이 모임 중에 발언하고자 하는 의지나 열의에 영향을 미치는 한, 그것은 단지 조직화에만 관계된 문제가 아니다. 차이에는 욕구의 차이도 수반된다.

로드는 1970~80년대 미국 페미니즘 운동 내의 백인 여성들에게 이렇게 묻는다. "당신이 페미니즘 이론에 관한 회의에 참석하는 동안 당신의 집을 청소하고 아이를 돌보는 여성이 대부분 가난한 여성과 유색인종 여성이라는 사실을 어떻게 받아들이는가? 인종주의 페미니즘을 뒷받침하는 이론이란 게 과연 세상에 있는가?"[11] 병역거부 운동 역시

11 Lorde, Audre 2007, Sister Outsider: Essays and Speeches by Audre Lorde, (New York: Random House), p.112.

스스로 비슷한 질문을 던져봐야 한다. 운동에 참여하는 조건이 누군가를 구조적으로 배제하고 있지 않은가? 예를 들면, 돌봐야 할 대상이 있는데 모임에 참석하는 동안 자신을 대신할 사람을 고용할 형편이 안 되는 사람도 있다. 누군가의 참여를 위해 다른 사람이 희생하고 있지 않은가? 남성이 집밖에서 영광스러운 혁명에 동참하는 동안 부인이나 어머니, 여자 친구가 가사와 육아를 돌봐주기를 기대하는 것은 아닌가? 부유한 여성과 가난한 여성, 특히 부유한 백인 여성과 가난한 유색인종 여성(혹은 지배 민족 집단의 여성과 다른 민족 집단의 여성)에게 동일한 기대치가 부여되는가?

특히 이 책의 주제와 관련해, 병역거부라는 용감한 행동의 영웅 대접을 받는 데 따른 일종의 권리 의식이 남성에게 어떤 기대를 조장하지는 않는가? 반군사주의자의 경우, 우리의 운동을 우리가 맞서 싸우는 대상과 비교하는 것이 도움이 될 수 있다. 만약 운동의 전면과 중심에 있는 사람들이 군대가 바라는 모범적 구성원으로 높이 평가받는 유형의 사람—대부분 장애가 없는 젊은 이성애자 남성, 상위 계급의 경우 지배 민족 집단과 특권 계급 출신—과 같은 식이라면, 무언가 잘못되었다는 뜻이다.

전쟁저항자인터내셔널의 『비폭력 캠페인을 위한 안내서』에는 운동이 구조적으로 누군가를 배제하고 있는지에 대한 그 밖의 다양한 기준들이 수록되어 있다. 모임 장소는 어디인가? 대중교통으로 접근 가능한가? 장애인에게 친화적인 설비를 갖추고 있는가? 전반적으로 개방되고 편안한 환경인가? 누군가의 집이나 식당, 술집, 카페에서 모이는 것이 어떤 집단에게는 자연스러울 수 있지만, 다른 사람에게는 장벽이나 불건전한 환경이 될 수도 있다. 어떤 사람은 술 마시는 자리를 불편해할 수도 있고, 자금 사정이 안 좋을 수도 있고, 이념적으로 음주에 반대할 수도 있으며, 그 밖의 다양한 이유로 먹거나 마실 거리를 구매하는 것이 부담이 될 수도 있다.[12]

집단 구성원 다수의 이미 전제된 욕구와는 다른 욕구를 표현하는 사람에게 귀 기울이는 것이 중요하다는 사실은 흔히 강조되지만, 특정한 욕구를 표현하는 데 드는 비용을 이해하는 것도 그만큼 중요하다. 로드는 여성이 남성을, 흑인 여성이 백인 여성을, 레즈비언과 게이 등 성소수자가 이성애자를 가르쳐야한다는 기대에 대해서도 설명한다. 이는 당사자를 지치게 하고, 지배자의 문제를 피지배자에게 떠넘기는 대표적인 지배 수단이다.[13] 이런 주장은 다른 무수한 관계에서도 똑같이 적용될 수 있다. 장애가 있는 사람과 현재 장애가 없는 사람 간의 관계도 대체로 그렇다. 예기치 못한 욕구가 표현되었을 때 이를 받아들이고 수용하는 것뿐만 아니라, 운동이 수용해야 할 욕구를 사전에 파악하는 것도 중요하다. 그런 욕구들 가운데 일부는 정말로 민감한 부분일 수 있기에 이는 특히나 중요하다.

반군사주의 평화운동에서 참전 군인의 역할에 관한 장에서 웬디

12 Lorde, Audre 2007, Sister Outsider: Essays and Speeches by Audre Lorde, (New York: Random House), p.112.

13 Denise Drake and Steve Whiting, 'Working in Groups', in Handbook for Nonviolent Campaigns, 2nd ed. (London: War Resisters' International), p.91.

바랑코는 (이를테면 일부 참전 군인들이 떠들썩한 행진 같은 특정한 행동에 참여하지 못하는 원인이 된) 군인으로서 경험한 트라우마에 대해 이야기해달라는 기대가 가하는 2차 트라우마 효과에 대해 설명한다.

그래서 요구가 있거나 문제에 부딪힐 때마다 그때그때 교육하는 것보다는 특정 집단 사람들의 서로 다른 욕구와 어려움에 관해 정기 워크숍을 갖는 것이 보통 더 낫다. 그러면 워크숍을 통해 이런 어려움을 직접 겪지 않는 사람도 장차 교육을 진행하는 게 가능해질 수 있다. 그러나 중요한 것은 실제 당사자를 대신해서 교육하는 사람이 스스로 그런 욕구와 어려움을 완전히 안다고 말하거나 그렇게 생각해서는 안 된다는 점이다.

물론 그 어느 것 하나도 만만하지 않다. 하지만 가장 쉬운 선택이 가장 창의적인 결과로 이어지는 경우는 매우 드물다. 차이를 수용하지 못하는 활동 방식은 우리가 사는 세계의 현실과 우리가 만들고자 하는 세계에 대한 기대 중 어느 것에도 부응하지 못한다. 이는 획일성이 군대의 핵심적인 특징 가운데 하나이기에 반군사주의 운동에서 특히나 명확할 수밖에 없다. 군대에 내재된 억압을 인식한다면, 우리는 우리의 운동이 어떤 모습을 지향해야 할지에 대한 실마리를 얻을 수 있다.

이 책의 목적 중 하나도 군사주의가 젠더, 혹은 남성에게 특권을 주는 젠더의 가부장적 구조에 의존하는 방식을 보여주는 것이다. 따라서 우리 운동에서 남성의 특권을 유지하는 것은 명백히 역효과를 낳을 것이다. 그러나 젠더의 가부장적 구조가 군사주의를 떠받치는 유일하고도 가장 핵심적인 기둥은 아니며, 이 책에서는 계급과 인종주의, 장애 차별주의disableism[14]도 함께 논의된다. 이런 것들이 군사주의를 지탱하는 한, 결코 우리 운동에 그것들이 존재해서는 안 될 것이다.

6. 다양한 동기

개인의 동기는 중요하다. 단체가 결정한 일에 자발적으로 참여하는 사람들에 의존하는 풀뿌리 활동가 집단에서는 더욱 그렇다. 그러나 풀뿌리 단체가 개인의 동기와 전망, 역량에 대한 고려 없이 활동을 계획하는 경우가 너무도 많다. 풀뿌리 단체에 들어오고 나가는 사람이 많다는 점을 고려할 때, 우선 사람들이 서로 친해지고 알아가기 위한 공간이 필요하다. 그들이 왜 단체에 가입하거나 모임에 나왔는지, 무엇을 제공할 수 있는지, 단체에 기대하는 게 무엇인지, 전체 운동에 바라는 것이 무엇인지 등을 말이다. 우리 모두는 문제와 활동 방식을 이해하는 여정에서 각기 다른 위치에 있다. 사회 운동 이론, 즉 변화를 일으키는 방법에 대한 생각과 어떤 행동이나 전략이 효과적인지에 대한 관점은 개인마다 다를 수 있다. 같은 운동을 하는 여러 단체들 간에도 다를 수 있다. 우리의 관심과 동기가 어느 정도는 서로 겹치고, 그렇지 않다면 애초에 함께 모이지도 못했겠지만, 활동의 이유와 당면한 문제를 해

14 장애의 사회적 모델에서 유래한 영국식 용어다. 여기서 '장애'는 사람이 특정한 종류의 신체와 정신을 가져야 한다는 사회적 기대에서 비롯된다고 여겨진다. 예를 들어 기분이 침체돼서는 안 되고, 인간의 귀는 장치의 도움 없이도 소리를 들을 수 있어야 한다는 식의 기대 말이다. 이 모델에서 (간헐적으로) 침체된 기분은 선천적 장애로 여겨지지 않는다. 한편 'ableism'은 장애가 있는 사람에 대한 편견과 차별, 편의 제공의 부족을 보다 폭넓게 일컫는 미국식 용어다.

결할 방법에 대한 생각에는 부분적으로 차이가 있을 것이다. 이런 차이는 긴장과 갈등의 원인이 될 수도 있지만, 우리가 그것을 잘 극복한다면 동시에 단체와 운동의 원동력이 될 수도 있다.

개인이 병역거부 운동에 참여한 다양한 이유를 살펴보고자, 세계 여러 나라 병역거부 단체 구성원들의 개인적인 이야기를 모아 보았다. 이들의 수기는 각자가 병역거부를 하게 된 이유를 담고 있다. 그리고 뒤이은 장에서는 이런 다양한 동기 속에서 건설적으로 활동할 수 있는 한 가지 수단으로 합의에 의한 의사 결정에 도달하는 방법을 소개한다.

종교, 반제국주의 그리고 아나키즘(라파엘, 베네수엘라)

라파엘 우스카테귀는 베네수엘라의 병역거부자이자 작가이면서 인권 활동가로서 전쟁저항자인터내셔널에서 활동하고 있고, 오랫동안 다양한 반군사주의 활동에 참여해왔다. 여기서 그는 라틴아메리카 병역거부 운동의 주요 경향을 간략히 소개하고, 자신의 비폭력 아나키즘 신념이 이 맥락에 어떻게 부합하는지 설명한다.

1980년대 많은 라틴아메리카 국가들은 군사독재 하에 있거나 내전의 여파로 고통 받고 있었다. 당시는 냉전 시기이기도 했고, 미국은 라틴아메리카를 마치 자기 뒷마당처럼 '세력 범위'의 하나로 바라보았다. 고통스럽고 급진적인 민주화 과정에서 이 대륙의 청년 상당수는 반군사주의 정서를 키웠고, 이것은 점차 조직화되고 정치적인 양상을 띠게 되었다. 1990년대에 베네수엘라 수도 카라카스에서 다섯 시간 가량 떨어진 바르키시메토에서 청소년기를 보낸 친구들과 나는 강제징집을 피하기 위해 매년 두 차례씩 보름 동안 몸을 숨겨야 했다. 그러지 않으면 아무런 이유도 듣지 못한 채 길거리에서 붙들려 강제로 트럭에 실린 다음 다 같이 벌벌 떨다가 병영으로 끌려가야 했으니까. 우리 중 상당수는 이러한 불시 강제 입영 내지는 '징발press gang'[15]이 국가와 군복을 거부하게 된 출발점이었다.

1974년 콜롬비아에서 만들어진 종교 운동단체인 평화정의봉사단은 많은 라틴아메리카 국가에 적극적인 비폭력의 가치와 평화적인 문화, 그리고 양심적 병역거부가 국가에 응당 요구해야 하고 요구할 수 있는 권리라는 개념을 처음으로 전파했다. 에콰도르, 콜롬비아, 칠레, 아르헨티나 등에 세워진 단체 지부들은 각국에 병역거부 운동이 자리잡는 발판이 되었다. 그 가운데서도 운동이 가장 큰 성과를 거둔 곳은 파라과이였다. 1992년 파라과이 지부 활동가들은 양심적 병역거부권이 파라과이 헌법에 하나의 조항으로 공식 인정되게 하는 데 성공했다. 이듬해 파라과이 최초의 병역거부자들이 선언문을 발표했고, 언론의 주목 속에 자신들의 목소리를 널리 퍼뜨릴 수 있었다.

1994년 첫 번째 라틴아메리카 병역거부회의가 베네수엘라의 라아순시온에서 열렸고, 라틴아메리카-카리브해병역거부네트워크Latin

15 **옮긴이 주** 18, 19세기 영국 해군이 부족한 병력을 보충하기 위해 민간 선원을 강제 징집하던 것을 가리키는 말이다. 당시 영국은 징병제를 시행하지 않았고, 징발은 때때로 사전 통지도 없이 이뤄졌다.

American and Caribbean Network of Conscientious Objection가 설립됐다. 그들은 인터넷 시대가 오기 전부터 여러 나라의 활동을 성공적으로 조율하고, 「거부Objecting」라는 간행물을 발간했다. 그리고 네크워크에 소속된 다양한 단체들은 군사주의에 대한 광범위한 비판으로 주제를 확장해 나갔다. 시간이 흘러 해당 네트워크는 라틴아메리카병역거부조정국으로 재편하여 2004년까지 활동을 이어갔다. 그 뒤로 그들이 점점 쇠퇴의 길을 걷게 된 데는 몇 가지 이유가 있다. 우선 라틴아메리카 대륙의 많은 국가에서 활동가들이 운동의 주된 목표로 삼아온 불시 강제 입영 내지는 징발이 금지됐다. 또한 병역거부를 위한 다양한 법률이 만들어졌다. 네트워크가 다른 NGO들로부터 자립하고자 한 것도 캠페인 실행과 회의 조직에 필요한 자원이 고갈되는 원인이 됐다. 2005년부터 전쟁저항자인터내셔널은 라틴아메리카 반군사주의자들의 연대에 활기를 불어넣고자 회의와 공동선언, 비폭력 직접행동 트레이닝 등을 조직했고, 소기의 성과를 거둬들였다.

라틴아메리카에서 형성된 병역거부 운동의 세 가지 경향은 종교와 반제국주의, 아나키즘이었다. 평화정의봉사단을 비롯한 여러 NGO들은 첫 번째 경향에 속한다. 이는 '해방 신학'의 교리 아래 펼쳐진 무수히 많은 운동들 가운데 일부이며, 여기서 병역거부는 "살인하지 말라"는 계명에 근거한 것이다. 대체로 마르크스주의 단체들로 구성된 반제국주의 경향은 전술적인 이유에서 병역 의무를 거부했지만, 게릴라 민족 해방 투쟁과 '인민의 군대' 개념만큼은 지지했다. 그들은 특히 라틴아메리카 군 고위 장교의 대다수가 훈련받는 북아메리카 군사기지와 군사학교의 존재를 맹렬히 고발했다. 세 번째 경향인 아나키즘은 지지자는 적었지만, 군사주의와 그 영향들을 통합적으로 분석했다. 그들은 민간 대체복무도 거부하고, 일상에 견고하게 구축된 군사주의에 저항하는 지역 연합체에 속하고자 노력했다. 아나키스트들 중에는 소위 펑크족들도 있었는데, 그들의 밴드와 팬진[16]들은 운동의 확산을 도왔다. 한편 여성은 세 경향 모두에서 소수자였으며, 군대에 대한 페미니즘의 비평들은 거의 주목을 받지 못했다. 그 이유 중 하나는 병역 의무로 인한 어머니와 아들 간의 이별로 대표되는 '기회'에도 불구하고, 어머니와 할머니로서 운동에 참여한 여성이 거의 없었기 때문이다.

아나키즘과 반제국주의 간의 논쟁은 병역거부 운동 내에서도 상황에 따라 치열하게 벌어졌다. 쿠바 정부도 갈등의 원인 가운데 하나였다. 또 다른 쟁점은 콜롬비아 무장혁명군FARC, 빛나는길Sendero Luminoso(페루 공산주의 반군), 산디니스타 민족해방전선FSLN(니카라과 공산주의 반군) 같은 게릴라에 대한 지지나 지지의 한 형태라 할 수 있는 무비판 기조, 그리고 그들과 좌파 정당들의 관계였다. 그러던 1994년 멕시코에서 사파티스타 민족해방군EZLN이 등장하자 비폭력과 무장투쟁 이라는 이분법이 논쟁의 전면으로 떠올랐다. 아나키스트들은 미국의 군사주의는 무조건 나쁘고 좌파의 군사주의는 좋을 수도 있다는 관념을 배격했다. 오

16 **옮긴이 주** 팬이나 동호인들이 발행하는 비공식 간행물을 말한다.

히려 군대는 본질상 권위에 대한 복종과 위계, 외국인 혐오, 마초주의, 동성애 혐오, 힘의 가치증식valorization[17] 등 그들이 거부하는 부정적 가치의 종합이라고 단호하게 주장했다. 1999년에 '좌파' 군사주의자인 우고 차베스Hugo Chávez가 베네수엘라 대통령 자리에 오르고 라틴아메리카의 반제국주의 경향의 중심에 서게 되자, 반제국주의와 아나키즘 간의 논쟁이 극에 달한 것도 바로 그런 이유에서였다. 그러나 오늘날 라틴아메리카 아나키즘의 한 분파는 병역거부 운동의 평화 문화에 의문을 제기하고, '자발적 폭력spontaneous violence'과 이른바 '반란주의insurrectionism' 경향의 '사회적 전쟁social warfare' 개념을 옹호하기도 한다.

라틴아메리카에서 반군사주의는 아직까지 위에서 설명한 세 가지 경향으로부터 벗어나 하나의 정체성으로서 스스로의 발전을 이뤄내지는 못했다. 누구든 정치 모임에 참석해서 자신이 '반군사주의자'라고 소개하면 마치 다른 행성에서 온 외계인을 보는 듯한 눈길을 받거나, 평화주의자는 으레 신념도 없고 자기 손에 때 묻히기 싫어하면서 '문제'를 해결하려는 사람이라는 편견에 맞닥뜨리거나 둘 중 하나를 경험하게 될 것이다. 체 게바라 같이 가부장적 인물이 사회 변화를 이끄는 활동가의 모범인 대륙에서 반군사주의를 외치는 것은 언제나 쉽지 않다. 많은 국가에서 병역 의무가 폐지된 이상, 반군사주의가 이미 목표를 달성했다고 생각하는 사람들도 많다. 그러나 지배의 무기로서 군대

17 **옮긴이 주** '자본의 가치증식'을 설명하기 위한 마르크스주의 용어다.

가 상징하는 것에 대한 완전한 비판은 오늘날 사회 변화를 위한 운동에서 여전히 유효하다.

아파르트헤이트와 폭력, 남성 지배(리처드, 남아프리카공화국)

리처드 스틸은 남아프리카공화국 출신으로 1980년대 아파르트헤이트 반대 활동으로 세 차례 수감됐다. 당시 그는 더반 외곽에서 과거 간디주의 수행 공동체가 있던 자리에 세워진 피닉스 공동체Phoenix Settlement[18]의 지킴이였고, 이후에는 역시 더반에 위치한 국제화해연대에서 일했다. 이 글에서 그는 징병폐지캠페인ECC 활동가이자 신념에 따라 아파르트헤이트 정권을 거부한 백인 남성으로서 경험한 것들에 대해 설명한다.

1980년 2월 25일, 나는 병역 의무 이행을 거부한 죄로 프리토리아 군사법원에서 12개월간 군 교도소에 구금되는 형을 선고받았다. 당시 내 나이 23살, 케이프타운대학교에서 심리학과 영문학 학사를 거쳐 교직 석사 학위를 받은 직후의 일이었다. 나는 삶과 사랑, 비폭력에 대한 존중의 원칙에 근거한 윤리적 양심에 따라 병역 이행을 거부했다. 폭력과 살상을 행하고 사람들에게 그것을 훈련시키는 남아공 방위군 같은 조직의 일부가 될 수는 없었다. 물론 세계 어느 곳의 군대든 나를

18 **옮긴이 주** 아파르트헤이트 시기 남아공 사회정의를 위한 투쟁의 근거지 역할을 했다.

징집하려 했다면 아마도 똑같은 입장을 취했을 것이다. 나는 보편적 평화주의자였고, 지금도 그렇다. 윤리적 양심은 나로 하여금 아파르트헤이트의 폭력과 그것을 영속시키는 모든 제도를 거부하고 반대하게 했다. 남아공 방위군은 백인의 지배를 지속시키는 주요한 도구였고, 나의 병역거부는 그러한 군대를 약화시킴으로써 아파르트헤이트 정부를 약화시키려는 의도적인 행위였다. 또한 나는 병역거부를 남성을 길들이고 지배하는 양식에 대한 도전으로 인식했다. 군대는 남성성과 폭력의 관계를 전형적으로 보여주고 그것을 영속시키기 때문이었다.

그렇다면 이런 나의 윤리와 양심은 어떻게 형성되었을까? 나는 요하네스버그 근교의 켐프턴파크에서 자랐다. 우리 가족은 백인 전용 지역에 살았고, 백인 전용 교회에 다녔으며, 우리 형제자매는 백인 전용 학교에 다녔다. 그러나 부모님은 '진보주의자'였고, 오로지 백인밖에 없는 국회에서 늘 야당에 투표하는 분들이었다. 그러다 고등학교를 졸업한 해인 1975년, 교환학생으로 미국 뉴욕 주의 코틀랜드로 건너가 그곳에서 인종 분리가 없는 동네에 거주하며 백인과 유색인 학생들이 한데 어울려 다니는 학교에서 보낸 1년은 나에게 새로운 세계에 눈을 뜨고 마음을 열게 해주었다.

다시 남아공에 돌아온 뒤에는 케이프타운에 있는 대학에 입학했다. 그때가 소웨토 학생봉기Soweto student uprising[19]가 일어난 1976년이었

19 **옮긴이 주** 학교 수업의 절반을 네덜란드어 계열인 아프리칸스어로 진행해야 한다는 정부 방침에 항의하며 소웨토 지역 학생들이 벌인 대규모 시위.

다. 나는 남아공의 정치 현실이 백인의 오만과 인종적·경제적 차별에 근거하고 있음을 깨달았다. 그해 소웨토 학생들에 대한 연대로 학생시위에 참여한 것이 나의 첫 번째 반아파르트헤이트 정치 행동이었고, 그 뒤로 4년의 대학 생활 동안 일상에서 다양한 방법으로 윤리관을 개발하고 실천하려 애썼다. 최대한 흑인들과 친하게 지내려고 노력했고, 기차나 버스를 탈 때도 흑인 전용 구역을 이용하는 식으로 아파르트헤이트 법률들을 수시로 어겼다.

그러나 가장 큰 어려움은 대학을 졸업하고 병역에 소집됐을 때였다. 남아공 방위군 복무는 내 양심에 어긋나는 일이었기에 징집을 거부해야 한다는 것은 명백했지만, 과연 내가 그 결과를 감당할 준비가 돼 있을까? 신념에 따라 죽음을 무릅쓰고 감옥에 갈 수 있을까? 마침 그해 초 지역 신문에는 내게 예상되는 것과 동일한 형을 선고받은 재소자가 징벌성 얼차려와 동료 재소자들의 폭행으로 사망했다는 소식이 실렸다. 물론 나는 얼차려 따위는 따르지 않을 각오였지만, 다른 재소자들이 나를 괴롭히는 건 어쩔 도리가 없을 것 같았다. 그래서 남아공을 떠나 짐바브웨나 미국, 네덜란드, 영국 같은 데서 정치 난민으로 살아가는 것도 고려해봤으나, 다른 한 편으로 이런 생각이 고개를 들기 시작했다. '안 돼. 내가 속한 곳도, 내가 있어야 할 곳도 바로 여기야.' 그래서 소집 통지서를 받고는 그를 거부하겠다는 답장을 보냈다. 이후 기소되어 재판을 받고, 앞서 말한 대로 징역을 선고받았다.

수감 생활은 힘들었다. 모든 재소자가 군인인 군 교도소였기에 군

복을 입고 행진이나 차렷, 경례와 같은 군사 규율에 따르기를 요구받았다. 하지만 나는 일체의 군사적인 활동에 협조하기를 거부했고, 그로 인해 몇 번의 독방 형을 추가로 선고받았다. 결국 당국은 추가된 형의 집행을 유예하기로 결정했고, 나는 마지막 몇 개월을 교도소 정원에서 보냈다. 이런 변화는 같은 시기에 수감됐던 피터 몰Peter Moll과 나의 사례가 나라 안팎으로 널리 알려졌기에 가능했다. 피터는 내 외사촌으로 어머니끼리 자매 지간이었고, 어릴 때부터 많은 시간을 함께 보낸 사이였다. 우리는 감옥에 간 병역거부자들 중에서는 거의 1세대에 속했는데, 고등교육을 받은 젊은 백인 남성이라는 상대적인 사회적 특권 때문에 우리 사례가 더 주목받고 널리 알려질 수 있었으며 그것이 우리에게 일종의 보호막으로 작용했다는 사실을 잘 알고 있었다. 비록 아버지는 법을 어기려는 아들의 결심을 탐탁지 않게 여겼지만, 부모님도 나의 행동을 전적으로 지지해주었으며, 정기적으로 면회를 오고 정부와 군 당국에 여러 차례 진정을 내기도 했다.

되돌아보면, 아파르트헤이트 체제와 폭력, 그리고 남성의 지배에 공개적으로 '거부한다!'고 외치면서도 그로 인한 결과에 겁먹거나 침묵하지 않았다는 사실은 도덕적으로나 심리적으로나 나에게 실로 큰 힘이 되어 주었다. 나는 내가 아파르트헤이트를 무너뜨리고 징병제를 끝내는 데 작으나마 힘을 보탰다는 것이 더할 나위 없이 기쁘다. 모든 인종이 적어도 법적으로나마 평등한 민주주의 사회에 살고 있다는 점도 마찬가지다. 나는 지금 더반에서 동종요법 의사로 일하며, 더 이상 활동가로서는 아니지만 여전히 평화를 위해 힘을 보태고 있다. 치유는 곧 평화이기 때문이다.

오로지 전사만을 강요하는 내전(훌리안, 콜롬비아)

훌리안 안드레스 오바예는 1991년 콜롬비아 보고타에서 태어났다. 그는 사람들이 군사주의의 대안, 구체적으로 말하면 병역의무에 대한 대체복무를 선택할 수 있는 확실한 기반을 마련하고자 설립된 병역거부자공동행동Acción Colectiva de Objetores y Objetoras de Conciencia, ACOOC에서 10년 동안 활동했으며, 현재는 라틴아메리카-카리브해반군사주의네트워크Latin American and Caribbean Antimilitarist Network의 조직 강화에 힘을 쏟고 있다. 이 글에서 그는 콜롬비아에서 평화주의 신념에 따른 병역거부자로 살아간다는 게 어떤 것인지에 대해 이야기한다.

전쟁을 일으키는 것은 사람이다. 오늘날 전쟁이 끊이지 않는다는 것은 결국 사람들이 그것을 지속시킨다는 사실을 보여주는 지독한 증거다. 사업적 이해관계와 군대를 가진 주요 강대국뿐 아니라, 전 세계의 개인들이 무기를 계속 무차별적으로 사용할 수 있는 재원과 정당성을 제공한다. 토지를 지배하고 천연 자원을 수탈하는 신자유주의적 이해관계만이 아니라, 우리의 일상적 소비가 대기업의 이윤 창출을 위한 착취와 생산, 판매를 가능하게 한다.

우리는 전쟁을 이야기할 때, 머리부터 발까지 무장한 채 적진을 뚫고 나아가는 전사의 모습을 떠올린다. 하지만 군대의 가부장적 측면과, 복종하고 공격하며 자신의 남성성에 대한 문제 제기를 거부하는 군복 입은 남성에 주목하는 경우는 드물다. 이 추악한 인간상은 성의 차이를 조화롭지 않은 예외로 여기고, 언제든 전사가 될 준비를 하는 것이 남성이 되는 유일한 길이라는 사회의 정상 규범을 남성(그리고 여성)에게 강요한다. 전쟁에 관한 담론은 국가의 단일성과 국경 유지의 필요성에 대한 의식과 개인적, 제도적, 심지어는 사업적 이해관계에 따른 무력 사용의 합법화에만 초점을 맞춘다. 그러나 우리가 젠더와 다양성, 민족을 이야기할 수 있으려면, 일단 전쟁이라는 주제를 제쳐두어야 한다. 여러 개인과 민족이 마주치는 국제적인 만남에서 우리는 비로소 다양성의 장점을 이야기하고, 인종 간의 사랑과 협력을 목격할 수 있게 된다. 내가 태어난 라틴아메리카가 딱 그런 곳이었다.

라틴아메리카 국가들의 역사는 많은 사람들로 하여금 독립과 인간의 존엄을 쟁취할 수단으로서 무장 투쟁을 인정하게끔 만들었다. 그러나 사회 변화를 위한 전략으로서의 무장 투쟁을 평가해본 뒤로 폭력을 받아들이지 않게 된 우리 같은 사람들도 차고 넘친다. 이는 단지 이념에 따른 거부가 아니라 분석과 역사의 고찰을 통해 얻은, 국가와 반군 세력들 간에 과거부터 지금까지 계속되고 있는 무력 분쟁의 결과가 낳은 거부이다.

독재정권들은 정당성의 결여가 무력을 필요로 한다는 것을 보여줬다. 중남아메리카 반군 세력의 무장 투쟁은 붕괴된 사회 구조를 재건하기 위해 치러야할 희생이 얼마나 큰지를 증명해왔고 지금도 증명하고 있다. 내가 태어난 콜롬비아에서는 내전이 60년 넘게 이어지고 있다. 수백만 명이 죽거나 국내 실향민이 됐으며, 몇 번의 평화협상 절차가 실패한 뒤 마지막 협상이 될 수도 있는 새로운 국면에 접어들었다. 국민 대다수가 적어도 이번이 마지막이기를 간절히 바라고 있다.[20]

양측이 교섭을 시작하기 전, 수십만의 무고한 사람들이 총에 맞아 죽었다. 나의 아버지는 군대의 공격(말할 것도 없이 불법적인 공격이었다)이 있은 뒤에도 여전히 팔팔하게 살아계신데, 우리가 살아남을 수 있었던 것은 그들이 우리를 영원히 멈추지 않을 폭력의 악순환으로 끌어들이려 했음에도 우리 스스로가 그 악순환을 끊었기 때문이었다.

내가 폭력에 계속 저항하는 이유는 우리가 아직 살아 있고 변화는 오직 인내와 끈기를 통해서만 얻어진다는 것을 알기 때문이다. 그래서 나는 병역 의무를 이행하지 않는 것과 더불어 '병적 증명서' 발급 비용을 내지 않기로 결심했다. 훈련조차 받지 않은 내가 예비군에 편입됐다는 걸 증명하는 이 문서가 있어야 대학 졸업과 동시에 임상 심리사 자격을 얻을 수 있었지만 말이다. 이처럼 일체의 폭력적 군사 체제에서 벗어나고자 하는 우리 같은 사람이 민간인으로 살면서 받는 제약을 겉으로 드러내는 데는 오랜 투쟁이 필요했다. 그리고 공부를 시작한 지 10년이 지난 2015년 3월 25일에야 나는 마침내 공식 직함을 얻을 수 있었다. 전쟁 희생자들 틈바구니에서 자라면서 자신도 희생자가 된

20 **옮긴이 주** 2016년 11월 30일 콜롬비아 정부와 콜롬비아 무장혁명군(FARC) 간의 평화협상이 의회의 비준을 받아 타결되면서 내전은 종식됐다.

주변 사람들의 절망에 귀 기울이는 동시에 콜롬비아의 병역거부 운동이 이뤄낸 성과를 알게 된 경험은, 비록 우리가 현실의 군사주의를 아직 무너뜨리지는 못했지만 폭력에 염증을 느끼는 수많은 사람들을 위한 새롭고 창의적인 방법들을 계속 개발해 나가야 한다는 사실을 내게 다시 한 번 확인시켜주었다. 우리는 행복한 삶을 누리고, 다른 누군가의 결정이 아닌 스스로의 삶의 결과로서 죽음을 맞이할 수 있는 공간을 끊임없이 만들어갈 것이다.

생명과 존엄을 위한 메노나이트의 투쟁(오스카, 콜롬비아)

오스카 퀸토는 콜롬비아 메데인에서 태어났고, 현재 메데인 병역거부연대Tejido por Objecion de Conciencia de Medellín에서 활동하고 있다. 또한 메데인 메노나이트평화교회Medellín Mennonite Peace Church 사회참여단 단장이자, 메데인 평화교회네트워크Medellín Network for Peace Churches 총무이며, 비폭력 활동가와 메데인의 구치소 두 곳에서 회복적 사법restorative justice[21] 프로그램 진행자로도 일하고 있다. 여기서 그는 메노나이트의 기독교 해석에 따라 콜롬비아 병역거부 운동에 참여한 자신의 이야기를 들려준다.

오늘날 기독교는 성직자의 위계질서, 십자군, 경제적 착취, 극

21 **옮긴이 주** 가해자에 대한 처벌보다 피해자와 가해자, 지역사회 구성원 등 관련자들의 능동적인 참여를 통한 피해자의 치유와 지역사회의 복구, 가해자의 재통합에 초점을 맞춘 사법적 접근을 말한다.

우파와의 어두운 결탁 같은 현상들의 동의어로 많은 이들에게 인식된다. 예수의 이름으로 정의와 존엄을 위해 오랜 세월 일하고, 모든 형태의 억압에 저항하겠다는 역사적 다짐을 했던 그 기독교는 더 이상 보이지 않는다. 그러나 메노나이트 교회는 인권과 환경, 모든 생명과 인간의 가장 중요한 가치인 존엄을 지키기 위한 투쟁을 꾸준히 이어가고 있다. 이 투쟁은 신을 중심에 두며, 예수가 요약한 십계명의 다음과 같은 해석에 근거하고 있다. "무엇보다 신을 사랑하고, 네 이웃을 네 자신과 같이 사랑하라." 그러나 이는 전통적인 제도권 교회들과의 마찰을 불러일으켰다. 비록 그런 마찰 또한 믿음에 따라 살기 위한 노력의 일부이고, 예수 자신도 당대의 종교와 정치권력에 의해 처형당했다는 사실을 우리는 알지만 말이다.

2006년부터 나는 메노나이트평화협회Mennonite Association for Peace의 정의평화Justapaz 운동에 참여해 메데인 도심에서의 무장 충돌 상황에 대한 대안으로 비폭력과 평화 구축, 화해를 전파하는 개신교회와 개인들 간의 네트워크를 구축하고자 애써왔다. 병역거부도 이런 비폭력적 대안을 표현하는 한 수단이었다. 콜롬비아에서 신체적, 정신적 적합 판정을 받은 남성은 최소 12개월간 의무적으로 군 복무를 해야 한다. 정의평화 운동은 병역거부를 선택한 사람들을 지원하고, 병역거부권 인정을 위한 캠페인을 한다. 징집 대상은 아니지만, 메데인 개신교회의 여성들도 병역거부권을 기본권으로 인정받기 위한 투쟁에 동참하고 있으며, 이 투쟁에서 중추적 역할을 담당해 왔다. 그들 스스로가 남성과 남성성을 신격화하는 동시에 여성과 여성성을 폄하하는 군사주의 이념의 직접적 피해자이기 때문이다. 때로 여성들은 가까운 남성의 입대로 고통 받기도 한다. 그런 여성 가운데 한 명인 디아나 코레아Diana Correa는 군대가 한 청년의 삶에 부여하는 가치에 대해 이렇게 말한다. "아들을 무덤에 묻는 것은 고통스럽고, 온 동네를 울리는 일입니다. 그럼에도 군대에서 청년들은 그저 숫자에 불과하지요." 여기서 그녀는 전장에서 죽은 청년에 대해 이야기하고 있지만, 나는 즉결 처분으로 살해당한 청년이나 콜롬비아 군대가 납치해 처형한 뒤 실적을 남기기 위해 이른바 '적'의 군복을 입혀 놓은 무고한 희생자들도 마찬가지라고 생각한다.

교회의 투쟁에 참여한 또 다른 젊은 여성 제니퍼 데이비드Jennifer David가 병역 의무에 반대한 이유도 비폭력의 모범인 예수의 사례와 더불어 쌍둥이 남자 형제의 입대가 낳은 직접적 결과로 인한 고통 때문이었다. 그는 군대와 불법 갱단에 몸담는 동안 여성을 대하는 태도와 성격이 완전히 변했고, 이는 두 사람의 친밀한 관계를 완전히 파괴했다. 그녀는 말한다. "그는 군에 입대하고 준군사조직에 가담하면서 여성과 삶에 대한 관점이 바뀌었어요. 지금은 감옥에 있죠. 이제는 제 형제 같지도 않아요." 그녀는 많은 여성들이 그런 젊은 남성에게 의지하는 이유도, 남성과 군복이 나타내주는 권력에 의해 보호받는다고 느끼기 때문이라고 설명한다. 반면 여성들 자신은 병역의 '기회'조차 얻지 못하는 현실이 시사하듯, 군사 활동에 참여하기에는 너무 약하다고 여겨진다. 육체적으로나 정신적으로나 그런 '남자들의 일'을 수행하기에는 역량이 부족하다는 것이다. 다시 말해 그들은 악행을 저지를 능력도 없고, 그래서 무장 갱단의 일원이 되기를 원하지도 않는다는 이야기다. 이런 사고방식에 따르면, 여성이 할 수 있는 일이란 무기를 든 사람을 지원하고 그 대가로 보호를 받는 것에 불과하다.

이것이 지배적인 군사주의 관점이지만, 내 생각은 다르다. 여성은 '약한 성'이라고 할 수 없다. 그런 표현은 무수한 예에서 드러난 여성의 힘을 제대로 반영하지 못한다. 2002년부터 메데인 13구역을 습격하고 장악한 오리온 작전Operation Orion에 참여한 군인과 경찰관의 자녀들인 '오리온의 아이들'이 그런 사례이다. 그 아이들을 기르던 군인과 경찰관 아버지들은 다른 곳에 배치되면서 아이들을 완전히 내팽개쳤고, 그 대신 아이 어머니들이 양육과 경제적 부양의 모든 책임을 어깨에 짊어진 것이다. 그럼에도 여전히 아이들은 커서 군인이나 경찰관이 되거나, 암시장의 그늘 아래 들어가기를 꿈꾼다. 대부분 가난하고 혼혈이나 흑인인 그들이 제도권 경제에서와는 달리 차별받지 않고 살아갈 수 있는 대안은 그것뿐이기 때문이다. 차별 이야기가 나왔으니 말인데, 부끄럽게도 교회는 젠더와 성 정체성에 있어 크나큰 죄를 지었다. LGBT 공동체의 문제를 무시해온 건 많은 병역거부 단체들과 반군사주의 집단들도 매한가지이지만, 특히나 교회는 성 소수자들을 비난하는 데 적극적으로 앞장서 왔다 .

나는 우애공동체Community of Brotherhood라는 단체의 책임자인 디에고 아체베도Diego Acevedo와 대화를 나눌 기회가 있었는데, 그는 병역거부 투쟁을 LGBT 혹은 '마리카marica'[22]들의 관점에서 설명했다. 그에 따르면 가부장제의 궁극적인 표현으로서 병역 의무는 이성애가 강제적인 성 정체성으로 자리 잡은 이후에 등장한 규범들과 보조를 같이 해온 데 비해, 오래 전부터 존재해온 동성애는 동등한 존재 간의 애정 관계를 상징한다는 것이었다. 반면 강제적인 이성애 패러다임 내에서 남성이라는 존재는 가정의 강인한 경제적 부양자이자 보호자가 되는 것을 뜻했고, 여기서 가정은 여성이 '마땅히' 있어야 할 곳이었다. 하지만 이런 남성성 모델은 끊임없이 재확인되고 입증돼야 했다. 남성성의 요건에 부응하지 못하는 '이등' 남성이 될 위험이 항상 존재하기 때문이다. 그러나 이 이성애적 남성성의 모델이 적용되지 않는 동성애자 남성에게 병역의무는 특히나 위협적인 경험이었다. 군대에서 동성애자 남성은 여성이 수반하는 특성들을 지닌 대리 여성으로 여겨지는 경우가 많았기 때문이다.

나의 경우에는 오래 전부터 수많은 사람이 죽는 것을 지켜보다 못해 병역을 거부하고, 나의 신념과 "너희가 여기 있는 형제자매 가운데 가장 보잘 것 없는 사람 하나에게 한 것이 곧 내게 한 것이다"라는 예수의 성경 말씀에 따라 살기로 결심한 경우에 해당했다. 나는 '조국'과 같은 상징을 믿지 않는 대신, 국경 너머에는 '적'이 아닌 더 많은 우리의 형제자매들이 있다고 믿는다. 적이란, 수십 년 동안 콜롬비아에서 우리

22 **옮긴이 주** 원래는 스페인어로 남성 동성애자를 경멸적으로 일컫는 표현이나, 그들 가운데 일부는 투쟁을 위해 이 단어를 자신들의 것으로 재전유(reappropriation)했다.

가 겪어온 저강도 분쟁[23] 중에 특별히 고안된 개념에 불과하다.

내가 남성이 되기 위해 총을 들 필요는 없다. 그래도 나의 남성성은 위협받지 않는다. 나는 내가 바라는 나름의 방식으로 남성이다. 하지만 차별 없이 사랑하는 것이 우리의 사명임에도, 교회 강단에서 고통과 수난, 차별이 조장되는 상황을 지켜보는 게 지긋지긋하다. 나는 낙인과 수치에 맞서는 사람들, 그들 자신이 아닌 존재로 대우받기를 거부하는 '보잘 것 없는 사람들'과 함께 싸울 것이다. 그리고 우리가 형제자매 간의 전쟁에서 이윤을 남기는 다국적 자본의 명령에 따라 서로를 죽일 필요는 없다는 복음의 기쁜 소식을 꾸준히 전할 것이다.

이상한 군대의 앨리스(정식, 한국)

이정식은 한국의 작가, 영화 감독, 비디오 아티스트이자 병역거부자로 2010년 2월 25일부터 2011년 5월 9일까지 수감 생활을 했다. 2013년 12월 9일 HIV/AIDS 진단을 받은 뒤로 그는 소외와 외로움, 절망, 굶주림과 같은 '현대 사회의 질병들'에 관한 주제에 초점을 맞춰 작품 활동을 했다. 이 수기는 한국의 젠더 및 성적 소수자로서의 경험과 이를 계기로 병역거부를 결심하기까지 과정에 대해 설명한다(이것은 사적인 기록으로 사회와 가족으로부터의 배제, 젠더 디스포리아[24], 자살에 대한 생각, 의료 사

23 **옮긴이 주** 내전이나 반란, 게릴라전 같이 정치·사회·경제적인 목적으로 행해지는 제한된 무력투쟁.

24 **옮긴이 주** 성별 불쾌감. 성정체성 장애의 대안적 표현으로, 생물학적 성(태어날 때 지정받은 성)과 사회적 성(젠더)의 차이에 따른 정신적 불쾌감을 뜻한다.

고, 수감과 같은 트라우마적 경험을 담고 있으나, 선정적인 묘사는 없다).

어렸을 때 나는 이상한 나라에 있었다. 물론 토끼 굴에 떨어진다거나 미로 같은 정원에서 헤매는 일이란 없었고, 거대한 토끼나 트럼프 병정 따위는 동화 속 그림으로만 보았을 뿐이다. 그런데도 내가 있던 여기 이곳은, 앨리스가 모험을 떠났던 세계보다 더 이상했고 무섭기까지 했다. 한 번은 내가 사촌 누나가 오래 전에 입고 옷장 속에 넣어두었던 초록색 원피스를 입고 유치원에 갔을 때였다. 어른들은 여자 옷을 입은 남자 아이의 모습이 귀엽다고 웃었고, 또래 아이들은 남자가 여자 옷을 입은 게 우스꽝스럽다며 웃었다. 나는 그 웃음소리에 부끄러움을 느끼기도 했지만, 누나의 옷이 내게 꼭 맞는 옷인 것 같다는 생각이 들었다. 거울 속에 보이는 까무잡잡한 얼굴에 눈까지 내려오는 긴 머리카락의 내 모습이 원피스와 같은 옷을 입어야 더 잘 어울리는 것 같다고 생각했다. 왜 내가 입고 싶은 옷이 여자 옷이고, 그 옷을 입으면 아이들은 내 모습을 보며 웃어야 했던 걸까. 왜 나는 예쁘다는 말을 듣는 게 좋았던 걸까. 이런 생각들은 키가 커지고 초등학교를 지나 중학교를 들어가면서 입 밖으로 꺼낼 수가 없었다.

나의 목소리, 나의 행동이 단지 여성스럽다는 이유로 조롱당한다는 것. 그런 것들에 대한 두려움으로 나 자신을 억누르고 숨겨야 한다는 것에 아마도 나의 생활은, 내가 알고 있는 세계에서 가장 이상한 시간이었으리라 생각한다. 나의 몸을 이해하기에 부족했던 시간이었다.

나의 몸과 성적 욕망에 대해 고민을 들어줄 사람이 없었던 시기였다. 내가 사람들이 생각하는 것과는 다르게 성장했다는 것을 느끼면서 점점 학교에서, 집에서 멀어지게 되었다. 누군가는 그걸 내가 이 사회의 문을 열고 경계 너머로 나간 것이라 생각할 수도 있겠지만, 현실은 나의 본 모습이 사람들에게 보이지 않도록 내가 경계 안으로 들어올 수 없게 이 사회가 창문과 문들을 다 닫아버린 것이다.

난 내 신체를 부정하기도 했다. 점점 넓어지는 어깨와 조그만 했던 손과 발이 내 아버지와 삼촌들처럼 커졌을 때, 또래 아이들부터 어른들까지 과시와 조롱을 섞어 내뱉던 저속한 농담의 오랜 주제인 남성의 생식기가 내 몸에도 달려있다는 것을 자주 의식하게 되었고 거기에 털이 나며 딱딱해지는 순간이 잦을수록 난 내 몸을 바꿔야만 한다고 생각했다. 어머니와 나의 누이들이 가졌던 몸, 부드럽고 둥글며 풍만하다는 느낌이 드는 몸이 갖고 싶었다. 그런 여성의 몸을 갖고 남자를 만나 언젠가 내 부모님처럼 가정이라는 것을 만들고 싶었다.

나는 너무 어린 나이에 집 밖에 있었고, 길에 있었으며, 어느 한 곳에 오래 머물 수가 없었다. 때로는 자살이라는 극단적인 생각을 하기도 했다. 그런 생각은 너무 자주, 그리고 갑자기 찾아와 내 눈을 가려 앞을 제대로 못 보게 만들기도 했다. 그렇게 몇 년의 시간을 가출 청소년 보호 시설이나 외할머니 집에서 보내고 나서야 비로소 말하기를 다시 시작할 수 있었다. 제대로 된 말, 하고 싶었던 말, 나는 남자가 좋고 남자에게서 사랑을 원한다는 말. 가장 이상하고 끔찍한 건 내 방식의 사랑을 혐오한다면서 눈길로, 말로, 때로는 폭력으로 짓밟으려는 태도라고 말할 수 있게 되었다.

그렇게 오랜 청소년기의 방황이 지나갔고, 대학에 들어가자마자 현역 입영 대상자라는 통지를 받았다. 한국에서는 만19세가 되는 남성이라면 국가에서 의무적으로 실시하는 징병 검사를 받아야 한다. 징병검사는 심리 검사, 신체검사, 적성 분류, 병역 처분까지 총 4단계를 거쳐 진행되며, 각 검사 결과를 종합해 검사 대상자를 1급에서 7급으로 분류한다. 1급에서 3급은 군 입대 대상자이며, 4급에서 5급은 사회복무요원이라는 (4주간의 기초 군사 훈련이 포함된)대체복무를 하도록 하고, 6급은 면제 대상자가 된다. 나는 청소년기에 성전환 수술을 고려하면서 심리 상담을 전공으로 하는 교수에게 상담을 받았던 경험이 있다. 남성이 여성 호르몬제를 투약 받으려면 심리 상담 소견서가 있어야 가능했기 때문이었다. 하지만 상담을 했던 교수의 만류와 가족 관계 악화라는 개인적인 사정으로 중도에 고등 교육을 포기하고—신체의 여성화라는 과정도 같이—청소년 보호 시설로 들어가게 된다.

이후 우울증이 심해지면서 나는 청소년 보호 시설에서 위탁한 신경 정신과에서 상담 치료를 받게 되었다. 이런 일련의 시간을 보내고 19살이 되었을 때, 나는 징병 검사를 받고 성 정체성을 이유로 재검 판정을 받게 되었다. 그리고 상담 치료를 받았던 자료를 제출했음에도 재검에서 병무청으로부터 3급 군 복무 대상자라는 판정을 받게 된다. 당시 나를 담당했던 징병 전담 의사는 나에게 성전환 수술을 받지 않는 이상은 군 면제를 받을 수가 없다며 이후의 절차(여성 호르몬 투약과 외형적인 수술)를 준비하라는 말을 덧붙였다. 하지만 그때 난 수술을 선택하고 싶지 않았다. 단지 나의 성 정체성을 이해하고 성 정체성으로 인해 가족과 사회로부터 고립되었던 경험으로부터 회복되는 시간이 필요했던 것이다. 이후 나는 대학교에 진학을 하였고 (한국에서 대학생 또는 대학원생은 학업으로 인한 군 입대 연기가 29살까지 가능하다) 군 입대를 연기했다. 2년 후, 학업을 중도에 포기했을 때 병무청으로부터 군 입대 날짜와 장소가 적힌 통보가 날아들었다.

나는 걱정이 들었다. 입대를 하게 되면 누군가 내 표정이나 태도를 여성스럽다고 지적해 군대라는 집단 속에서 조롱당하고 소외당할까봐 말이다. 내가 불편하게 생각하는 남성의 몸들과 부딪혀야하며, 한곳에서 낯선 타인의 몸들을 보고, 또 그들과 다르다 생각해왔던 내 몸을 노출시켜야 한다는 것에 대한 걱정은 불안이자 공포였다.

어떤 이들은 병역거부자를 가리켜 애국심이 없고 이기적이라며 욕을 하지만, 내가 성소수자라고 말하면 불쌍하다고, 너 같은 부류들은 군대를 보내면 안 된다는 말을 하기도 한다. 군대라는 집단의 문화에 대해 왈가왈부하지 않더라도 이 글을 쓰는 지금도 가장 불쾌감을 느끼게 하는 건 군 입대자들에게 일방적으로 통보만 내리는 정부의 시스템이다. 좀 더 나를 이해할 수 있는 시간, 내 정서가 군대라는 집단에서 잘 융화될 수 있을지에 대해 알아볼 수 있는 시간이 필요했는데도, '몇 년, 몇 월, 며칠, 어떤 장소에 입대' 하는 식으로 입영 대상자의 어떤 요구도 수용하지 않겠다는 입대 시스템은 아무리 생각해봐도 너무 화가 난다.

'내 자유는 어디에 있는가. 의무는 무엇이고 왜 시민은 항상 의무만을 짊어져야 하는가. 그렇다면 국가와 이 사회는 어린 시절의 나를 보호하고 이해하려 했는가.' 이 질문에 대한 대답이 어떨지는 물어볼 필요도 없다. 난 별다른 고민 없이 병무청에 전화를 걸어 군대에 가지 않겠다고 말했다. 그리고 교도소에 갔고, 1년 2개월의 시간 동안 교도소의 방에 갇혀 지내야 했다. 겨울에도 차가운 방, 몸을 찌르는 듯 찬물로 화장실에서 몸을 씻어야 했던 시간들, 내게 온 편지를 교도관들이 읽고 나서야 받을 수 있는 곳, 화장실에서 볼일을 보는 것조차 감시당하는 곳. 그래, 이곳은 아직도 이상한 것투성이다. 그런데 난 이미 삶이라는 모험을 끝내고 내가 있어야 했던 곳으로 되돌아 온 기분이다. 한 가지, 한국과 그 군대 문화에 고맙다고 말하고 싶은 것이 있다. 내가 봤던 것들, 앞으로 내가 봐야 할 모든 것들에 대해 관조할 수 있는 태도를 길러 주었다는 것에 너무 감사하다고 말하고 싶다. 우연히 어떤 기적처럼 어린 시절의 나로 돌아간다면, 난 다시 내 사촌 누나의 초록색 원피스를 입고 어른들에게, 내 친구들에게 당당히 물어볼 것도 같다. 여자 옷을 입은 내 모습이 잘 어울리지? 이게 내 옷 같지 않니?

군대와 페미니즘은 결코 공존할 수 없다(아이단, 이스라엘)

아이단 할릴리는 2005년 페미니즘 신념에 따라 병역을 거부한 이스라엘 최초의 병역거부자이다. 전쟁저항자인터내셔널의 2010년 『여성 병역거부자 선집』에서 발췌해 편집한 이 글에서 그녀는 자신의 경험과 그런 결정을 하게 된 이유를 들려준다.

나는 열아홉 살 때 우여곡절 끝에 병역을 면제받았다. 이 글에서 나는 병역거부를 하게 된 이유와 그 과정에서 겪은 경험, 그리고 그것이 낳은 결과에 대한 이야기를 풀어보고자 한다.

나는 병역 의무가 내가 믿는 페미니즘의 가치와 충돌하는 원칙을 가진 조직의 일부가 되기를 강요한다고 생각했고, 지금도 마찬가지다. 나는 이런 신념에 따라 인간의 존엄과 평등, 사회 내 서로 다른 집단과 개인의 욕구에 대한 고려, 억압에 대한 거부를 위해 헌신하기로 결심했다. 사실 처음에는 군대 내에서의 페미니즘 활동을 통해 나만의 방식으로 사회에 기여하겠다는 생각이었다. 그래서 군대 내 성폭력 사건 등을 다루는 참모총장실 여성정책 보좌관을 찾아가 그곳에서 군 복무를 하고 싶다고 말했다. 이때는 나의 의식이 빠르게 고양되던 시기였고, 페미니즘의 딜레마를 의식할수록 입영 문제도 진지하게 받아들일 수밖에 없었다. 나는 상반되는 두 관념 사이의 난해한 갈등을 극복해야 했다. 하나는 군대가 유익한 제도이고 군 복무는 사회에 기여하는 매우 명예로운 길이라는 어릴 때부터 길러온 생각이었고, 다른 하나는 존엄과 평등을 말하는 페미니즘의 가치였다.

군대라는 조직은 가장 근본적인 가치부터 페미니즘과 조화를 이룰 수 없다. 군은 철저한 계급 사회로서 그 정의 자체만으로 평등을 허락하지 않는다. 군대가 요구하는 획일성과 순응은 개인이 자신의 정체성과 욕구를 표현할 수 없게 한다. 또한 군대에 뿌리박힌 왜곡된 평등 관념은 젠더의 측면에서는 남성에게 맞춰진 활동 분야에 여성이 얼마나 잘 참여하는지에 따라 측정된다. 군대는 그 자체로 폭력적인 조직이기에 사회 내 폭력의 증가와 결과적으로 여성에 대한 폭력의 증가에 책임이 있다.

위계적인 조직 구조와 남성 중심성, 선후임의 명확한 구분, 비전문적 업무 환경과 같은 군대의 전형적인 조직적·구조적 특성은 성폭력을 부추기는 요소로 지목되기도 한다. 따라서 여성에게 입영을 요구하는 것은 성폭력을 부추기는 환경 안에서 그것을 극복하라고 요구하는 것이나 다름없다. 군대가 이스라엘 사회의 중추적인 제도라는 점에서 이런 성폭력 문화는 민간 사회에도 확산되고 깊게 뿌리박힌다. 남성은 군대에서 인생의 정해진 기간을 보내면서 완력과 폭력의 사용에 대한 긍정적 강화를 받는 경우가 많다. 지배와 통제를 핵심 가치로 하는 조직에서 이런 행동은 특정한 군사 활동에서뿐만 아니라 대인 관계에서도 흔히 장려된다.

나는 페미니스트 여성으로서 사회에서 여성의 권리 보장을 위해 헌신할 책임을 느낀다. 여성에 대한 모든 형태의 폭력을 직간접적으로 부추기는 조직의 일부가 될 수는 없는 노릇이었다. 그러므로 내 입장에서 페미니스트로서 나의 존재와 입영 사이에는 모순이 존재한다. 하지만 군 복무가 내가 믿는 가치와 충돌하는 것이 명확함에도, 나는 페미니즘 이념이 병역 면제의 조건이 되지 못한다는 것을 알았고, 군대는 중요하고 병역거부는 상상도 할 수 없다는 어릴 때부터 길러진 생각에서 벗어나기 어려웠다. 처음에는 어떤 대안이 있는지 알아봤다. 여성에게 가능한 한 가지 방법은 종교적 신념이었다. 나는 분명히 종교인이 아니었고, 내가 자란 지역은 꽤나 세속적인 곳으로 알려졌다고 해도 과언이 아니었다. 내가 종교적 신념을 이유로 면제를 신청해도 아무도 믿지 않을 것이 틀림없었다. 또 다른 방법은 결혼이었다. 정략결혼에 대한 생각이 머리에 스쳤지만 금세 사라졌다. '속임수를 쓰는 듯한' 느낌을 받고 싶지 않았고, 극도로 가부장적이라 해도 전혀 지나침 없는 이스라엘의 결혼 제도에 조금도 기여하고 싶지 않았기 때문이다.

임신과 출산도 여성이 병역 면제를 받을 수 있는 방법이었지만, 명백한 이유로 단 한 순간도 그건 고려해보지 않았다. 남은 방법은 두 가지였다. 하나는 '정신의학적인' 이유로 면제를 받는 것이었다. 나는 대부분의 사람이 굳이 거짓말을 하지 않아도 군 복무에 정신적으로 부적합하다는 판정을 받을 수 있어야 한다고 생각하지만, 그런 이유로는 내가 병역을 거부하는 이유를 명료하게 설명할 수 없을 것 같았다.

그렇다면 내게 남은 마지막 방법은 '양심위원회'라는 군 기관에 신청하는 것이었다. 이 위원회는 개인의 양심을 근거로 병역 면제를 허가할 권한이 있는데, 실제로 위원회의 승인이 받아들여지는 경우는 신청자가 평화주의자로 간주되는 경우뿐이었다. 오직 모든 종류의 폭력을 거부하고 어떤 군대에도 들어가지 않을 사람만이 때때로 이스라엘에서 양심을 근거로 병역을 면제받을 수 있었다.

지금의 나는 스스로 평화주의자라고 거리낌 없이 말하지만, 이 과정을 밟을 당시에는 나를 그렇게 규정하지 않았다. 행동에 있어 완벽히 확신하고 아무런 의구심도 없어야 한다는 과도한 기준을 자신에게 적용했기에, 평화주의를 이유로 면제 신청을 하고 싶지는 않았다. 그래서 내가 입영을 거부하기로 결심한 순간을 흔히 만화에 나오는 장면으로 묘사하자면, 캐릭터 머리 위에 전구가 켜지는 장면 정도가 되지 않을까 싶다. 일종의 계시와도 같은 순간이 찾아온 것이다. 신청서에는 '페미니즘을 근거'로 병역 면제를 신청하는 칸이 없다지만, 그러지 말라는 법도 없었다. 페미니즘에 근거한 병역거부는 특정한 정부 정책이 아닌 모든 종류의 군대를 거부하는 것이라는 생각이 분명해졌다. 그래서 '양심위원회'에 편지를 보내 나의 페미니즘 신념을 자세히 설명하고, 페미니즘이 군사주의에 대한 거부와 어떻게 연결되는지 최대한 공들여 설명했다. 당시 이스라엘에서는 '페미니즘'이 완전히 다른 개념으로 왜곡되어 인식되었기 때문에 이러한 설명은 대중에게 매우 낯선 것이었다.

내가 입영 영장을 받기 10여 년 전, 이스라엘 사회를 떠들썩하게 한 대법원 사건이 있었다. 앨리스 밀러라는 젊은 여성이 공군에 입대하고자 했는데, 여성이라는 이유로 거부됐던 것이다. 그녀는 대법원에 올린 청원에서 '평등'(이 단어에 대한 그녀의 해석)의 보장과 남성과 같이 군 조종사가 될 '권리'를 요구했다. 진보적 페미니스트 단체들도 이를 지지

했다. 그때 이스라엘의 대중들이 의식한 유일한 차별은 여성이 '남성적인' 것으로 간주되는 직무를 수행할 수 없다는 사실뿐이었다. 실제로 대법원은 그것을 차별이라 인정했고, 여성도 공군 훈련을 받을 수 있게 됐다. 오늘날까지 이것은 페미니즘의 성취로 여겨진다. 만약 거리에서 사람들에게 '군대'와 '페미니즘'에 대해 묻는다면, 틀림없이 앨리스 밀러의 이름이 적어도 한 번은 언급될 것이다. 그러므로 내가 페미니즘을 근거로 면제를 요구하면, 관계자들은 눈살을 찌푸릴 것이 분명했다. 그리고 실제로도 그랬다.

나는 군을 대표하는 사람들 앞에서 재판을 받고, 여군 교도소에 2주간 수감되는 형을 선고받았다. 그곳에는 내 또래의 여성 50여 명이 있었는데, 군대의 시스템 내에서 자신의 문제를 해결할 방법이 없어 탈영한 이들이 대부분이었다. 이를테면 여성 지휘관의 성희롱을 피해 달아난 병사나 장애인 부모와 대가족의 유일한 부양자임에도 가족을 부양하기 위한 일을 해도 된다는 허가를 군대에서 받지 못한 어린 여성, 질투심 많은 애인의 집에 감금돼 결국 부대에 제때 복귀하지 못한 병사 등이었다. 군대는 이들의 문제를 이해하려고 노력하는 대신에, 이런 '쓸모없는' 병사들을 처리하고자 감옥에 보내고 있었다.

감옥에서의 생활은 몹시 우울했고 누구에게도 추천하고 싶지 않은 경험이었다. 그럼에도 자진해서 감옥에 가는 일부 병역거부자들이 병역거부 운동에서는 영웅으로 여겨지는 듯한 느낌을 받는다. 인신의 자유는 물론이고 감옥에 있으면 흔들리게 마련인 정신 건강마저 기꺼이 희생하려는 의지와 투지는 높이 살만하다. 그러나 내가 보기에 이것은 군사주의적인 행동 양식의 답습이고, 나는 그 일부가 되고 싶지 않다. 감옥에 가서 그것을 직접 경험하고 나서야 뼛속들이 그런 깨달음을 얻게 됐고, '영웅적인 병역거부자'의 이미지에 일조하기 않겠다고 마음먹었다. 동시에 나와 군대의 마지막 만남이 될 이 과정을 겪으면서, 나의 신념과 거부의 이유에 대한 확신을 가지는 데 군대의 허가는 필요하지 않다는 것을 알게 되었다. 그래서 양심적 병역거부자로 병역을 면제받는 것을 더 이상 고집하지 않기로 결심했다.

출소하고 나서 항소심 절차에 따라 얼떨떨한 마음으로 '양심위원회' 앞에 다시 설 기회가 주어졌다. 정말 이상한 경험이었다. 며칠 뒤 나는 '군 복무에 부적합하다'는 근거로 면제를 받았다. '페미니즘'은 양심적 병역거부자의 면제 사유가 아니라는 설명도 첨부되어 있었다. '양심위원회'의 가장 큰 농간 중 하나는 군대를 '내부에서부터' 바꿔나가는 '능동적인' 방식에 비해 병역거부를 택한 나의 선택이 '수동적'이라고 설득하려 했던 것이다.

글쎄, 이 나라에서 가장 남성 우월주의가 심한 조직에 들어가는 것이 어떻게 페미니즘 행동을 만들어낼 수 있다는 것인지 나로서는 잘 모르겠다. 학계와 많은 직장과 거리에도 위계나 폭력, 가부장제의 공기가 깔려 있는 것이 사실이지만, 이 많은 억압적 요소가 그토록 극단적인 방식으로 조합된 곳은 오직 군대뿐이고, 이 요소들이 조직의 핵심적 본질을 구성하는 곳도 오직 군대뿐이다. 위계적이지 않거나, 호전적이지 않거나, 비폭력적인 군대는 애초에 군대가 아니다. 남성 우월주의는 어디에나 있지만, 모두가 그걸 주춧돌로 삼지는 않는다. 호전적인 남성성을 숭배하는 경향이 없다면, 사람들은 군대의 핵심인 전투 병과에 흥미를 잃기 시작할 것이다. 감정의 억압과 지배, 호전성에 대한 찬양이 없다면, 사람들은 자비와 인류애 같은 성품을 기르게 될 것이다. 그리하여 결과적으로 인구밀집 지역에 폭탄을 떨어뜨리거나, 눈앞에 서 있는 사람을 총으로 쏘거나, 매일 같이 온 동네 사람 앞에서 모욕을 주거나, 언제라도 목숨을 바칠 각오를 하는 것처럼 군대에서 일상적으로 하는 일들을 더는 못하게 될 것이다.

나는 병역거부 과정과 인생 전반에서 내부로부터 변화를 일으키려고 노력해왔다. 군대를 내부로부터 바꾸기 위해서가 아니라, 내가 사는 사회의 내부에서 사회에 영향을 미치기 위해서 말이다. 나는 군사주의가 약화되고, 보다 평등하고 서로를 존중하며, 폭력과 억압이 덜한 사회에서 살고 싶다. 나 한 사람이 병역거부를 한다고 이 모든 것이 바뀌지는 않겠지만, 이에 문제 제기하는 사람들의 운동이 커가는 데 힘을 보탤 수 있다는 사실이 기쁘다.

7. 합의에 의한 의사 결정

전쟁저항자인터내셔널의 『비폭력 캠페인을 위한 안내서』에 실린 글을 편집한 이 장에서는 합의에 의한 집단 의사 결정에 이르는 방법을 소개한다. 이는 서로 다른 동기와 특권의 차이 속에서 건설적으로 활동하는 방법 중 하나다.

왜 합의가 중요한가?

집단이 의사 결정을 내리는 데는 다양한 방법이 있고, 내려야 할 결정에 맞는 최선의 방법을 선택하는 것이 중요하다. 이런 방법에는 투표, (대개 '지도자'나 책임을 위임받은 한 사람에 의한) 단독 결정, 동전 던지기 같은 무작위 방법, 합의에 의한 의사 결정consensus decision making 등이 있다. 민주적 투표에서는 절대적 소수파가 결과에 불만족하는 경우가 많다. 민주주의 규칙에 동의했으므로 결과의 정당성은 받아들일지라도, 여전히 그것을 적극적으로 거부하거나 방해하고 다음 투표 기회를 준비하기도 한다. 대개 협상을 통해 이루어지는 타협도 의사 결정에 이르는 방법이다. 둘 혹은 그 이상의 주체가 입장을 발표하고, 신중한 양보와 상호 이해를 통해 절충안에 다가간다. 그러나 이 방법은 아무도 진정으로 원하는 것을 얻지 못해 모두가 불만족하는 상황으로 이어지기도 한다.

많은 활동가 단체에서는 소수가 다수를 위한 결정을 내리는 것보다, 모든 사람이 자기 삶의 완전한 통제권을 가져야 하고 권력은 모두에게 공유되어야 한다는 믿음 아래 합의에 의한 의사 결정 방법을 사용한다. 합의는 집단이 함께 비폭력 행동을 준비할 때 특히 유용하다. 그런 행동의 목적 자체가 모두의 참여와 의사 표현을 장려하는 데 있기 때문이다. 또한 결정에 대한 모든 집단 구성원의 지지를 이끌어내고자 할 때도 무척 유용하다. 집단 내 새로운 지배 권력이 형성되는 것을 피하려면, 논의와 의사 결정 과정이 참여적이고 자율적이어야 하며, 그에 가장 적합한 수단이 바로 합의다. 합의는 개인이 자신의 삶을 결정할 자유를 수반하지만, 거기에는 집단에 대한 책임도 따른다. 합의 과정은 모두의 경청과 존중, 참여에 기반을 둔다. 그 목적은 집단의 구성원들 모두가 받아들일 수 있고 동의할 수 있는 결정에 도달하는 것이다. 허나 분명히 해야 할 점은 합의가 반드시 모두가 최종 결과에 완전히 만족하는 것을 뜻하지는 않는다는 것이다. 모두가 결정을 수용할 수 있고, 그것이 집단에게 최선이라는 데 동의하면 충분하다. 모든 사람이 용인할 수 있는 결정이면 되는 것이다.

그러나 합의는 타협이 아니다. 타협은 모두가 결과에 불만족하는 상황을 낳을 수 있고, 장기적으로 신뢰 형성에 득이 되지 않는다. 투표나 '지도자 위임' 같은 다수결은 상대의 의견을 존중하기보다 서로 경쟁하는 집단 내 파벌 간의 권력 투쟁으로 이어질 수 있다. 그들은 서로 상대를 헐뜯는 데 역량을 소모한다. 합의 과정은 집단 전체의 창의성과 통찰, 경험, 전망을 이끌어낸다. 사람들 간의 차이가 더 깊은 탐구와 더 큰 지혜를 만들어내는 것이다.

협동적 의사 결정은 어떻게 작동하는가?

모든 참가자의 의견과 생각, 질문이 경청되고 논의된다. 서로 다른 의견이 도출되고 확인된다. 단 하나의 의견도 무시되지 않고, 모든 구성원의 생각이 해결책의 일부로 가치 있게 여겨진다. 이렇게 서로를 존중하고 열린 논의는 집단이 비폭력 행동에서 사람들이 스스로 따르고 몸을 '내맡길' 수 있는 결정에 도달하는 데 필수적이다.

〈합의에 의한 의사 결정 과정의 단계〉

1. 문제 혹은 결정해야 할 사안을 정한다. 문제와 질문을 그것들의 개별적 특성(personalities)과 분리시켜 생각하면 편리하다.
2. 가능한 해결책을 놓고 브레인스토밍[25] 한다. 말도 안 되는 것이어도 모두 받아 적는다. 머릿속에 제일 먼저 떠오르는 생각을 곧바로 말한다.
3. 질문을 하거나 맥락을 명확히 하기 위한 시간을 갖는다.
4. 이제까지 나온 제안들을 논의한다. 일부를 수정하거나 삭제하여 목록의 길이를 줄인다. 어떤 제안들이 많은 지지를 받고 있는가?
5. 선택된 제안(들)을 모두가 명확히 알 수 있게 글로 명시한다(상황에 따라 작은 소집단으로 나뉘어 각 제안을 명확하고 간결하게 써보는 것도 도움이 된다).
6. 각 제안의 장단점을 논의한다. 반드시 모두에게 발언 기회가 돌아가도록 한다.
7. 적극적 반대가 있다면, 6단계로 돌아간다(여기에 많은 시간이 소요된다). 때로는 4단계로 돌아가야 할 수도 있다.
8. 적극적 반대가 없다면, 결정된 내용을 기술하고 합의에 도달했는지 확

25 **옮긴이 주** 다른 사람의 말에 토를 달지 않고 각자 떠오른 생각을 모두 꺼내놓는 과정으로, 이를 바탕으로 이후의 논의를 진행한다. 따라서 토론과는 구분된다.

인한다.
9. 소극적 반대 의견을 받고, 이를 반영해 원안의 취지를 유지한 수정안을 만든다.
10. 수정안을 논의한다.
11. 합의를 재확인한다.

큰 집단에서의 합의: 대변인 회의

위와 같은 합의에 의한 의사 결정 모델은 한 집단 내에서는 잘 작동할 수 있지만, 대규모 비폭력 행동은 여러 활동단위affinity group[26]들의 협력을 필요로 한다. 이때 사용할 수 있는 한 가지 방법이 대변인 회의spokescouncil다. 대변인 회의는 큰 집단에서의 합의에 의한 의사 결정을 위한 도구이다. 대변인 회의에서는 작은 단위의 대변인들이 모여 함께 의사 결정을 한다. 각 '대변인'은 하나의 단위를 대표한다. 각 단위는 대변인을 통해 전체와 의사소통을 하고, 결과적으로 수백 명의 의견이 작은 집단의 논의에 반영된다. 대변인의 권한은 활동단위에서 정한다. 대변인은 특정 사안에 대해 논의하거나 동의하기 전에 자신의 집단과 상의해야 할 수도 있다.

26 **옮긴이 주** 서로 잘 알고 신뢰하며 직접행동을 함께 하는 10여 명 이내의 작은 집단.

2부

운동전략

8. 병역거부자들의 후원 조직하기

군대에 가기를 거부하는 사람들을 후원하는 일은 이 책이 도움 주고자 하는 운동들의 핵심 활동 가운데 하나일 것이다. 세르게이 샌들러는 이 장에서 어떻게 하면 후원을 조직할지에 관한 방법을 다룬다. 이스라엘의 병역거부자이자 반군사주의 활동가인 그는 이스라엘의 페미니스트 반군사주의 단체인 뉴프로파일이 운영하는 병역거부자 상담소 Counselling Network for Refusers의 창립자 중 한 명이며, 현재 전쟁저항자인터내셔널의 운영위원이기도 하다.

2001년 3월 2일, 카르멜 산에 위치한 드루즈파[1] 팔레스타인인들의 마을 이스피야의 작은 회의실에 약 서른 명의 사람들이 모였다. 그중 일부는 수년간 병역거부자들을 후원해온 경험이 있었고, 의학적인 사유로 병역 면제를 받으려는 친구나 지인을 도와온 이들도 있었으며, 몇몇은 다른 사람들의 이야기를 듣고 배우러 온 사람들이었다. 우리는 뉴프로파일의 도움을 받아 이스라엘에서 군 복무를 거부하는 사람이라면 누구든 상담하고 후원하는 자원 활동가 네트워크를 만들었다. 그 후 14년 동안 상담소는 오만가지 직업과 젠더, 민족적 배경을 가진 이들로부터 매년 천 여 통이 넘는 상담 전화를 받고 문제를 성공적으로 해결해왔다. 아마 실제 도움을 받은 사람들은 그보다 훨씬 더 많을 것이다.

1 **옮긴이 주** 이슬람의 한 종파로 시리아, 레바논, 요르단, 이스라엘(팔레스타인) 등에 분포하며, 대부분의 지역에서 박해받는 소수 집단으로 산악 지역에 공동체를 이루고 살아간다.

네트워크의 인터넷 게시판과 온라인 자료실의 조회 수는 한 해에 수십만 건 이상이다. 그 와중에 몇 년 전에는 '병역 기피 선동', 즉 사람들이 징병에 저항하도록 부추겼다는 혐의로 이스라엘 경찰의 조사를 받을 뻔한 적도 있었다. 아무튼 전반적으로 돌아보면 나름대로 적지 않은 성공을 거둬온 게 사실이다. 특히 이스라엘의 암울한 정치 현실을 고려하면 더욱 더 그렇다.

그렇다면 어떻게 그게 가능했을까? 사실 따지고 보면 그렇게 어려운 일도 아니었다. 우리는 자원 활동가 십 여 명의 희생과 헌신을 제외하면 특별한 자원도 없었고, 처음 몇 년 간은 아무런 재정 지원도 받지 못하다가 나중에야 초기의 성공을 토대로 재정 지원이 생겼다. 게다가 정세도 그다지 우호적이지 않았다. 물론 더 억압적인 정권이 들어섰다면 훨씬 더 힘들고 보다 많은 노력과 활동가들의 신원 보호가 필요했겠지만 말이다. 하지만 우리가 한 일의 대부분은 여러분도 할 수 있고, 또 어쩌면 이미 해오고 있는 일일 수도 있다. 그러니 부디 각자의 나라에서 다양한 시도를 해보길 바란다. 여기 우리가 경험을 통해 얻은 병역거부자 후원에 도움이 될 몇 가지 조언들이 있으니, 부디 마음껏 활용하시길!

그들 곁에 있어라

당연한 말 같지만, 병역거부자를 후원하려면 곁에서 어려운 시간을 견디는 그들을 돕고 그들의 선택과 한계를 존중해야 한다. 당신은 그들을 지지하기 위해 있는 것이지, 압박하거나 지도하거나 우상화하기 위해 있는 것이 아니다. 실제로 이것은 많은 병역거부 운동이 배워야 할 쉽지 않은 교훈이다. 병역거부의 양상과 형태는 다양하나, 정치적 운동은 흔히 구성원이 획일적 이념에 따르도록 압력을 가하는 경향이 있다. 만약 당신이 생각하는 병역거부자 후원이 정치적 노선에 따른 조건적 지지라면, 그것은 대부분의 병역거부자에게 실질적 후원이 되지 못할 것이며 당신의 운동은 소외될 것이다. 사람들의 동기와 자기 삶에 관한 자율적 결정을 존중하는 것은 효과적인 후원 체계를 만들기 위한 필수 조건이다.

또 다른 흔한 실수는 동료 집단이 병역거부자 개인에게 한계를 넘도록 압박하는 것이다. 이곳 이스라엘에는 병역거부자가 법적으로 병역 면제를 받는 여러 가지 방법이 있다. 처음부터 적절한 상담을 받을 경우 그중에 원하는 방법을 선택할 수 있고, 감옥에 가는 것은 오직 국가에 대한 공개적 저항을 택할 경우에만 국한된다. 우리는 병역거부자들이 동료 집단의 압력에 의해 감옥행을 선택하고, 심지어 감옥 안에서도 저항의 수위를 높이고자 죄수복 착용을 거부하거나 단식투쟁을 하는 경우를 간혹 목격했다. 만약 이런 저항이 당사자의 자유로운 고민 끝에 내린 결정이라면, 그것을 지지하는 많은 활동이 필요하다. 그에 관해 효과적인 캠페인을 진행하고, 당사자와 수시로 긴밀한 연락을 유지하며, 교도 당국에 모든 종류의 외부 압력을 가해 우리가 지켜보고 있음을 주지시켜야 한다. 하지만 만약 그것이 실은 외부의 압력이나 운동 내의 영웅 숭배 문화에 의한 것이라면, 이는 재앙의 씨앗이 될 수 있으며 많은 잠재적 병역거부자들을 우리로부터 멀어지게 만드는 결과가 될 것이다(4장, 노암 구르의 인터뷰를 참조하기 바란다).

설사 당사자가 자유롭게 내린 결정이라도 여러 전술과 그것의 상대적인 효과성, 실패했을 때의 대안과 출구전략에 대해 충분히 상의할 필요가 있다. 그리고 병역거부 당사자는 자신이 선언한 한계선을 끝까지 고수해야 한다. 저항이 체제에 미치는 영향과 그 과정을 이겨내기 위한 심리적 '방패'의 힘은, 무슨 수를 써서라도 자신의 결정을 고수하고 자기 신념을 배반했다고 느껴지는 상황을 피하는 데 달려 있다. 따라서 정말 자신의 한계선이 어디까지 인지를 확신할 수 없다면, 함부로 그것을 선언해서는 안 된다. 예컨대 단식 투쟁을 시작함으로써 친구와 후원자들이 당신의 상태와 건강을 걱정하게 만들고, 결국 스스로의 약속에 따라서가 아니라 군 당국의 압력에 의해 그만두게 된다면, 거기에 무슨 의미가 있겠는가? 따라서 효과적인 후원을 위해서는 우선 한계와 고충을 진솔하게 논의하고, 투쟁 계획과 조건을 신중히 정해야 한다. 국가 권력에 의해서든 주변의 기대에 의해서든, 병역거부자가 타의에 의해 자신의 한계를 넘어 심한 트라우마를 겪게 될 경우 당사자와 전체 운동이 얼마나 심각한 타격을 받게 될지 충분히 고려해야 한다.

지속 가능한 운동은 구성원의 두려움과 약점, 심리적 한계를 스스럼없이 받아들이고, 감옥에 가는 '영웅적' 위업보다 일상의 다짐을 중요시한다. 이를 통해 운동은 병역거부의 모든 형태와 정의를 수용하고,

젠더와 민족, 사회 계급에 관계없이 모든 병역거부자를 포용할 수 있게 된다. 병역거부자 한 명이 운동에 더해주는 가치는 그가 병사로 복무하여 군대에 보탰을 가치에 의해 결정되지 않는다(이 점은 이스라엘에서 양심적 병역거부가 군사주의라는 '주인의 집'을 주인의 도구로 허무는 수단이 될 가능성에 대한 사하르 바르디의 글에서 더 자세히 다룰 것이다). 또한 기억해야 할 것은 양심적 병역거부 외에도 징병을 피할 수 있는 보다 쉬운 방법을 찾는 사람은 언제나 무수히 존재하며, 적절한 지원을 제공한다면 그들도 투쟁에서 우리 편에 설 수 있다는 점일 것이다.

지식을 쌓고 공유하라

효과적인 병역거부자 후원을 위해서는 체제의 작동에 대한 상당한 지식이 필요하다. 이런 지식을 활용하면 병역거부 행위가 효과적인 개입intervention[2]이 되게 할 수 있다. 군대의 마수로부터 개인의 탈출을 돕기 위해서는 우선 면제 서류를 받기 위해 거쳐야 하는 모든 절차를 알아야 한다. 대중적인 시민 불복종 캠페인을 진행하려면, 사안에 따라 가장 효과적인 방식, 적절한 시기와 상황이 언제인지를 알아야 한다. 하지만 필요한 지식은 때와 장소에 따라 다르기 때문에 여기서 아주 세부적인 내용을 다루는 것은 무의미하고, 몇 가지 일반적 원칙과 필요한 최신 정보를 얻는 데 도움이 될 약간의 조언을 나누고자 한다.

2 **옮긴이 주** 대항하고자 하는 체제의 작동을 적극적·능동적으로 방해하거나, 대안적인 체제를 창조함으로써 그에 따르기를 거부하는 비폭력 직접행동의 한 범주를 가리킨다. 흔히 '비폭력 개입(nonviolent intervention)'이라고 한다.

병역거부는 그 형태와 장소에 관계없이 군대와 국가의 관료주의를 상대해야 한다. 병역거부를 염두에 둘 때 그런 측면들을 맨 먼저 떠올리지는 않겠지만, 사실 대부분의 병역거부자가 거기서 발목을 잡힌다. 이때 잘 만들어진 후원 체계가 매우 큰 도움이 될 수 있다.

오늘날의 관료들은 어떤 면에서 세계 어느 나라든 다 엇비슷하다. 예를 들어, 그들은 흡혈귀가 햇빛을 두려워하는 것 이상으로 자신이 책임지는 것을 두려워해서, 병역거부자 본인이나 그를 지지하는 가족이 '잘못되면 당신에게 모든 책임을 묻겠다'는 카드를 적절한 때에 꺼내들면 의외로 일이 쉽게 풀릴 수도 있다. 그러나 관료들은 때때로 규정과 법규를 맹목적으로 따른다. 협상을 시도하거나 자비를 빌어봐야 대개 아무 소용없고, 오히려 상황만 악화될 수도 있다. 그들은 당신이나 그 밖의 누구를 위해서도 규정을 어기지 않을 것이다. 병역거부자에 관한 규정이 있으면, 어떻게든 규정 위반을 피하려고 할 것이다. 예를 들어, 이스라엘군 관계자는 징병 대상자가 입영 절차에 순순히 따르도록 거짓말이나 가짜 약속, 위협을 일삼는다. 다른 한편으로 관료들은 마치 자신이 신이라도 된 양 법적으로 보장되는 권리 행사를 자의적으로 방해하기도 한다. 이런 상황은 보통 법률을 들이댄다든지 하는 외부적 압력을 가하거나, 상급자에게 민원을 넣는 방법으로 해결이 가능하다.

무엇보다 모든 규정과 법규, 절차, 기준, 관행 및 그것이 적용되는 방식을 숙지하고, 거기에 어떤 변동 사항이 있는지 계속 관찰해야 한다. 이런 내용 중 일부는 모두에게 공개된다. 일부는 가까운 변호사에게 도움을 얻을 수도 있을 것이다. 대부분의 경우, 특히 관행과 규정의 실제 적용에 있어 가장 좋은 정보의 출처는 후원을 받는 당사자와 그들이 현재 밟고 있는 절차이다. 뉴프로파일은 이런 정보를 수집하고 축적하기 위해 풀기 어려운 사례들에 관한 서로의 경험들을 정기적으로 나눈다. 우리는 숙련된 상담자에게 훈련받은 병역거부 상담 자원 활동가 네트워크가 있고, 이메일을 통해서든 대면 모임을 통해서든 궁금하거나 염려되는 점을 (비밀이 보장되는 한에서) 전체 네트워크와 공유하는 것을 장려한다. 이렇게 각 사례를 해결 단계까지 추적하며 필요한 정보를 수집하는 것이다.

마지막으로 지적할 것은, 병역거부자를 대하는 군대의 방식은 일관되지 않고 자의적일 때가 많다는 점이다. 이전에는 얼마든지 통했던 것이 이번에는 통하지 않을 수도 있고, 그 반대의 경우도 있다. 좋은 상담은 신뢰성 있고 검증된 정보에 근거해야 하지만, 뭐든 과신해서는 안 된다. 예상치 못한 상황에도 대처할 수 있도록 병역거부 당사자를 준비시켜야 하는 것이다. 이를 통해 그들도 앞으로 닥칠 상황에 더 잘 대비하고, 단체도 정책이나 세부 절차의 변화를 되도록 빨리 알아채 다른 병역거부자에게 더 믿을 만한 정보를 제공할 수 있을 것이다.

미디어와 의사소통

병역거부자를 위한 캠페인에서 미디어 활동이 중요하다는 것은 누구나 안다. 당사자가 재판이나 수감 중일 때는 특히 그렇다. 그리고 눈에는 덜 띄지만 그 못지않게 중요한 것이 잠재적인 목표 대중에 다가가는 미디어의 역할로, 이때 미디어는 대중 매체만을 말하는 것이 아니다. 지금부터 이 두 가지를 짧게 논해보겠다.

뉴프로파일은 소수의 특별한 캠페인을 제외한 일상적 활동에서 주류 언론의 문이 사실상 닫혀있다는 사실을 깨달았다(다른 나라는 우리보다 상황이 나을는지 모르겠다). 우리의 병역거부자 후원 활동이 언론에 크게 다뤄진 경우는 대중 매체가 이 '극렬 선동' 조직에 관한 악의적인 폭로 기사를 터뜨려 경찰 수사가 벌어졌을 때가 유일했다. 물론 부정적인 언론 보도라고 해서 반드시 나쁜 것은 아니고, 적잖은 병역거부자가 이를 통해 우리의 존재를 알고 도움을 구하기도 한다. 하지만 언론 보도는 우리가 마음대로 내보낼 수 있는 것도 아니고, 그에 따른 위험도 있다. 반면 우리에게는 익명 후원 게시판을 비롯한 지속적인 인터넷 노출과 차량 스티커 붙이기 캠페인이 훨씬 더 효과적이었다. 간혹 온라인 유료 광고를 이용하기도 했다. 하지만 여기에도 신경 써야 할 위험과 단점이 있다. 그래서 우리는 병역거부를 고민하는 청년들이 쉽게 접근할 수 있도록 페이스북 페이지를 만들되, 우리 웹 사이트의 링크만 거는 정도로 내용은 최소화했다. 왜일까? 페이스북에서 병역거부자를 지원하거나 단순히 페이지를 열어놓기만 해도 우리의 도움을 원하는 병역거부자의 신원이 밝혀질 수 있고, 군 당국이나 미래의 고용주가 그 사실을 쉽게 알아낼 수 있기 때문이었다. 이는 대부분 우리의 목적에 고스란히 피해로 되돌아오기 십상이다.

앞서 말했듯이 이런 일상적 활동 이외에 재판이나 수감 중인 병역거부자 후원 캠페인과 공개 병역거부 선언 등에도 신경 써야 한다. 이때도 마찬가지로 대중 매체만 있는 것이 아니다. 국제적인 단체들(국제연대에 관한 장 참조)을 비롯한 국내외 후원자들과 정기적으로 소식을 공유하는 것도 언론 캠페인 못지않게 중요하다. 이런 소식지에 담을 정보는 명확해야 한다. 후원자가 소식지에 실린 주소로 편지를 쓰고, 청원서를 보내고, 당국에 민원 전화를 걸고, 집회에 참여하고, 소식을 다시 주변에 퍼뜨릴 수 있기 때문이다. 이런 구체적인 행동을 되도록 쉽게 할 수 있도록 내용을 구성해야 하는 것이다. 무엇보다 소식지가 대변하는 병역거부 당사자의 목소리, 즉 선언서나 소견서를 가능하면 반드시 포함해야 한다.

대중 매체 활동에서 대안 언론과 진보 언론, 어쩌다 관계를 맺게 된 주류 매체의 언론인처럼 쉽게 접근 가능한 통로도 간과하지 말고 잘 이용해야 된다. 이런 관계는 미디어 활동을 하다보면 조금씩 만들어진다. 행동의 때와 장소도 언론의 주목을 받는 요인이다. 상징적인 날짜나 장소도 유용할 수 있다. 언론이 관심을 가지는 다른 어떤 사안과 연관 지을 수 있다면, 시위 날짜를 그와 겹치게 정하는 것도 한 방법이다.

끝으로, 언론이 군이나 정부에 완전히 통제된 상황이 아닌 이상 끈기는 결실을 맺기 마련이다. 언론사 메일링 리스트로 단순히 보도 자료를 대량으로 뿌린다고 기사가 나올 확률은 크지 않다. 하지만 시간이 지나면 언론사에 이름이 알려질 것이고, 활동과 관련된 사건이 터지면

기자들로부터 먼저 연락이 오기 시작할 것이다.

전문가와 유명인의 도움을 받아라

회원과 후원자의 전문적인 기술이나 지위도 때로는 유용하게 쓰일 수 있다. 변호사가 대표적인 예다. 변호사는 규정과 법규에 관해 많은 도움을 줄 수 있고, 병역거부자가 재판을 받을 때 없어서는 안 될 존재다. 또한 비밀 보장과 접견권에 관한 법률 때문에 변호사 자격증이 있는 것만으로도 매우 유용할 수 있다. 이곳 이스라엘에서 (다른 나라도 마찬가지 일지 모르겠다) 변호사는 수감자를 아무 때나 접견할 수 있다. 우리는 이것을 이용해 정기 면회 프로그램을 시작했다. 변호사는 병역거부자 상담이 불법이거나 이스라엘처럼 합법의 경계가 모호한 국가에서도 법적으로 병역거부 상담을 할 수가 있다.

변호사는 사회 운동이 일반적으로 접근하기 좋은 전문가군에 속한다. 단체 내에 변호사가 없더라도, 때로는 수임료도 받지 않고 도움을 주고자 하는 유명한 변호사나 인권 법률 단체를 찾을 수도 있을 것이다. 국제법을 이용해 국가에 압력을 가할 수 있는 외국 법률 전문가의 도움도 요긴할 것이다(10, 11장 참조). 전쟁저항자인터내셔널 같은 국제 단체나 네트워크를 통하면 그들과 연락이 닿을 수 있다.

또 다른 유용한 전문가 집단은 심리학자와 정신과 의사들이다. 이들은 병역거부자가 겪는 트라우마에 관해 도움을 주거나, 자원 활동가에게 어려운 상담 사례를 어떻게 다뤄야 할지 알려줄 수 있다. 이를테면 자살 위험이 있는 병역거부자를 상담할 때가 있는데, 애석하게도 우리는 이런 상황을 꽤 자주 겪는다. 뉴프로파일은 바로 이런 목적에서 '사이코액티브Psychoactive'라는 정신건강 전문 활동가 집단과 협력하고 있다. 이 같은 전문 활동가 집단을 통해 온갖 분야의 전문가들과 관계를 맺는 것도 가능할 수 있하다. 그 외에도 국내 상황과 활동의 특성에 따라 언론인, 의사, 대학 교수, 건설 노동자, 미술가, 음악가, 그래픽 디자이너 등 다양한 전문가의 도움을 받을 수 있다. 어쩌면 이들 모두가 생각보다 쉽게 운동에 동참할 수도 있다.

전문가를 선택할 때는 그들이 해당 분야의 전문성을 갖추고 있는지도 중요하지만, 그보다 중요한, 아니 무엇보다 가장 중요한 것은 그들이 운동의 대의를 지지해야 한다는 점이다. 예컨대 사안에 적대적인 변호사는 없느니만 못할 수 있고, 무관심한 변호사는 캠페인의 목적을 이해하지 못할 가능성이 크다.

또 다른 측면에서 활동에 도움이 될 수 있는 이들로는 고위직이나 사회 저명인사들이 있다. 한편으로 이들은 주의를 분산시키고 방해가 될 수도 있지만, 일단 언론의 주목만큼은 확실히 받을 수 있는 인물들이다. 배우 제인 폰다Jane Fonda는 미국의 베트남 전쟁 반대 운동에서 많은 언론의 이목을 끌었다. 이스라엘의 병역거부자 요나단 벤-아르치Jonathan Ben-Artzi는 이례적으로 많은 언론의 관심을 받았는데, 우파 출신의 베냐민 네타냐후 총리가 그의 외삼촌이기 때문이었다. 그러나 이 지점에서 한 가지 당부하자면, 미디어 활용의 잠재성은 크지만 때로 '유명인' 출신의 병역거부 당사자가 언론의 조명을 피하고 싶어 하는 경우도 있으므로, 이때는 당사자의 의사를 존중하는 것이 무엇보다 중요하다는 사실이다. 일부 고위직들은 미디어의 관심을 끄는 것 외에도 보다 실제적인 도움을 줄 수도 있다. 예를 들어 많은 나라에서 국회의원은 직무상 면책 특권을 누리며, 면책 조항 하에서 수형 시설을 시찰하거나 수형자를 접견할 수 있다.

활동을 확장하라

마지막으로, 결코 안주해서는 안 된다. 후원 조직을 새롭고 유의미한 방향으로 발전시킬 여지는 언제나 있다. 우리는 최근 들어 소외된 사회 집단에 손을 내밀고자 노력하고 있다. 이런 청년들은 징집돼 군 생활의 상당 기간을 탈영병이나 수형자 신세로 보내는 것을 심심찮게 볼 수 있는데, 특히 가족을 부양하기 위해 일하느라 그렇게 되는 경우가 많다. 우리를 비롯해 세계 각지의 병역거부 운동이 활동을 확장할 수 있는 또 다른 분야는 군대에 저항하는 병역거부자의 직접적인 투쟁 이외에도, 병역 미필을 이유로 가해지는 모든 종류의 공식·비공식 차별에 맞서 그들을 지원하는 것이다. 설사 징병제가 폐지된 이후라도 직업 군인의 양심적 병역거부나 제대를 위한 활동, 사람들의 군 입대를 말리기 위한 모병 반대 활동 등이 여전히 남게 된다.

그렇다면 여러분의 운동이 활동을 확장할 수 있는 최적의 분야는 무엇일까? 일단 병역거부 당사자의 목소리와 자원 활동가의 말에 귀를 기울여 보기 바란다. 운동이 살아있다면 이들이 길을 찾아낼 것이고, 그 길이 살아있는 한 자원 활동가와 병역거부자는 계속해서 찾아올 것이기 때문이다. 여러분이 끊임없이 움직이고 발전하는 한, 여러분의 운동 또한 언제나 살아있을 것이다.

9. 국제 연대

알렉시아 수니는 그리스의 인권 활동가이자 페미니스트다. 국제앰네스티 그리스 지부 양심적 병역거부권 활동그룹의 일원으로 유럽병역거부사무국 이사를 맡고 있는 그녀는 병역거부 운동이 어떻게 국제 연대의 힘을 빌릴 수 있고 그 역할이 얼마나 중요한지를 설명한다.

여전히 병역 의무가 존재하는 대부분의 나라, 어쩌면 그런 모든 나라에서 양심적 병역거부권은 환영받지 못한다. 아마 완전 모병제 국가에서 직업 군인의 양심적 병역거부권보다도 못한 취급을 받을 것이다. 실제로 병역거부자에 대한 여론은 압도적으로 부정적이고, 때로는 적대적이기까지 하다. 이 점에서 국제 연대의 역할은 병역거부 당사자의 자신감을 위해서나 국가 당국에 대한 압력을 위해서 특히나 중요하다. 이는 역사에서 이미 여러 번 증명됐고, 우리는 그를 통해 많은 것을 배웠다. 따라서 운동이 국제 연대의 힘을 얻고자 할 때 도움이 될 몇 가지 사항들을 정리해 보았다.

국내 사례를 국제 사례로 만들어라

국내 사례에 대한 설명을 가능한 한 다양한 언어로 번역하여 배포하는 것은 좋은 출발점이다. 물론 어떤 언어로 번역할 것인지는 나라와 단체마다 가지고 있는 역량에 따라 다르겠지만, 아무래도 국제적으로 통용되는 언어가 가장 유용하지 않을까 한다. 당국이 소위 '적'으로 간주하는 국가가 있을 경우, 그 나라의 언어로 번역하는 것도 의미 있을 것이다. 의사 소통의 도구로서 언어는 로비 활동에서부터 캠페인, 병역거부 선언, 기소나 선고에 반대하는 시위까지 모든 사례와 단계에서 그 중요성을 빼놓을 수 없다.

번역 자료

웹 사이트, 병역거부 선언서, 소식지 등을 다른 언어로 번역할 때 우리의 번역 자원 활동가 팀이 도움을 줄 수 있을 것이다.

·전쟁저항자인터내셔널 info@wri-irg.org

사회 운동과 비영리 단체를 번역 자원 활동가와 연결해주는 웹 사이트에 가입해 이용할 수도 있다. 예컨대 다음과 같은 곳이 있다.

·Translations for Progress www.translationsforprogress.org

·Translation Commons trommons.org

국제적으로 알려진 날짜와 장소를 선택하라

행동 날짜를 사전에 공지하면 대중과 언론의 관심을 모을 수 있다. 혹은 미리 공지하지 않고 국회 일정이나 기자 회견, 축제처럼 아주 중요한 사건과 겹친 날짜에 돌발 행동을 하는 방법도 있다. 국제적으로 의미 있는 날짜로 정할 수도 있다. 이를테면 5월 15일 세계병역거부자의 날이나 9월 21일 세계 평화의 날, 10월 2일 세계 비폭력의 날 등이 있다. 병역거부 인정, 출소, 종전 등의 긍정적 사건이나 체포, 구속, 개전開戰 등의 부정적 사건이 있었던 기념일을 기회로 삼을 수도 있다. 가능하면 군 부대나 장벽, 법원, 병무청, '완충 지대', 전쟁 기념비 또는 추모비 같이 국제적으로 유명하고 의미가 있거나 상징적인 장소를 선택하라.

국제단체와 기구에 연락하라

국제 인권 단체나 언론, 정부 기구 등과 관계를 맺는 것도 사안에 대한 관심을 모으고 자국에 압력을 가하는 좋은 수단이 될 수 있다. 인권 단체에 국내 사례와 활동을 널리 알려달라고 요청하거나, 우호적인 언론인에게 기사를 써달라고 부탁할 수 있다. 유엔이나 지역 국가 연합처럼 자국이 속한 국제기구의 우호적인 회원국에 로비를 하거나, 국내 사례를 지지하고 병역거부권을 보호 또는 증진, 적어도 인정하는 사법 개혁을 촉구해달라고 요청할 수도 있다. 이 책의 11장에는 그것을 운동의 좋은 전술로 삼기 위한 유용한 지침들이 담겨 있다. 학자나 예술가 같은 유명 인사도 국제적 이목을 끌고 자국에 압력을 가하는 데 도움이 될 수 있다.

비상시 긴급 국제 지원을 요청하라

구속, 단식 투쟁, 고문, 무력 분쟁, 전쟁 등의 박해나 기타 비상사태 시에는 국제적인 지원을 요청하고 호소하는 것이 좋다. 이때 필요한 모든 정보를 최대한 신속, 명확하게 제공하는 것이 중요하다. 여력이 된다면 보도 자료와 홍보물을 배포하고 기자 회견이나 공개 토론회를 개최해 청원 운동을 추진할 수 있다. 또한 가급적 많은 언어로 탄원 편지 샘플을 준비해서 개인과 단체들에게 편지에 서명해 자국의 관계자나 외국 주재 대사관에 보내달라고 요청할 수도 있다. 특히 병역거부자가 구속된 경우, 보다 직접적이고 인도적인 행동으로 당사자를 격려하는 연대 편지를 부탁하면 좋다. 국제 행동의 날을 정해 이를테면 외국 주재 대사관 앞에서 시위나 행위 예술을 비롯한 창의적인 직접행동(을 요청하는 것도 가능하다. 이때 사진을 찍어 최대한 빨리 배포하고, 소셜 미디어를 이용해 널리 공유하는 것이 중요하다.

국제 연대

자국 내 병역거부 단체나 평화 단체를 찾는 개인이라면, 다음 단체들에 연락해보기 바란다.

- ·전쟁저항자인터내셔널 가맹단체 목록 wri-irg.org/cgi/datafeed-unicode.cgi
- ·하우스만스(Housmans) 세계평화데이터베이스 housmans.info/wpd
- ·국제화해연대(IFOR) 가맹단체 목록 ifor.org

국제 연대를 찾는 병역거부 단체라면, 아래의 반군사주의 평화 네트워크들에 연락해보기 바란다.

·전쟁저항자인터내셔널 wri-irg.org, info@wri-irg.org, +44-20-7278-4040

·유럽병역거부사무국 www.ebco-beoc.org

〈인권단체〉

·국제앰네스티 amnesty.org/en

·휴먼라이츠워치 hrw.org

〈종교단체〉

·중앙아시아와 동유럽의 경우, 포럼 18(Forum 18) forum18.org

〈지역 내 교단 및 종교 자유 단체〉

·메노나이트 중앙위원회 mcc.org

·여호와의 증인 www.jw.org/en

·퀘이커 fwcc.world

〈국제 인권 체계〉

·『병역거부자를 위한 국제인권체계 안내서』 co-guide.org

·퀘이커 유엔사무소 quno.org

〈18세 미만에 대한 징·모병〉

·소년병 인터내셔널(Child Soldiers International) child-soldiers.org

〈LGBT 병역거부자, 특히 섹슈얼리티〉

·국제성소수자협회 ilga.org

국제 차원의 모금

대다수 사람들은 양심적 병역거부 운동에서 가장 중요한 것이 양심이라고 믿고 싶겠지만, 애석하게도 돈도 역시 중요하다. 직접행동이나 캠페인, 회의, 트레이닝, 연대 활동을 위해서는 무엇보다 돈이 필요하다. 법원에 출두하거나 벌금을 납부할 때처럼 비상시에 돈이 더 절실할 경우도 있다. 자국 내에서도 모금 활동을 할 수 있지만, 만약 충분치 않다면 국제 모금이 필요할 수 있다. 국제 모금 캠페인이나 크라우드 펀딩도 좋고, 관련 단체나 우호적인 기관에 재정 지원을 요청하는 것도 가능하다.

사례 연구

그럼 지금부터는 그리스 출신의 미할리스 마라그카키스Michalis Maragkakis와 키프로스 출신의 무랏 카나틀루Murat Kanathı, 이 두 병역거부자의 사례를 살펴보고자 한다. 동지중해 출신인 두 사례에서는 지역의 연대가 큰 힘을 발휘한 바 있다.

1) 미할리스 마라그카키스 (그리스 병역거부자)

1986년 12월의 어느 날, 아테네의 평화우정경기장에서는 국가독립 및 국제평화군축운동Movement for National Independence & International Peace and Disarmament의 주최로 5대륙평화군축회의Five Continent Conference on Peace and Disarmament가 열리고 있었다. 그런데 안드레아스 파판드레우Andreas

Papandreou 총리가 한창 연설을 이어갈 무렵, 한 청년이 “300명의 병역거부자들이 감옥에 있어야 할 이유가 뭔가?”라고 쓰인 팻말을 몸에 걸친 채 회의장 안에 나타났다. 미할리스 마라그카키스라는 이름의 청년은 그 자리에서 자신의 병역거부를 선언한 뒤 참석자들에게 그리스의 상황을 담은 소책자를 나눠줬고, 대기하고 있던 다른 활동가들도 연대의 의미로 대형 현수막을 펼쳐 들었다. 그러자 회의장 안에 있던 250명가량의 40여 개국 대표들은 일제히 박수를 보냈다. 이렇게 그는 양심적 병역거부권을 인정하지 않고 병역거부자들을 고스란히 감옥에 보내던 그리스에서 이념을 이유로 공개적인 병역거부 선언을 한 최초의 인물이 되었다.

그 날의 행동은 열 명이 채 되지 않는 활동가들이 이미 몇 달 전부터 치밀하게 준비한 계획된 행동이었다. 활동가들은 유럽의회 회원국들과 다른 나라의 병역거부자들, 국제앰네스티, 전쟁저항자인터내셔널, 유럽병역거부사무국 같은 국제 NGO들과도 사전에 연락을 취해 놓은 상태였다. 결국 행동은 아주 큰 성공을 거뒀고, 언론에 대서특필되면서 국제적으로도 주목받는 사안으로 떠올랐다. 또한 행동을 준비하고, 캠페인을 알리고, 그리스 당국에 대한 압력을 끌어 올리는 데 있어 국제 연대가 몹시 중요한 역할을 담당한 사례로도 기록됐다.

그 뒤 보기 드문 국제 연대 운동이 뒤를 이었다. 1987년 3월 마라그카키스가 구속되고 그해 6월에 징역 4년형을 선고받으면서 운동은 더욱 거세졌다. 국제앰네스티와 전쟁저항자인터내셔널, 유럽병역거부

사무국은 각각 보도 자료를 배포하고 그를 지지하는 국제 캠페인의 시작을 알리면서 그리스 정부에 즉각적이고 무조건적인 석방과 양심적 병역거부권의 완전한 인정을 촉구했다.

1988년 2월, 항소심은 마라그카키스의 형기를 26개월로 감형했다. 그럼에도 그는 같은 달 22일 단식투쟁에 들어갔고, 정부가 국제 연대 움직임을 의식해 양심적 병역거부권 문제를 긍정적으로 검토하겠다고 발표한 5월 1일까지 단식을 이어갔다. 그 사이 4월 12일에는 그리스에서 이념에 따른 병역거부자로는 두 번째인 타나시스 마크리스 Thanasis Makris가 체포되자마자 마라그카키스를 지지하는 단식투쟁에 돌입했다. 마크리스는 5월 26일에 징역 5년을 선고받고 이후 18개월로 감형된 뒤에도 다시 단식투쟁을 벌였고, 그 때는 마라그카키스가 그를 지지하는 의미에서 단식에 동참했다. 두 사람의 단식은 그리스 정부가 새로운 징병제 법안을 발표한 그해 7월에야 비로소 끝이 났다. 이렇게 그들의 투쟁은 성공적인 결말을 맺었지만, 자칫 심각한 결과로 이어질 수도 있었기에 활동가들은 전술을 실행하기 전에 특히 출구전략을 짜는 데 무척 정성을 기울여야 한다는 점을 덧붙여 두어야겠다.

어쨌든 마라그카키스와 마크리스의 수감 기간 동안 벌어진 대규모 국제 캠페인은 그리스 정부에 거대한 압력으로 다가갔고, 그들을 수세로 몰아넣은 게 사실이었다. 전 세계에서 그리스 정부를 향한 항의 서한과 수감된 병역거부자들을 위한 연대의 마음을 담은 편지 수천 통이 날아들었고, 콘서트를 비롯해 수십 개의 후원 행사가 조직됐다. 대대적인 언론 보도가 이뤄졌고, 추가로 스무 명 이상이 공개적으로 이념에 따른 병역거부를 선언하면서 그리스 병역거부자협의회Association of Greek Conscientious Objectors가 설립되는 결과로도 이어졌다. 물론 마라그카키스 이전에도 그리스에는 종교를 이유로 한 많은 병역거부자들이 있었다. 그중 대다수는 여호와의 증인 신자들로, 긴 세월동안 징역을 살았지만 정치적인 사회 운동에는 개입하지 않았다. 과거 그리스-터키 전쟁(1919~1922)과 2차 세계대전, 그리스 내전(1946~1949) 중에도 이념에 따른 병역거부자들이 소수 있었으나, 그들의 사례는 조직화되거나 공론의 장에 오르지 못했다. 반면에 마라그카키스와 마크리스 지지 운동은 국제 연대 운동의 도움으로 그리스 사회에 병역거부에 대한 폭넓은 공개 토론의 장을 연 사례로 기록될 만하다.

마라그카키스와 마크리스가 체포된 지 20년 가까이 접어든 2007년 3월에는 국제앰네스티 그리스 지부가 정기총회에서 두 사람을 기념하는 특별 행사를 진행하고, 양심적 병역거부권 인정을 위한 그들의 투쟁에 감사를 표하는 시간이 마련되기도 했다. 그에 대한 답례로 둘은 수감 중에 전 세계 24개국에서 받은 5,388통의 편지와 엽서를 지부에 기증하는 것으로 감사의 마음을 대신했다.

2008년 4월, 그리스의 양심적 병역거부권 인정 10주년을 맞아 유럽병역거부사무국은 병역거부에 대한 인식을 끌어올리는 동시에 대중적인 행동의 참여를 알리는 정기 총회를 아테네에서 개최했다. 국제앰네스티 그리스 지부 역시도 유럽병역거부사무국과 전쟁저항자인터내셔널, 그리스 행정 감찰관 사무소, 국가인권위원회, 그리고 마라그카키스와 마크리스를 패널로 참가시킨 공개 토론회와 대중 행사들을 잇달아 조직했고, 그 자리에서는 위에서 언급한 연대 편지와 엽서들도 최초로 대중에게 공개됐다. 이런 노력 하나하나가 대중들의 관심을 모으고 언론에 크게 보도됐음은 물론이다.

당시 운동에서 여성들이 담당한 핵심 역할도 빼놓을 수 없겠다. 그들은 젠더에 뿌리를 둔 기대와는 괴리가 있지만 그렇다고 폄하해서만은 안 될 여성의 전통적인 '지지자'로서의 역할뿐 아니라, 운동을 이끌고 고양시키는 역할도 기꺼이 떠안았다. 예를 들어, 마라그카키스는 테살로니키 기술대학교Technical University of Thessaloniki에서 열린 병역거부 행사에서 전쟁저항자인터내셔널의 한 여성 활동가가 했던 발언이 자신으로 하여금 병역거부를 최종적으로 결심하게 만든 결정적인 계기가 됐다고 밝혔다. 그의 어머니 또한 처음에는 그의 결정을 전혀 달가워하지 않았지만, 쏟아지는 사회의 부정적 반응에도 군사 법원을 드나들고 인터뷰를 하는 등 처음부터 끝까지 최선을 다해 그의 곁을 지켜주었다.

오늘날 그리스는 양심적 병역거부권을 법률로 인정하는 나라의 대열에 포함돼 있다. 그러나 실제로는 아직도 많은 문제가 존재한다. 민간 대체복무(사회복무요원, 산업기능요원, 공중보건의 등 다른 형태의 대체복무가 아닌 병역거부에 의한 대체복무만을 뜻한다는 점에서 별도의 용어로 봐야할 것 같다)는 여전히 징벌 차원에서 현역 복무보다 기간을 더 늘려 잡고 있고, 독립된 민간 기구의 관할 하에 있지도 않다. 일부 병역거부자의 민간 대체복무 신청은 국방부 특별위원회의 부정적 의견에 따라 국방부 장관에 의해 기각되기도 한다. 이들은 다시 병역에 소집되고, 그에 응하지 않으면 반복적으로 기소된다. 그리스 법에서 명령 불복종은 황당하게도 지속적인 위법 행위를 저지른 걸로 간주되기 때문이다. 따라서 끝없는 체포와 재판의 악순환이 시작되고, 매번 집행유예 선고와 함께 6,000 유로의 막대한 벌금이 부과되는 용납할 수 없는 관행은 지금도 되풀이되고 있다.

2) 무랏 카나틀루 (터키계 키프로스인 병역거부자, 현재 진행 중)

2009년, 키프로스 병역거부운동본부Initiative for Conscientious Objection in Cyprus 활동가이자 유럽병역거부사무국 이사인 무랏 카나틀루는 이념을 이유로 예비군 복무에 대한 병역거부를 선언했다. 이후로 키프로스 북부에서 의무적으로 시행되는 연례 군사 훈련에 해마다 참여를 거부해오고 있다.

2011년 6월 24일, 2009년의 병역거부와 관련해 카나틀루가 군사 법원에 소환됐다. 그해 12월 8일 군사 법원은 수차례의 재판 연기 끝에 이 사건을 헌법 재판에 회부해달라는 카나틀루의 요구를 수용했다. 그리고 2년이 지난 2013년 10월 10일, 헌법 재판소는 입법부가 민간 대체복무를 위한 법률과 규정을 마련할 의무가 있다고 판결했다. 또한 '조국에 대한 권리와 의무'를 오직 군 복무와 연관 짓는 헌법 조문에 대한 검토를 주문했다. 헌법 재판소 판결이 있은 뒤, 군사 법원은 카나틀루의 재판을 속개했다. 이듬해 2월 25일, 군사 법원은 양심적 병역거부권이 국내법에 규정되지 않았다며 500 터키리라의 벌금형을 선고했다. 벌금 납부를 거부한 카나틀루는 10일 간 감옥에 수감됐다.

그러자 키프로스 병역거부운동본부는 카나틀루의 즉각적인 석방을 요구하는 동시에 국제 사회를 향해 연대를 호소했다. 전쟁저항자인터내셔널과 유럽병역거부사무국은 즉각적으로 성명서를 발표해 지지를 표명했고, 국제앰네스티와 전쟁저항자인터내셔널은 긴급 행동과 병역거부 경보를 발령했다. 이처럼 국제적인 움직임이 급속도로 전개된 열흘 동안 다수의 성명서가 발표되고 시위가 조직됐으며, 북키프로스 괴뢰 정부와 재외 터키 대사관에는 편지가 쇄도했다. 대표적인 사례로 니코시아[3] 양쪽에서 키프로스 병역거부운동본부, 이스탄불에서 터키병역거부협의회Conscientious Objection Association of Turkey, 아테네에서 유럽병역거부사무국과 국제앰네스티 그리스 지부, 그리고 이스라엘/팔레스타인에서 팔레스타인 병역거부자 단체가 공동으로 조직한 행동들이 벌어졌다. 언론들도 이런 행동들을 주요 기사로 다뤘고, 그에 따라 정치적인 압력도 점점 더 커졌다.

2014년 3월 1일 아테네에서 진행된 행동은 유럽병역거부사무국과 국제앰네스티 활동가 6명이 터키 대사관 앞에서 상징적인 평화 시위를 벌이는 것으로 시작됐다. 시위대는 터키 대사관 앞에서 두 개의 현수막을 펼치고 사진을 찍은 뒤, 이내 경찰에게 제지당하고 둘러싸였

3 **옮긴이 주** 키프로스의 수도로, 터키의 침공 이후 남북으로 분단됐다.

다. 활동가들은 경찰관에게 시위의 이유를 알리고, 대사관 앞에서 현수막을 들고 사진 몇 장 찍은 게 전부라고 항변했다. 그러나 경찰은 그들을 옴짝달싹 못하게 한 뒤 아티카 경찰청으로 연행해 2시간 넘게 구금하면서 변호사의 접견마저 가로막았다. 경찰의 이런 행동은 또 다른 시위와 더 많은 언론의 관심을 불러일으켰다. 유럽병역거부사무국은 "아테네의 활동가들이 당한 부당한 대우와 구금에 분노하며, 그리스 당국에 해명과 사죄를 요구한다"는 제목의 보도 자료를 발표했고, 이를 기회로 대중들에게 카나틀루 사건에 대한 관심을 다시 환기시켰다.

북키프로스와 징병제

터키군이 1974년에 키프로스 북부를 침공한 이후로 그 지역은 친터키 괴뢰 정부의 지배를 받고 있다. 1983년 괴뢰 정부는 스스로를 '북키프로스 터키 공화국TRNC'이라고 선언했으나, 지금까지 터키를 제외한 어떤 나라에게도 국가로 승인받지 못하고 있다. TRNC는 독자적인 군대와 징병제를 가지고 있는데, 징병제는 헌법 제74조에 다음과 같이 규정돼 있다. "군 복무는 모든 국민의 권리이자 신성한 의무이다." 그리고 2000년 병역법(59/2000)에 규정된 세부 사항에 따르면, 19세에서 30세 사이의 모든 남성은 15개월간 병역 의무를 이행한 다음 예비군 훈련을 받게 되어 있다. 키프로스와 터키에서 징병 대상은 오직 남성들에 국한돼 있지만, 여성들도 병역거부권에 대한 지지와 기소 후 구금에 처해지는 병역거부자들에 대한 연대, 그리고 군사주의 문화에 대한 반대를 표명하는 병역거부 선언을 통해 병역거부 운동에 적극적으로 참여하고 있다.

무랏이 전해온 메시지

한창 진행 중인 병역거부 재판의 사례들을 나라 안팎에서 공론화해 언론에 널리 보도되게끔 하는 일은 아주 중요하다. 경찰과 군대, 교도소 관리들도 그 영향으로 행동의 제약을 느끼고 때로는 병역거부자들에게 더 관대한 태도를 보이는 경우들도 있다. 따라서 우리는 병역거부 운동이 활발하지 않은 곳에서도 병역거부자의 재판을 알리는 것 자체가 긍정적인 결과로 이어질 수 있다는 걸 북키프로스의 사례들을 통해 깨달았다. 게다가 사안이 언론에서 더욱 광범위하게 다뤄지면, 유죄를 선고받아 수감된 병역거부자들도 형기를 비교적 더 수월하게 견딜 수 있게 된다. 최근 북키프로스에서 군사 재판에 회부된 나와 할룩 셀람 투판리Haluk Selam Tufanli의 사례에서 지역 차원의 연대는 아주 두드러진 역할을 했는데, 이는 병역거부 운동을 더욱 확장하고 심화했을 뿐 아니라 우리 자신에게도 정말 값진 경험이었다.

10. 국제법상의 병역거부

국제 인권법을 전공한 법학석사 출신의 레이첼 브렛은 스위스 제네바에 거주하는 영국인 퀘이커 교도다. 현재는 퀘이커유엔사무소 자문위원을 맡고 있고, 은퇴 전에는 단체의 인권과 난민 분야 대표로 21

년간 일하며 양심적 병역거부가 인권의 지위를 얻는 데 일조했다. 전쟁저항자인터내셔널의 살상거부권 프로그램 위원이기도 한 그녀는 이 글에서 국제법상의 병역거부에 관해 간략히 소개한다.

양심적 병역거부권은 국제법상 두 개의 지역 인권 기준에서만 비교적 최근에야 명시적으로 인정받기 시작한 권리로, 그 중 하나는 유럽연합 기본권 헌장European Union Charter of Fundamental RIghts이고, 다른 하나는 이베로-아메리카 청년협약Ibero-American Youth Convention이다. 하지만 이전의 국제 및 지역 인권 조약, 특히 시민적·정치적 권리에 관한 국제규약International Covenant on Civil and Political Rights과 유럽인권협약European Human Rights Convention 역시도 양심적 병역거부권을 포함하는 것으로 근래 들어 재해석되고 있으며, 다양한 유엔 인권 기구와 기제들도 양심적 병역거부권을 인정하고 있다. 그러나 보통 사람들이 국제 인권 체계를 이해하기란 결코 쉽지 않다. 특정 사례에 어떤 절차가 적용 가능하고, 유엔 체계들 중에서나 유엔과 지역 체계 가운데 어느 절차를 택하는 것이 유리한지 판단하기가 어려운 것이다. 따라서 이런 체계들에 익숙하지 않은 사람은 아예 그것을 이용할 생각조차 못 하거나, 각각의 장단점을 알았을 때보다 불리한 선택을 하기 쉽다.

전쟁저항자인터내셔널은 이런 필요에 부응하기 위해 지난 2012년 퀘이커 유엔사무소와 국제양심평화납세연대Conscience and Peace Tax International, 시민적·정치적 권리센터Centre for Civil and Political Rights의 도움을 받아 『병역거부자를 위한 국제인권체계 안내서A Conscientious Objector's Guide to the International Human Rights System』를 발간했다. 이 온라인 안내서는 웹 페이지(co-guide.org)에서 영어와 스페인어로 볼 수 있으며, 다양한 국제 및 지역 인권 기준들과 그것을 이용하는 방법에 관해 검색 가능한 최신 정보를 상세하게 제공하고 있다.[4]

국제 사회의 양심적 병역거부권 인정은 병역거부자를 위한 입법의 의무를 국가에 부여하는 직접적인 효과뿐 아니라, 그런 법안을 마련하지 않을 경우 국제 난민법에 따른 망명 신청의 근거가 될 수 있음을 내비친다는 점에서 그 의미가 크다.[5] 그 중에서도 가장 중요한 점은 양심적 병역거부가 사상과 양심, 종교의 자유를 누릴 권리의 일부로 인정됐다는 사실이다. 사회적으로 인정받는 종교나 신념이 병역거부의 근거가 될 수도 있지만, 반드시 그럴 필요는 없다. 개인의 종교 혹은 비종교적인 신념이나 양심상의 이유도 근거가 될 수 있다. 이는 사상과 양심, 종교의 자유를 누릴 권리에 속하므로, 전시 혹은 기타 국가의 존립을 위협하는 비상사태 시에도 정지되거나 제한될 수 있는 게 아니다. 군이나 국방부가 양심적 병역거부 신청을 판단하는 주체여서는 안 되며, 병역거부자에게 요구되는 대체복무를 관할해서도 안 된다. 대체복

4 레이첼 브렛의 『International Standards on Conscientious Objection to Military Service』(2011)도 참고하기 바란다. (http://www.quno.org/resource/2011/11/international-standards-conscientious-objection-military-service)

5 유엔난민기구(UNHCR)의 국제적 보호에 관한 지침 10호: 난민의 지위에 관한 1951년 협약 제1조 제A항 제2호 및 1967년 의정서의 맥락에서 군복무에 기반한 난민지위 신청(2013년 12월 3일) 참조, (http://www.unhcr.org/cgi-bin/texis/vtx/home/opendocPDFViewer.html?docid=529efd2e9&query=Guidelines%20No.%2010)

무는 반드시 민간의 성격을 띠고 그 통제 아래 있어야 한다. 비록 병역거부 문제가 거의 대부분 징병과 관련해 발생하기는 하지만, 징집병 뿐만 아니라 자원병이나 직업 군인, 예비군 같이 군대에 소속된 사람이면 누구나 병역을 거부할 권리가 있다고 기준에 명시돼 있다.

때로는 유엔과 지역 인권 기제의 성격이 서로 달라서 다양한 사안과 상황이 서로 다른 절차를 통해 다뤄질 될 수도 있다. 예를 들어, 유엔의 자의적 구금에 관한 실무 그룹UN Working Group on Arbitrary Detention은 구금이나 수감, 또는 콜롬비아의 경우 군대에 징집돼 억류된 개별 사례들을 조사하면서, 양심적 병역거부자의 반복된 수감뿐 아니라 모든 형태의 구금이 일종의 자의적 구금에 해당한다고 판단했다. 현재 그들 실무 그룹과 종교나 신념의 자유에 관한 특별 보고관Special Rapporteur on Freedom of Religion or Belief 모두 각국에 파견될 때 양심적 병역거부권의 인정 여부를 조사하고 있다.

유엔 자유권규약위원회는 시민적·정치적 권리에 관한 국제규약 당사국들의 보고 절차 중에 양심적 병역거부자를 위한 일반적인 입법이 이뤄지지 않거나 차별적이라든지 부당한 법률들을 조사한다. 이렇듯 양심적 병역거부가 규약에 의해 보호된다는 자유권규약위원회의 단호한 판단이 영향을 미친 대표적 예는 콜롬비아 헌법 재판소가 병역거부권이 헌법에 의해 보호된다고 판결한 사례를 들 수 있다. 나아가 위원회는 개별 사례들을 조사하면서, 한국 정부가 양심적 병역거부자를 위한 법안을 마련하지 않음으로써 규약을 위반하고 있다고 반복해서

지적해왔다. 이에 대한 판단은 현재 한국의 헌법 재판소에 계류되어 있다.

유엔의 인권 기제와 달리, 유럽인권재판소European Court of Human Rights의 판결은 유럽평의회Council of Europe의 47개 회원국 모두에게 법적 구속력이 있다. 그러나 애석하게도 각국 정부가 항상 이에 순응하는 것은 아니다. 터키는 유럽인권재판소가 사안에 관해 여러 차례 판결을 내렸음에도 지금까지 양심적 병역거부권을 인정하지 않고 있고, 그에 이의를 제기하는 소송들이 현재 터키 헌법 재판소에 계류 중에 있다. 한편 유럽인권재판소의 바야티얀 대 아르메니아 정부 사건Bayatyan v. Armenia 판결[6] 이후, 아르메니아는 양심적 병역거부권을 원칙적으로 인정하고 양심적 병역거부자를 위한 민간 대체복무를 마련했다.

따라서 국제 및 지역 인권 체계가 양심적 병역거부권의 국제적인 인정에 기여해왔고, 법률을 개선하고 개별 사례를 해결하도록 정부에 압력을 가하는 유용한 수단이 될 수 있다는 점은 명백하다. 하지만 그것만으로는 문제를 완전히 해결하기는 어렵다. 일반적으로 가장 좋은 전략은 국내에서의 활동과 국제 및 지역 차원의 절차들을 적절히 조합하는 것이다. 후자는 유엔 보편적 정례 검토Universal Periodic Review에서 다른 국가들이 권고한 내용이나 유엔인권이사회UN Human Rights Council의 주제별·국가별 특별 보고관과 실무 그룹 같이 정부 간 기구를 통한 절

6 **옮긴이 주** 여호와의 증인인 바야티얀은 2001년 병역을 거부해 징병 기피죄로 감옥에 수감됐다. 그는 이에 대해 유럽인권재판소에 청원을 제출했고, 재판소는 2011년 아르메니아 정부가 유럽인권협약 9조(사상과 양심 종교의 자유)를 위반했다고 판결했다.

차에다 법률 조약에 근거한 절차를 결합시키는 경우가 많다. 실제로 국제법상에서 양심적 병역거부권을 확고히 인정받는 진전을 이루게 된 데는 여러 개인들과 비정부기구의 활동들에 힘입은 바가 크다.

11. 국제 인권 기제의 국내 적용 사례: 콜롬비아

알바 밀레나 로메로 사나브리아Alba Milena Romero Sanabria는 콜롬비아 국립대학교의 정치학자다. 그녀는 지난 10년간 양심적 병역거부권 인정을 위해 일해 왔고, 비폭력 트레이닝 프로그램들에도 참여했으며, 현재는 병역거부자공동행동과 국제양심평화납세연대에서 활동하고 있다. 이 글을 같이 쓴 독일 출신의 안드레아스 스펙은 1980년대에 병역거부를 하고 대체복무를 마친 뒤 환경과 반핵, 반군사주의 운동에 참여하고 있다. 2001년부터 2012년까지 전쟁저항자인터내셔널에서 일했고, 지금은 스페인에 살고 있다. 둘은 콜롬비아의 사례를 통해 양심적 병역거부권을 위한 캠페인에서 국제 인권 기제가 다른 전술과 결합돼 국내 사례에 어떻게 적용될 수 있는지를 보여준다.

국제적 차원에서 양심적 병역거부권은 유엔 총회와 차별방지 및 소수자보호 소위원회Commission on the Prevention of Discrimination and Protection of Minorities, 인권위원회를 비롯한 유엔 인권 기구들의 정치적 의제에 줄곧 올라와 있는 주제[7]이며, 아메리카와 유럽의 지역 체계를 비롯한 그 밖

7 CPTI 2005, Military Recruitment and Conscientious Objection: a thematic global survey [online], CPTI.ws, (http://www.cpti.ws/cpti_docs/brett/intro.html) 와 비교해보기 바란다.

의 국제기구에서도 인권으로 다뤄지고 있다.[8] 동시에 많은 운동이 병역거부권 인정을 국내 의제에서 우선순위에 올리기 위한 전략들을 실행에 옮기고 있다.

콜롬비아의 메노나이트 교회, 메데인 청년네트워크Youth Network of Medellin, 병역거부연대, 병역거부자공동행동, 병역거부자국민회의National Assembly of Conscientious Objectors 등도 마찬가지다. 이들 단체는 콜롬비아에서 50년 넘게 이어진 무력 분쟁의 결과로서 강요되는 폭력 문화에 초점을 맞춘다. 주요 활동은 강제 실종과 성폭력, 강제 이주, 군대의 불시 강제 입영 내지는 징발 피해자들에 관한 것들이다. 또한 교육과 의식 제고, 동반 및 옹호 활동을 국제인권 보호 체계와 병용해 양심의 자유를 누릴 권리가 보호받지 못하는 것에 문제를 제기한다.

이들은 양심적 병역거부권의 헌법상 인정과 그것의 존중, 보호, 회복과 같은 목표를 달성하기 위해 국내 차원의 활동과 국제 인권 기제를 성공적으로 조합하고 있다. 나아가 폭력에 의해 파괴되는 공동체의 사회적 얼개를 보존하고, 평화적인 갈등 해결 기술의 함양과 대안적 문제 해결 방법의 활용을 독려하고 있다.

이런 접근법은 향후 몇 년 안에 적어도 다섯 가지 난관에 직면할 것이다. 첫 번째 난관은 모든 관계 당국이 양심적 병역거부권을 인정한 콜롬비아 헌법 재판소의 2009년 판결과 그 이행 절차를 규정하고 양심

8 WRI 2013, Guide to the International Human Rights System for Conscientious Objectors [online] (http://co-guide.info/)와 비교해보기 바란다.

적 병역거부자 인정을 의무화한 2014년 판결에 따르게 하는 것이다. 두 번째 난관은 현재 병역거부권을 보장받을 수 있는 유일한 수단이 개별 법원의 재량으로 발부되는 예외적인 법적 조치인 '가처분 영장' 뿐이라는 점이다. 이것은 당국이 양심적 병역거부권을 조건 없이 인정하는 방향으로 바뀌어야 한다. 세 번째 난관은 일반적으로 병역 이행을 통해 취득하는 '병적 증명서'와 취업할 때 그것을 제출하게 하는 관행으로 인해 병역거부자가 피해를 받지 않도록 하는 것이다. 네 번째 난관은 군대에 가지 않으려고 헌법에 따른 병역 의무를 회피하거나 탈영하면서도 징병 제도에 공개적으로 저항하거나 정치적으로 나서지는 않는 80만 명에 달하는 청년들을 어떻게 수용할지에 관한 것이다. 마지막 난관은 콜롬비아 군대가 병적에 관한 1993년의 48호 법안(병역법)에 규정된 절차와 헌법 재판소 판결, 국제 인권 기준을 존중하게 만드는 것이다. 오늘날 군이 이를 존중하지 않고 병역 면제의 법적 기준을 무시하는 사례라 너무나 많기 때문이다.

전략

콜롬비아의 단체들은 국내의 폭력 상황에 대응하기 위해 다양한 목표와 전략들을 채택하고 실행해왔다. 이들 사이에는 직접적으로든, 세금을 내지 않는 등의 그 어떤 방식으로든 전쟁에 기여하지 않겠다는 정서가 일반적으로 깔려 있다. 동시에 이들은 모든 개인과 단체가 폭력의 사용을 정치적, 철학적, 도덕적으로 거부하는 사회를 갈망한다. 갈

등의 평화적 해결을 위한 그 밖의 방법을 믿고 의지하며, 인권의 존중과 보장, 보호에 기반을 둔 사회를 말이다. 따라서 이런 목표를 달성하기 위해 아동과 청년 교육, 의식 제고 활동, 법률·정치·심리적 동반과 국내적 차원의 옹호라는 네 가지 전략이 수립됐다.

전략1 아동과 청년 교육

병역거부 단체와 조직들은 콜롬비아의 무력 분쟁과 권력, 독재, 권력 표현의 수단으로서의 폭력의 사용, 사회의 군사화, 비폭력 등에 관한 비판적 성찰에 초점을 맞춘 교육 프로그램을 진행한다. 병역거부에 관한 정보는 입영 과정과 양심적 병역거부권을 행사하기 위한 절차에 특히 초점을 맞추고 있다.

전략2 의식 제고 활동

정보의 확산을 목적 삼아, 지식을 제공하는 동시에 문화적으로도 주목받는 비폭력 직접행동을 진행한다. 청년과 부모들이 양심적 병역거부권을 행사하는 방법과 입영 과정, 그 과정에서 발생하는 위법행위 등에 관한 조언을 나누는 모임도 여기에 포함된다. 현 체제를 규탄하고 반성을 촉구하며 사회 변화를 제안하는 수단으로서 콘서트와 공개 선언, 현대 무용과 연극 등 예술 공연을 동반한 거리 행동도 진행한다. 특기할 만한 사례는 콜롬비아의 주요 도시에서 배포되는 무료 신문을 패러디한 신문을 만든 것이다. 이 새로운 신문은 장애인의 권리가 보장되고, 부패로부터 자유로우며, 양심적 병역거부권이 인정되고, 취업이나 교육 같은 기본권을 누리기 위해 병적 증명서 따위를 제출하지 않아도 되는 이상적인 콜롬비아 사회를 그리고 있다.

전략3 법률·정치·심리적 동반과 국내 차원의 옹호

2006년부터 메데인 청년연대와 병역거부자공동행동 및 그 회원 단체들은 전쟁저항자인터내셔널과 퀘이커 유엔사무소의 도움을 받아 병역거부자와 강제 징발의 위험에 놓인 청년들, 그리고 이미 징집돼 군에 몸담고 있으면서 그곳에서 벗어나고자 하는 사람들의 사례에 관한 '동반'[9] 계획을 수립했다. 그 일환으로 병역거부자가 자신의 정치, 법률, 윤리, 도덕, 철학, 인도적 동기를 글로 쓰고 표현하는 것과 병역거부자 및 그 가족이 권리를 행사하는 과정에서 겪게 될 상황에 어떻게 대처할지, 그리고 법률적 측면에서는 양심적 병역거부권과 입영 거부, 병역 면제를 요구하는 법적 수단을 찾는 것을 돕는다. 병역거부자의 선언은 일단 전쟁저항자인터내셔널의 데이터베이스에 기록되고, 당사자는 자신이 병역거부자임을 증명하는 카드를 발급받는다. 그리고 선언서와 청원서는 병무청이나 군, 행정 감찰관 사무소, 시·군별 인권 옹호관, 유엔 인권고등판무관UN High Commissioner for Human Rights 콜롬비아 사

9 **옮긴이 주** 비폭력 직접행동의 일종으로, 좁은 의미에서는 외국 관찰자가 현지 활동가와 함께 다님으로써 그들을 암살 등의 위험으로부터 보호하는 것을 뜻한다. 여기서는 이런 물리적 동반보다 넓은 의미에서 당사자를 지지하는 법률적·정치적·심리적 지원 등을 포함한다.

무소, 부통령실, 국방부 등에 필요에 따라 전달된다. 그 밖에도 전쟁저항자인터내셔널과 각 사안의 동반을 담당하는 단체들은 더 나은 결과를 바라는 마음에서 지지 서한도 보낸다. 입영 당국은 병역 의무가 병역법(1993년 48호 법안)에 근거한 반면, 병역거부권에는 아무런 법적 근거가 없다고 주장한다.

반면 인권 당국은 사안에 관한 최종 결정을 내릴 법적 권한이 없으므로 자신들의 임무는 그저 선언서와 청원서를 '관계 기관'에 전달하는 게 전부라고 주장한다. 그러는 사이 불시 강제 입영과 징발은 점점 더 가시화되어만 가고 있다. 이에 대응하고자 국내 단체들은 전쟁저항자인터내셔널이 결성한 국내외동반네트워크National and International Accompaniment Network, 퀘이커 교단, 국제양심평화납세연대, 국제화해연대, 스페인 병역거부운동연대MOC, 프랑스 병역거부운동연대 등의 활동을 촉구하는 한편, 국내 각 기관들에 청년들의 권리 보장과 법적 의무 이행을 요구하는 편지를 보냈다. 이런 전략이 실행된 이래 지금까지 병역거부자공동행동 단독으로만 190명의 병역거부자들의 선언을 동반했다. 그중 7명은 여성이고, 1명은 트랜스젠더 남성이며, 나머지 182명은 징집 연령의 시스cis 남성(태어날 때부터 남성으로 지정되어 살아온 사람)들이다. 이런 동반 덕분에 다행히도 이들 가운데 징집된 사람은 아무도 없었고, 불법 징집됐던 상당수 청년들이 병역을 면제받았다. 앞으로 이러한 선언들이 늘어날수록 병역거부를 하는 청년들의 수는 더욱더 많아질 것으로 보인다.

전략4 국가 인권 기관들의 옹호 활동

이와 같은 선언과 법률·정치·심리적 동반 활동과는 별개로, 콜롬비아의 병역거부 단체들은 국내 차원의 입법 로비와 옹호 활동을 통해 병역거부나 불시 강제 입영을 통한 징집, 병적 증명서 제출 요구 등에 있어 관계 당국의 입장과 관행에 변화를 이끌어냈다.

병역거부 후원 조직과 국제기구들은 국가 기관을 만나 병역거부권 보장을 위해 설득하고 압력을 가했다. 이런 활동 덕분에 병역거부권에 관한 이들 기관의 입장도 조금씩 긍정적으로 바뀌기 시작했고, 일례로 메데인 인권사무소Personería de Medellín와 행정 감찰관 사무소Defensoría del Pueblo의 지지를 얻어냈다. 현재 두 기관은 2009년 헌법 재판소 판결 이전을 포함해 양심적 병역거부자와 강제 징집된 청년들의 사례를 수집하고 이들의 권리를 옹호하고 있으며, 양심적 병역거부권의 보장과 기존의 국제 인권 기준을 비롯해 병역거부에 관한 법 규범 체계를 적용했을 때의 장점, 그렇지 않았을 때 발생할 결과에 관한 담론을 형성하기 위한 토론회와 강연, 회의 등에도 참석하고 있다.

콜롬비아 병역거부 단체들의 국제 인권 체계 활용

콜롬비아는 병역거부권 인정을 위한 법적 통로가 오랫동안 막혀 있던 나라였다. 이 나라의 헌법 재판소는 양심적 병역거부권을 불인정하는 판결을 수차례 내린 적이 있다(T-409/92, C-511/94, T-363/95).[10] 이

10 CPTI 2005, Military Recruitment and Conscientious Objection: a thematic global survey [online], CPTI.ws, (http://

런 권리의 인정을 앞당기는 데는 국제 인권 기제와 기구들이 요긴하게 활용될 수 있다. 그 첫 번째 사례는 1995년 병역거부자 루이스 가브리엘 칼다스 레온Luis Gabriel Caldas León(사건 11.596)이 미주인권위원회Inter-American Commission of Human Rights에 회부한 사건인데, 안타깝게도 2010년에 정보 불충분으로 보류 처리됐다.[11]

그러다 2000년부터는 유엔 인권 체계의 다양한 기제와 기구들을 통한 노력들이 이뤄졌다. 병역거부 단체들은 유엔 인권고등판무관 콜롬비아 사무소와 연락을 유지하며, 양심적 병역거부자와 불시 강제 입영 형태의 비정규 징집에 처한 청년들의 인권 침해 사례를 알렸다. 사무소는 2010년에 최초로 이런 관행을 공개적으로 비판하고, 최대한 빨리 이를 폐지할 것을 권고하는 보고서를 발표했다.[12]

방금 말한 내용들이 보고서에 포함된 것은 국제 인권 영역의 성취에 힘입은 바 크다. 특히 자유권규약위원회가 2007년 1월에 윤여범·최명진 대 대한민국 정부 사건 판결에서 양심적 병역거부권을 명시적으로 인정한 뒤로는 다양한 인권 기제를 통해 콜롬비아의 사례와 상황에 관한 구체적인 공식 입장을 이끌어내는 것이 일반적인 전략이 됐다. 국내 인권 기구와 법원에 대한 압력을 증가시키고, 기존 헌법 재판소의 부정적 판결 이외에 그들이 인용할 수 있는 근거를 만드는 게 목적이었

www.cpti.ws/cpti_docs/brett/intro.html) 와 비교해보기 바란다.

11 WRI 2013, Guide to the International Human Rights System for Conscientious Objectors [online] (http://co-guide.info/)와 비교해보기 바란다.

12 http://www.corteconstitucional.gov.co/relatoria/에 접속하면 관련 사례들을 찾아볼 수 있다.

는데, 그 중에서도 다음의 세 가지 기제를 활용하는 데 전략의 초점이 맞춰졌다.

첫 번째, 자의적 구금에 관한 실무 그룹

2007년에 전쟁저항자인터내셔널은 불법 징집된 세 청년의 사례를 제출했다. 두 명은 양심적 병역거부자였고, 한 명은 강제 징발된 청년이었다. 이 사건들의 결과는 두 가지 중요한 측면에서 매우 성공적이었다. 우선 실무 그룹은 불시 강제 입영 관행을 강하게 비판하며, "공공장소에서 병적 증명서를 제시하지 못하는 청년을 구금하려는 목적의 불시 단속, 급습 또는 징발은 법적 근거 내지 정당성이 없다"고 발표했다. 따라서 이러한 입영 조치와 그에 따른 병영 내 자유의 박탈은 '자의적 구금'에 해당하는 것으로 선언됐다. 또한 실무 그룹은 "스스로 양심적 병역거부자라고 명시적으로 선언한 사람을 구금하는 것은 사법적 실체 내지 법적 근거가 없으며, 그들을 군에 입영시키는 것은 그들의 양심에 대한 명백한 침해"라고 분명히 밝혔다.[13] 실무 그룹은 2008년 10월 콜롬비아 방문과 그 이후에도 유사한 내용의 선언을 발표했다.[14]

13 Inter-American Commission on Human Rights (IACHR) 2010, Report 137/10, 23 October 2010 [online], (www.cidh.oas.org/annualrep/2010sp/125.COAR11596ES.doc)

14 Office of the United Nations High Commissioner for Human Rights(OHCHR) in Colombia, 2010, Report of the United Nations Hight Commissioner for Human Rights on the human rights situation in Colombia, 2009, 10 March 2010, (http://www.hchr.org.co/documentoseinformes/informes/altocomisionado/informes.php3?cod=13&cat=11), ; OHCHR 2011, Report of the United Nations High Commissioner for Human Rights on the human rights situation in Colombia, 2010, 24 February 2011, (http://www.hchr.org.co/documentoseinformes/informes/altocomisionado/informes.php3?cod=14&cat=11)

두 번째, 자유권규약위원회

양심적 병역거부는 2004년 자유권규약위원회 보고서의 권고 및 최종 견해에 처음으로 포함됐다. 권고의 내용은 "당사국은 양심적 병역거부자에게 기간에 있어 징벌적이지 않은 대체복무를 선택할 기회를 보장해야 한다"는 것이었다.[15] 이를 근거로 콜롬비아의 병역거부 단체들과 전쟁저항자인터내셔널, 국제양심평화납세연대 등 국제 연대 조직들은 제네바의 인권고등판무관실과 자유권규약위원회 및 그 회원국들을 설득하고 의식을 제고하는 활동들을 진행했다. 그 결과 다음 보고에서는 군 입대와 병역거부에 관한 여러 개의 새로운 보고서가 제출됐으며,[16] 위원회는 콜롬비아 정부에 "양심적 병역거부를 인정하고 규율하는 법률을 지체 없이 도입하고 (…) 불시 강제 입영 관행을 시정해야 한다"고 권고했다.[17]

세 번째, 보편적 정례 검토

인권고등판무관실이 편찬한 자료집에 양심적 병역거부와 불시 강제 입영이 수록됐다. 2008년 12월, 보편적 정례 검토에서 슬로베니아

15 UNHRC 2009, Opinions Adopted by the Working Group on Arbitrary Detention, (http://daccess-dds-ny.un.org/doc/UNDOC/GEN/G09/107/13/PDF/G0910713.pdf?OpenElement)

16 Working Group on Arbitrary Detentions (WGAD) 2009, Report of the working group on arbitrary detention. Addendum: Colombia Mission [online], A/HRC/10/21/Add.3, 16th February 2009, (http://daccess-dds-ny.un.org/doc/UNDOC/GEN/G09/107/13/PDF/G0910713.pdf?OpenElement)

17 UNHCHR 2004, Concluding Observations of the Human Rights Committee : Colombia (05/26/24), CCPR/CO/COL (Concluding Observations/ Comments) [online], (http://www.ohchr.org/Documents/AboutUs/annualreport2004.pdf), para 17

는 콜롬비아 정부가 양심적 병역거부권을 법적으로뿐만 아니라 실질적으로도 인정하고, 입영 절차에 이를 반영하도록 보장할 것을 권고했다. 그러나 콜롬비아 정부는 권고를 수용하지 않았다(A/HRC/10/82/Add.1, 13 January 2009). 이 내용은 인권고등판무관실 보고서에도 짧게 언급됐지만(A/HRC/WG.6/16/COL/3, 7 February 2013), 보편적 정례 검토 2차 심의(16차 회기) 때는 양심적 병역거부에 관한 권고가 나오지 않았다.[18] 그 밖에 종교나 신념의 자유에 관한 특별 보고관에게 보고된 특정 사례도 있었다. 유엔인권기구들의 선언은 사법부의 입장에 큰 변화를 가져왔고, 그 결과는 양심적 병역거부를 기본권으로 인정한 2009년 헌법 재판소 판결 C-728로 나타났다.

압력의 고조: 위헌 판결

국제법의 추이와 콜롬비아의 병역거부권 불인정에 대한 국제 기구들의 선언으로, 국내적 차원에서 새로운 사법 운동을 위한 기반이 마련됐다. 2009년 5월, 히나 카바르카스Gina Cabarcas와 안토니오 바레토Antonio Barreto, 다니엘 보니야Daniel Bonilla는 콜롬비아 헌법 재판소에 양심적 병역거부권 관련 조항이 빠진 병역법이 콜롬비아 헌법에 위배된다고 주장하며 헌법소원을 청구했다. 국방부는 청원에 반대 의견을 진술했고, 법학 교수들과 사법정의사회연구소Dejusticia, 콜롬비아 판사위원

18 War Resisters' International 2009, 'Military Recruitment and Conscientious Objection in Colombia'. Report to the Human Rights Council, 97th Session, August 2009, (http://www.wri-irg.org/es/node/8546)

회Colombian Commission of Judges 등은 찬성 의견을 진술했다. 법무부 장관이 직접 의견서를 제출하고, 메데인 인권사무소가 콜롬비아 판사위원회의 위헌 입장을 지지한 것도 특기할 만하다. 이는 시민 사회의 노력이 병역거부권을 향한 지지 여론을 움직였음을 보여준다.[19] 과거 헌법 재판소는 양심적 병역거부가 병역법상 면제 사유에 해당하지 않는다는 이유로 위헌 청원을 기각했지만, 이번에는 양심의 자유의 일부로서 양심적 병역거부권을 규율하는 구체적인 입법이 필요하다고 판단하며, 콜롬비아 국회에 관련 법률을 제정할 것을 주문했다. 또한 권리에 대한 이해와 요구에 관해 몇 가지 핵심적인 사항들을 지적했다.

- 재판소는 양심적 병역거부권을 규정하는 법률이 부재하더라도 이 권리는 즉각적인 효력이 있고, 그것이 인정되지 않는 경우라도 법원의 '보호 영장'을 통해 보호 조치가 취해질 수 있다고 강조했다(결정문 5.2.6.5절 참조).
- 재판소는 양심적 병역거부가 종교적·윤리적·도덕적·철학적 신념 등에 근거할 수 있으며, 종교적 이유에 국한돼서는 안 된다는 입장을 명확히 했다(5.2.6.4절).
- 양심적 병역거부에 이르게 된 신념은 철저하고 진실하며 일관적이어야 한다. 따라서 재판소는 모든 양심적 병역거부자가 자신의 확신과 신념을 외부적으로 표시하여 군 복무가 양심에 반하는 행위를 강요한다는 것을 증명해야 한다고 밝혔다(5.2.6.2절).

19 UNHRC 2010, Consideration of Reports Submitted by States Parties under Article 40 of the Covenant: Concluding Observations of the Human Rights Committee: Colombia [online], (http://www.univie.ac.at/bimtor/dateien/colombia_ccpr_2010_concob.pdf)

그러나 이후에도 양심적 병역거부권의 실질적인 인정은 이뤄지지 않았다. 헌법 재판소가 결정 C-728을 내린 지 5년이 지나도록 입법부는 양심적 병역거부권의 헌법적 보호 의무를 다하지 않고 있다. 2009년에서 2014년 사이 여러 법안(66/2010, 135/2010)이 제출됐으나 국회를 통과하지 못했다.[20] 마지막 법안은 2012년에 제출됐는데, 2013년 회기가 끝나면서 폐기됐다. 입법 심의 과정에서 국내외 단체들은 양심적 병역거부권이 종교적 거부 등 일부에만 국한돼서는 안 된다고 권고했다. 그들은 투명하고 쉬운 절차와 더불어, 병역거부 문제 해결에 꼭 필요한 두 가지 사항으로서 차별성 없는 사회 복무와 병적 증명서와 동일한 효력을 가진 증명서를 요구했다. 또한 병적 증명서가 없어도 직업 자격증을 취득할 수 있도록 2014년 1738호 법안을 통과시키기 위한 활동도 했다.

입법은 실패했지만, 일부 청년들은 대법원에서 비종교적인 이유로 양심적 병역거부를 인정받았다. 대법원 상고 재판부는 국방부와 징병사무소, 59군관구가 양심적 병역거부권을 침해한 사실을 부정한 보고타 고등 법원 형사 재판부의 판결을 뒤집었다.[21] 그러나 이런 성공 사례에도 불구하고 많은 청년들이 병역거부권을 인정받지 못하고 있고, 더 많은 수가 당국에 불법 징병되고 있다. 행정 감찰관 사무소는 최근

20 UNHR의 정기 보고서는 아래 주소에 접속하면 볼 수 있다. (http://www.ohchr.org/EN/PublicationsResources/Pages/OHCHRArchives.aspx&...;)

21 이 사건의 자세한 내용은 아래 주소에 접속하면 볼 수 있다. (http://www.corteconstitucional.gov.co/relatoria/2009/C-728-09.htm)

『콜롬비아의 병역제도-입대, 징병, 양심적 병역거부』라는 제목의 보고서를 발간했다.[22] 보고서는 양심적 병역거부권에 관한 조사를 포함하며, 이에 대해 다음과 같이 말한다. "양심적 병역거부가 병역 면제 사유로 인정되지 않는 상황에서, 군 당국은 양심적 병역거부자로 인정받고자 하는 사람들이 제기하는 요구를 충분히 해소하지 못하고 있다."

양심적 병역거부권 보호의 실질적 문제와 헌법 재판소 결정 C-879/11에서 불법으로 규정된 불시 강제 입영으로 인한 문제와 관련해, 헌법 재판소는 2014년에 새로운 결정을 통해 양심적 병역거부권을 보다 구체적으로 규정했다.

· 관련 입법의 존재 여부와 무관하게 콜롬비아에 양심적 병역거부권은 실재한다.

· 양심적 병역거부권은 복무 이전이나 도중, 이후에도 언제나 인정되고 보호된다.

· 군은 양심적 병역거부권에 대한 요구에 15일 내에 응답해야 한다.

· 군은 청년들에게 양심적 병역거부권에 관한 정보를 제공할 의무가 있다.

국회가 입법 의무를 다하지 않은 탓에, 헌법 재판소는 양심적 병역거부 법안의 세부 사항까지 제시했다. 하지만 병역거부권의 발전에서 헌법 재판소의 긍정적 기여에도 불구하고, 콜롬비아 사회의 이론과 실제 사이에는 여전히 극명한 차이가 있다. 1997년에도 자유권규약위

22 콜롬비아의 관련 법률은 아래 주소에 접속하면 볼 수 있다. (http://www.archivogeneral.gov.co/leyes)

원회는 "인권과 관련한 법체계와 현실 사이의 커다란 간극에 대한 우려"[23]를 표명했다. 10년이 지난 지금도 우려는 유효하다. 헌법 재판소의 2009년 양심적 병역거부권 인정 판결과 2001년 불시 강제 입영 위법 판결(C-879/11) 이후 실제로 변한 것은 거의 없다. 앞으로 헌법 재판소의 새로운 결정이 나온들 유의미한 변화가 있을지 심각한 의구심이 든다.

결론

지난 15년간 콜롬비아의 병역거부 단체들은 괄목할 만한 성취를 이뤘다. 그게 가능했던 건 국내외 차원의 법적인 수단과 의식 제고 활동, 그리고 병역거부권을 중심으로 한 청년 조직화 등 다양한 전략을 조합했기 때문이다. 특히 청년 병역거부자의 사회적 조직화는 사안을 대규모 인권 침해 문제로 의제화하는 데 필수적인 역할을 했다. 이런 조직화와 옹호 활동의 결과로 마침내 일부 국가의 인권 기구가 양심적 병역거부권을 보장하는 법률의 부재가 위헌이라는 주장을 지지하게 됐다. 우리는 이것이 운동의 성공에 중요한 의의를 가진다고 생각한다. 나아가 국제법의 추이와 국제기구들의 명시적 선언은 위헌 입장과 관련해 콜롬비아 사법체계에 더 큰 압력을 가했다. 헌법 재판관들의 논의 내용을 알 방법은 없지만, 우리는 사회적 조직화와 국제 기제라는 두

23 2014년 7월 4일 헌법 재판소의 T-455 판결을 참조하기 바란다. (http://www.corteconstitucional.gov.co/relatoria/2014/T-455-14.htm)

요인의 조합이 매우 큰 역할을 했다고 믿는다. 또한 우리는 '국가'를 하나의 단일체로 보지 않고, 체계에 균열을 내는 것이 중요하다고 생각한다. 예를 들어 위헌 소송이 진행되는 동안 국방부는 양심적 병역거부권을 부정한 반면 법무부 장관과 메데인 인권사무소는 그에 찬성한 데서도 드러났듯이, 한 국가의 여러 행정 기관 사이에도 모순이 존재한다.

그러나 이런 성공에도 불구하고, 우리가 양심의 자유를 통해 이루고자 하는 정치적, 사회적 목적인 사회의 탈군사화와 비폭력은 아직도 요원하다. 양심적 병역거부권이라는 인권의 보호는 청년층과 사회 운동 조직과 그들의 투쟁을 위한 사회적 기반은 마련할지라도, 그 자체로 사회를 바꾸지는 못한다. 뿐만 아니라, 본질상 병역 의무에 강하게 국한된 병역거부권이라는 의제에 집중하는 것은 청년 남성에게만 초점을 맞추는 결과를 낳을 수 있다. 하지만 군사주의와 폭력은 여성의 삶에도 지대한 영향을 미치며, 여성은 콜롬비아 병역거부 운동에서 중요한 역할을 수행하고 있다. 모든 나라의 상황은 다르고 저마다 고유한 맥락이 있다. 그러나 콜롬비아의 사례는 적절한 맥락에 적용한다면 다른 투쟁에 좋은 영감이 될 것이다.

12. 전시戰時 병역거부자와 탈영병 지원

세르비아 베오그라드 출신의 보얀 알렉소프는 1991년에 반전 활동가가 됐다. 그는 2007년부터 유니버시티칼리지런던University College London에서 발칸 반도 역사를 가르치고 있다. 구 유고슬라비아의 반전 활동에 대한 그의 독특한 시각은 『악에 저항하다-해체 이후 유고슬라비아의 반전 투쟁Resisting the Evil: Post-Yugoslav Anti-War Contention』에 수록된 '구 유고슬라비아의 전쟁 저항 활동-자문화기술지Resisting the Wars in the Former Yugoslavia: An Autoethnography'에 나타나 있다. 이 글에서 그는 전시의 병역거부자와 탈영병 지원에 대한 자신의 관점을 보여준다.

병역거부는 언제 어디서나 쉬운 일이 아니었지만, 1990년대 세르비아에서는 특히 그랬다. 유사 이래 인류는 평화를 추구했으나, 과거는 전쟁으로 점철돼 보일 때가 많다. 평화를 바라는 것과 그것을 실현하고 유지하는 것은 전혀 다른 차원의 이야기다. 우리는 흔히 전쟁과 침략을 '타자'의 탓으로 돌리고, 자신이나 자민족은 피해자라고 생각한다. 우리는 사악한 '타자'로부터 스스로를 지킨다고 주장한다. 강대국과 제국주의 성향의 지배 계층조차 대개 그들의 전쟁은 예방적이고 방어적인 '선한' 전쟁이라고 정당화하는 반면, 적이 추구하는 것은 오로지 '악한' 전쟁이라고 비난한다. 실제로 지금까지 전쟁의 예방 내지는 재앙적 결과를 줄이기 위한 현대의 가장 큰 성취는 전쟁을 벌이는 방법에 대한 약간의 규칙과 전쟁 범죄에 관한 몇 가지 규약을 정한 것이 전부다.

당연하게도 위대한 종교의 창시자들과 철학자, 풀뿌리 평화 활동가까지 많은 사람들이 이런 부분적 해결책에 만족하지 못했다. 그들은 전쟁의 가능성 자체를 제거하는 난제를 해결하고자 부단히 노력한 끝에, 평화를 가능케 하고 진정으로 수용하는 유일한 방법은 자기 자신부터 솔선수범해 전쟁을 거부하는 것이라는 결론에 이르렀다. 그리하여 지금까지 화해와 자기 억제, 규율에서부터 20세기에 특별히 떠오른 병역거부에 이르기까지 수많은 전략들이 등장했다.

전쟁이 시작되다

나는 옛 유고슬라비아 연방에서 자랐다. 그에 대해 설명하는 데만 별도로 한 챕터가 필요할 듯한데, 결론적으로 그곳에는 평화주의의 전통이 없었다. 수 세대에 걸쳐 투옥된 종교적 병역거부자들이 있었음에도 병역거부는 완전히 생소한 개념이었다. 1991년에 터진 전쟁[24]은 긴 준비 기간과 선행된 일련의 폭력 사태에도 불구하고, 선의에 찬 사람들에게는 뜻밖의 소식이자 크나큰 충격이었다. 최악의 상황이 정말로 눈앞에 펼쳐질 줄은 아무도 몰랐던 것이다. 미처 대비할 시간도, 평화 운동의 전통도 없었기에 국외로 도망치거나, 징집을 피해 숨거나, 전장에서 아예 탈영하는 식의 저항 활동을 대규모로 조직하고 조율하는 것은 불가능했다.

당시 군 복무 중이었던 내가 받은 충격과 절망은 더욱더 컸다. 눈앞에 펼쳐진 전쟁에서 어느 한 편을 택해야 한다는 것이 너무도 혐오스럽게 느껴졌다. 이런 나의 거부 반응은 개인적 경험에 의한 것으로, 한

24 **옮긴이 주** 유고슬라비아 전쟁은 1991년부터 1999년까지 구 유고슬라비아 연방의 6개 국가 간에 수차례에 일어난 벌어진 전쟁으로 민족 분쟁의 성격을 띠었다. 특히 보스니아와 코소보에서는 세르비아계에 의해 전쟁범죄와 인종청소 등 만행이 벌어졌고, 이는 북대서양조약기구(나토) 군대가 전쟁에 개입하는 결과를 낳았다.

번은 우리가 공격을 받아 반격해야 하는 상황이었다. 모두 극도로 겁에 질렸고, 어디로 총을 쏴야할지도 몰랐다. 내가 기억하는 한 가장 바보 같은 순간이었다. 감정을 다스리거나 표현할 수조차 없었고, 그저 도망치고만 싶었다. 탈영 시도가 실패한 뒤, 나는 군 병원으로 보내졌고, 결국 "정신적으로 복무에 부적합하다"는 이유로 제대 조치됐다.

병역거부 운동에 뛰어들다

고향 베오그라드로 돌아온 나는 사람들에게 내 경험을 알리고, 펼쳐지는 광기를 막기 위해 더 많은 일을 하고 싶었다. 하지만 당국은 이민을 막고자 거듭 국경을 폐쇄하고, 탈영에 가혹한 법적·초법적 조치를 취했으며, 언론은 이른바 '적'에 대해서 만큼이나 '반역자'와 탈영병에 대한 보도에 집중했다. 나는 반전 시위에 나갔다가 "내 이름으로 (전쟁을) 하지 말라"는 페미니즘 슬로건을 내건 검은옷의여성들Women in Black이라는 여성 단체를 만났다. 나를 비롯한 (잠재적) 탈영병이나 병역거부자들보다 높은 연령대의 이 여성들은 뜻밖에도 우리의 가장 가까운 협력자가 됐다.

연대 활동

그러나 극복해야 할 세대 차이와 젠더 격차가 있었고, 필연적으로 문제가 조금씩 터져 나왔다. 검은옷의여성들에게는 단순히 어머니나 누이에게 기대되는 보조적인 젠더 역할을 수행하는 것이 아니라, 자신의 정치적 신념에 따라 탈영병과 병역거부자를 지지한다는 것이 중요했다. 그들과 우리 탈영병과 병역거부자들은 함께 비공식 단위를 조직해 역할 분담에 관해 진지하게 논의했다. 여성은 비가시적 돌봄 노동을 수행하고, 남성은 보다 가시적이고며 권위적이며 지시적인 역할을 수행하는 젠더화된 기대에 따라 업무를 기계적으로 배분하지 않으려고 노력했다.

많은 젊은 남성들은 검은옷의여성들이 주장하는 페미니즘 사상을 쉽게 받아들이지 못했다. 여러 국제회의에서 세계 각지의 병역거부자를 만난 나는 이것이 세르비아 남성만의 문제가 아니라는 것을 깨달았다. 우리의 가치와 사상은 수시로 충돌했고, 나는 젊은 남성 병역거부자들이 페미니즘 사상과 가치를 받아들여야 한다는 확신이 점차 강해졌다. 여성과 함께 활동하면서 기존의 남성성 개념도 무너질 수밖에 없었다. 검은옷의여성들과 활동을 공유하고 그들의 후원에 의지하려면, 어떤 사안에 대해서는 타협이 불가능했고 (병역거부자) 남성이 자신의 행동과 생각을 그들에게 맞춰야 했다.

나는 이 경험을 통해 좋은 협력자를 두는 것은 무엇보다 소중한 자산이며, 예기치 못했던 곳에서 그들을 만날 수 있고 또 바로 그런 곳에서 그들을 찾아야 한다는 깨달음을 얻었다. 우리에게는 하드록과 펑크 신이 병역거부에 관해 청년들과 소통할 수 있는 최적의 창구였고, 그래서 골수 펑크 팬들과도 어울렸다. 당연히 모두가 항상 모든 상황에 만족하지는 않고 그럴 수도 없다. 정치적인 연대를 맺을 때는 물러설 수 없는 최소한의 조건을 정해두는 것이 좋다. 예컨대 남성성의 과시는 결코 용납될 수 없었고, 일부는 그런 이유로 조직이나 운동을 아예 떠났다. 어떤 경우는 격론 끝에 타협에 도달했고, 어떤 경우는 불화를 일으키는 사안이 왈가왈부할 가치가 없다는 것을 깨달았다. 예를 들어, 시끄러운 음악이 싫으면 그냥 나가면 되는 것이다.

우리가 내부에서 겪었던 갈등에 대해 더 보탤 필요는 없을 것 같다. 그보다는 전쟁과 군사주의에 저항하는 외로운 목소리들이 모여 더 강한 힘을 내고, 사회를 지배하는 외면과 무관심에 맞서 싸울 수 있었다는 사실을 강조하고 싶다. 우리 모두는 변화를 일으킬 힘이 있는 모든 주류 언론과 정치 세력으로부터 소외된 이들이었다.

국제 연대

나라 밖에서는 세르비아 측에 대한 국제적인 비난이 쇄도했지만, 전쟁을 막거나 예방하려는 노력은 이뤄지지 않았다. 유엔인권이사회를 포함한 국제기구들은 세르비아계 전쟁저항자를 결코 난민으로 공식 인정하지 않았다. 젊은 징집병과 우리 활동가들의 상황은 갈수록 안 좋아졌다. 이는 우리의 사기에 심각한 악영향을 미쳤고, 인류애처럼 그간 우리 활동을 지탱해온 무척 중요하면서 가장 단순한 가치조차 흔들리기 시작했다. 나쁜 소식이나 나쁜 평판을 늘 각오해야 했지만, 당시 우리는 너무 순진할 때가 많았다. 지금은 이런 위험에 대한 인식이 훨씬 더 높아졌고, 그에 대처하는 훈련도 한다. 그럼에도 우리가 계속 활동할 수 있었던 것은 외국의 동료들과 한결같이 우리를 지지해준 여러 나라의 활동가와 평범한 사람들 덕분이다. 나는 모든 사람에게 병역거부권이 있다는 사실과 백 년에 걸친 전쟁 저항의 역사를 알게 됐다. 국제 연대는 우리에게 없어서는 안 될 것이었고, 이 군사화된 세계에서 병역거부를 선언하는 모두에게 마찬가지일 것이다. 풀뿌리 국제 연대는 탈영병이 혼자가 아님을 뜻했고, 외국 활동가들은 탈영병과 전쟁 저항자에게 그들이 필요로 하는 정신적, 물질적 후원을 제공했다. 그들의 활동은 환멸에 빠진 우리에게 힘을 불어넣거나, 최소한 그런 고통을 줄이는 데 도움을 줬다. 그러나 한편으로 국제적인 지지는 온정주의를 동반하기 쉬우며, 무엇보다 피해자 의식을 조장할 수 있다는 점도 주의해야 한다.

우리 활동의 또 다른 중요한 측면은 이른바 적 진영에 속하는 개인이나 집단과 유대를 쌓고 관계를 구축한 것이다. 그들은 우리가 전쟁 전부터 알았던 비슷한 사상의 사람들이거나, 외국의 동료를 통해 알게 된 사람들로, 모든 통신이 끊겼기 때문에 그들을 만나는 건 오직 국경 밖에서만 가능했다. 나중에는 세르비아와 크로아티아의 반전 활동가들이 양국 국경에 인접한 헝가리의 모하치라는 작은 도시에서 정기적인 모임을 가지기도 했다. 이 또한 외국의 동료들 덕분이었지만, 구 유고슬라비아의 평화 활동가들은 국경과 정보 장벽을 극복하기 위한 이메일 통신의 장점을 처음으로 깨달았다(이때만 해도 장점만 보였다). 여전히 극복하기 어려운 문제들이 우리 사이에 산적해 있었으나, 적어도 일반적인 인간 사회에서처럼 서로의 고충을 나누고 생각을 교환할 수 있었다.

우리는 분열이나 혐오 발언, 선동, 무지로 인한 소외에서 벗어나기 위해 '타자'의 이야기와 의견에 귀 기울이고자 노력했다. 그럼에도 좁힐 수 없는 차이란 게 언제나 존재하겠지만, 마침내 같이 행동을 기획하고, 공동 성명을 발표할 수 있는 단계에까지 이르게 되었다.

활동 과정에서 맞닥뜨린 많은 좌절과 난관, 실망 가운데서 가장 힘들었던 것은 우리가 사람들의 마음의 상처를 치유하거나 위험에 처한 사람을 구할 수 없다는 사실이었다. 우리의 노력에도 많은 병역거부자와 탈영병이 여전히 감옥에 가거나 숨어 살아야 했다. 아무리 노력해도 스스로 너무 무력하게만 느껴졌다. 수백, 수천 명의 청년들이 나토NATO군과의 전면전을 피해 세르비아를 떠나 헝가리로 도망쳤을 때, 우리는 그들이 필요한 도움을 받을 수 있으리라고 생각했다.

주요 인권단체들은 그들이 국제적으로 지탄 받는 전쟁과 전쟁 범죄 혐의로 기소된 정치 지도자를 피해 도망쳤기 때문에 제네바 협약에 따라 난민 지위를 인정받아야 한다고 주장했다. 또한 세계 전역의 주요 일간지와 텔레비전 매체가 이 문제를 보도했다. 나토는 반란과 탈영을 선동하는 유인물을 비행기로 뿌렸는데, 이는 우리에게는 불가능할 뿐더러 모든 나라에서 엄격히 금지된 것이었다. 그럼에도 많은 세르비아 탈영병이 목숨을 걸고 폐쇄된 국경을 넘어 국외로 도망쳤다. 탈출에 실패한 사람들은 체포돼 긴 실형을 선고받았다. 이 모든 관심과 그들이 견뎌야 했던 수난에도 불구하고, 정작 나토 회원국인 헝가리에 도착한 탈영병들은 아무런 보호도 받지 못했다. 일부 나토 국가의 작은 반군사주의 단체 몇 곳이 도와준 것이 전부였다. 우리를 이를 통해 정부와 국제기구보다 풀뿌리 조직과 활동가들을 믿는 편이 낫다는 사실을 다시금 깨달았다.

결론

병역거부 활동가로서 우리는 정치적·사회적 상황에서 오는 지속적인 압력과 우리 자신의 목표와 기대에 의한 부담감으로 인해 대인 관계와 팀워크, 상호 신뢰 같은 문제를 제대로 해결하지 못하는 경우가 많았다. 우리는 우리 사이에 대화와 토론이 필요하고, 집단에 속한 개인의 힘을 모아야 한다는 것을 알았다. 그럼에도 더 쉽게 측정 가능하고 달성 가능한 다른 과제를 우선순위에 놓는 경향이 있었고, 결국 우리 중 일부는 그 중압감을 견디지 못했다. 오늘날 돌아보면, 이런 문제가 생긴 이유는 우리가 약해서가 아니라 어쩌면 우리 자신의 기대와 원칙이 너무 까다로웠기 때문이 아닐까 싶다. 그러므로 내가 다른 나라의 병역거부 운동에 당부하고 싶은 것은 첫째로, 현실을 직시하고 자신과 자신이 속한 공동체에 너무 가혹한 잣대를 들이대지 말라는 것이다. 둘째로, 국제 연대를 포함한 도움을 구하는 것은 중요하지만, 이것이 실제로 변화를 일으키지 못해도 실망하지 않을 마음가짐을 가져야 한다. 마지막으로, 예상치 못했던 곳에서 오는 지지와 연대에 열린 마음을 가져야 한다. 이것은 내면적 또는 개인적인 발전의 기회이자, 운동 그 자체, 혹은 실제로 생명을 살리는 길이 될 수도 있다.

사례 연구

3) 탈영병의 집

코소보에서 전쟁이 나고 나토가 세르비아에 개입한 1999년, 나는 헝가리 부다페스트에서 대학원 공부를 하고 있었다. 당시 세르비아군에서 대량 탈영이 발생했고, 많은 사람이 징집을 회피했다. 일부는 국경 폐쇄에도 불구하고 이웃한 헝가리로 넘어갔고, 나는 말 그대로 길거리에서 또는 친구를 통해 그들 중 몇 명을 만났다. 우리는 그렇게 알음알음으로 조금씩 관계를 넓혀나갔다. 헝가리에는 도움을 줄만한 국제단체가 없었기 때문에 그들은 절박한 상황이었고, 다른 나라도 입국을 받아주지 않아 달리 갈 곳도 없었다.

나는 국제앰네스티와 독일평화협회DFG-VK(국제 병역거부 운동을 주로 다룬다)에 연락을 취해 그들로부터 조언과 재정적 지원을 받아 부다페스트에 '탈영병의 집'을 만들었고, 일부는 거기에 머물렀다. 다른 사람들도 조언과 도움을 구하러 왔다. 우리는 그중 일부와 함께 헝가리 각지의 난민센터에 머무는 다른 탈영병들을 찾아가 이따금 도움을 주기도 했다. 이 활동은 내가 세르비아의 베오그라드에서 체포될 때까지 10개월 동안 계속됐다. 이를 통해 탈영병 일부는 3국으로 갈 수 있었다. 나머지는 2000년 10월에 밀로셰비치[25]가 축출될 때까지 도처를 떠돌아야

25 **옮긴이 주** 슬로보단 밀로셰비치는 세르비아 공화국의 초대 대통령이 된 1989년부터 장기 집권하다가 2000년 세르비아 민중의 반독재 투쟁으로 실각했다. 이후 유고슬라비아 전쟁 당시 자행한 전쟁범죄와 인종청소 혐의로 국제형사재판소에서 전범 재판을 받던 중 감옥에서 사망했다.

했다.

13. 국외 도주 전시戰時 병역거부자와 탈영병 지원

루디 프리드리히는 독일 커넥션 e.V.의 사무국장으로, 인권으로서의 양심적 병역거부권 인정과 병역거부자 및 탈영병에 대한 박해를 망명 사유로 인정할 것을 요구하는 활동을 해왔다. 그가 속한 단체는 전쟁과 징병, 군대에 저항하는 단체들과 협력해왔으며, 유럽을 넘어 터키, 미국, 이스라엘, 한국, 그리고 라틴아메리카와 아프리카 대륙에까지 연대의 손길이 뻗어있다. 또한 망명자에게 상담과 정보를 제공하고 그들이 스스로 조직화할 수 있도록 지원하고 있는데, 이 글에서 그는 국외로 도주한 병역거부자와 탈영병을 지원하는 문제에 대해 이야기를 풀어놓는다.

2015년 초반, 병역의무를 진 수천 명의 남성들이 우크라이나를 떠났다. 그들은 이웃과의 전쟁[26]에서 싸우고 싶지는 않다는 심경이 역력해보였다. 당시 독일로 도망친 한 사람은 우리에게 이렇게 말했다. "저는 도네츠크에서 나고 자랐어요. 도네츠크 외곽의 교전 지역에 살고 있었죠. 도네츠크 공화국군을 위해서도, 우크라이나군을 위해서도 싸

26 **옮긴이 주** 우크라이나 전쟁은 2014년 4월 우크라이나 동부의 도네츠크 주와 루간스크 주에서 친러시아 성향의 분리주의 반군과 우크라이나 정부군 간에 시작된 전쟁으로, 2015년 2월 이후 휴전 상태이다. 여기에 러시아가 직간접적으로 군사 개입을 하면서 국제 사회에서 큰 논란이 일었다.

우고 싶지 않았어요. 전쟁은 잘못된 거니까요. 제 이웃과 가족을 상대로 싸우고 싶지 않아요.”

개인의 선택에 따른 정치적 결과

양심적 병역거부를 법적으로 인정하는 국가는 대개 병역거부자가 어떠한 상황에서도 전쟁에 참여하지 않겠다고 결심한 사람이라고 암묵적으로 간주한다. 유엔인권이사회도 “양심적 병역거부는 종교적·윤리적·인도적 및 유사한 동기에서 비롯된 철저한 신념을 포함한 양심상의 원칙과 근거에서 유래한다”는 선언[27]을 통해 기본적으로 이런 입장을 취하는 것으로 여겨진다. 선택적 병역거부는 일반적으로 허용되지 않지만, 드물게 반대되는 사례들도 있다. 예를 들어, 유고슬라비아 전쟁 당시 유럽위원회 의원총회Council of Europe Parliamentary Assembly는 군 복무를 마쳤으나 한 때 같은 유고슬라비아에 속해있던 동포들과 싸우기를 거부한 사람을 비호권(망명자가 외국의 보호를 받을 권리)을 가진 양심적 병역거부자로 인정했다.[28]

이는 전시에 병역거부자, 전쟁 저항자, 징병 기피자, 탈영병 등과 협력하는 데 있어 핵심적인 문제다. 사실 그들 대부분은 자신을 병역거부자로 규정하지 않는다. 전쟁이라는 구체적 상황 때문에 도주를 결심

27 UN Human Rights Council. A/HRC/RES/24/17, Twenty-fourth session, September 27, 2013. 표결 없이 채택.

28 Takemura Hitomi 2009, International Human Right to Conscientious Objection to Military Service and Individual Duties to Disobey Manifestly Illegal Orders, (Berlin, Heidelberg: Springer Verlag), pp.91-92.

했을 뿐이다. 국제협약에는 관심 없고 자신의 신념만을 따른다. 동기는 이웃과 싸우고 싶지 않아서, 정부의 부당한 목적을 위해 싸우고 싶지 않아서, 제국주의 전쟁에 가담하고 싶지 않아서, 불법적인 전쟁이나 작전에 가담하고 싶지 않아서 같이 다양하다. 그중 대다수에게는 고국을 떠나는 것이 징집돼 교전 지역에 배치되는 것을 피할 유일한 방법이다. 하지만 고향과 고국을 떠나는 것도 모든 징병 대상자에게 평등하게 열려 있는 방법이 아니라는 사실을 유념해야 한다. 상당 부분 돈이나 집안, 행운과 같은 개인적·사회적 요인에 좌우된다는 이야기다.

이는 개인의 선택이지만, 그들을 포함한 더 광범위한 사회에 깊은 영향을 미친다. 병역거부자와 탈영병은 아군과 적군, 전투, 싸움밖에 모르는 집권 세력과 군대가 만든 논리에 맞서, 선택할 수 있는 다른 행동도 있다는 것을 보여주는 산증인이다. 군대에 가는 것이 의무일지라도 선택권은 모두에게 있다는 사실을 생생히 보여주는 것이다. 그들은 군사주의를 만들어내는 질서와 복종의 원칙에 도전한다. 그것은 해방을 향해 내딛는 한 걸음이다.

병역거부자를 어떻게 지원할까?

전시에 병역거부자와 탈영병을 어떻게 지원할지 생각하기 전에 답해야 할 많은 질문들이 있다. 양심적 병역거부권을 인정받을 수 있는 환경에 있는가? 징집을 피할 다른 수단이 있는가? 어떤 법적 처벌을 받을 수 있는가? 자국을 떠날 방법이 있는가? 다른 나라에 입국할 방법이 있는가? 타국에 머물거나 난민 지위를 얻을 가능성이 있는가? 스스로 자신이 '반역자'라고 생각하는가? 전쟁과 군사주의에 적극적으로 저항할 의향이 있는가? 이 글에서 나는 국외 난민으로서의 병역거부자를 지원하는 방법에 관한 질문에 초점을 맞춰 실용적인 방안들을 제시해보려 한다.

출신 국가에 관한 배경 정보

첫 번째 단계는 다양한 국가의 병역거부와 탈영에 관한 법률과 판례, 사례를 수집하는 것이다. 다행히 유럽병역거부사무국, 퀘이커유엔사무소, 유엔인권이사회, 전쟁저항자인터내셔널 같은 단체가 제공하는 자료들이 있다. 한번은 조지아(옛 그루지야)의 한 징집병이 압하스에서 보내온 부탁을 받고, 압하스와 조지아에서 시행 중인 법률들을 조사한 적이 있었다. 우리 인턴이 꼬박 사흘 동안 조사에 매달린 끝에 알게 된 놀라운 사실은 위키피디아의 정보가 완전히 틀렸다는 것이었다. 이는 우리 모두에게 경각심을 심어준 계기가 되었다.

필요한 정보를 얻을 수 있는 중요한 출처 가운데 하나는 해당 국가에서 활동하는 단체나 조직들이다. 그런 단체와 끈이 있으면 현지의 병역거부자나 탈영병과 연락이 닿을 수 있고, 현지 변호사의 연락처를 제공받을 수도 있다. 그들은 현지어로 된 법률과 규정에 정통할 것이고, 법률의 실제로 어떻게 적용되는지에 관한 정보도 구할 수 있을 것이다. 물론 에리트레아처럼 독재정권의 탄압으로 국내에 그런 단체가 아예 존재하지 않는 경우도 있다. 그럴 때 우리는 국외에 망명 중인 단체들을 접촉하는 방법을 택하곤 한다.

직접적인 망명 당사자들도 또 다른 매우 중요한 정보 출처의 역할을 한다. 망명 신청을 담당하는 관계 당국은 그들의 증언을 문제 삼으며 거짓 진술이라고 주장할 때가 매우 많다. 그럴 경우에는 우리가 개입해 가까스로 진술의 신뢰성을 바로잡기도 한다. 에리트레아 사례에서는 10여 명 가량의 탈영병과 징병기피자들을 직접 인터뷰하고, 그들에게 있는 그대로 이야기를 풀어놓을 수 있도록 시간과 공간을 제공하기도 했다. 아마 그들에게는 완전히 새로운 경험이었을 텐데, 우리는 당시의 진술들을 죄다 번역해 다른 단체들에서 보내온 성명서와 함께 소책자로 만들어 여러 변호사들과 법원에 보냈다. 이런 방식을 동원했더니, 망명 요청이 긍정적으로 받아들여지는 사례가 눈에 띄게 증가했다.

병역거부와 망명에 관한 배경 정보

병역거부자에 대한 박해를 이유로 난민 지위를 인정받을 수 없는 경우에도 적용되는 원칙이 있다. 심지어 출신 국가에서 양심적 병역거부권이 인정되지 않고, 전쟁 중이라 할지라도 말이다. 과거에는 병역거부자가 엄벌에 처할 것이 예상되거나 국가의 적으로 간주될 경우에 한해 망명 허가 결정이 내려졌다. 나아가 유엔 총회는 “군대 혹은 경찰 복무를 통해 아파르트헤이트의 시행을 돕는 것에 대한 양심상의 거부만을 이유삼아 어쩔 수 없이 자국을 떠난 사람"에게 망명이 인정돼야 한다고 결의했다.[29] 유럽연합은 2004년 이래로 이 개념을 확장한 지침을 통해, 불법적인 전쟁이나 행위에 가담하기를 거부한 사람에 대한 박해도 난민 지위를 부여할 근거가 될 수 있다고 인정하고 있다. 또한 유럽인권재판소는 바야티얀 사건[30] 판결에서 유럽 인권 협약 9조를 인용하며, 처음으로 병역거부를 사상과 종교의 자유에 포함되는 개별적 인권으로 인정했다.[31] 위의 두 사례는 유럽연합과 그 회원국 및 기타 유럽 국가를 포함한 유럽평의회의 법률적인 흐름에 변화를 가져온 사례들로 기억된다. 그리고 그 밖의 지역에서는 유엔인권이사회 권고나 유엔난민기구의 국제적 보호에 관한 지침 10호의 다음과 같은 내용을 인용할 수 있겠다. "면제와 대체복무가 모두 불가능한 국가의 경우, 신청자가 처하게 될 결과에 대한 면밀한 조사가 필요할 것이다. 예컨대 개인이 자신의 양심에 반하여 군 복무나 적대 행위에 가담할 것을 강요받는다든지, 그것을 거부했다는 이유로 균형에 어긋나거나 자의적인 처벌과 기소에 처해질 위험이 있을 경우, 박해가 일어날 수 있다. 또한 양심적 병역거부자로 하여금 자신의 신념을 바꾸도록 압력을 가하는 그러한 기소와 처벌의 위협은 사상과 양심, 신앙의 자유에 대한 권리의 침

29 UN General Assembly, Resolution 33/165, December 20, 1978.

30 2부의 각주 6번을 참조하기 바란다.

31 European Court of Human Rights, Grand Chamber, Case of Bayatyan v. Armenia, Application no.23459/03, Judgment, July 7, 2011

해로 박해에 해당할 것이다."[32] 이와 같은 내용은 자신의 출신 국가에서 인권을 보장받지 못하는 망명 신청자의 사례에 모두 활용될 수 있을 것이다.

물론 이와 같은 발전은 당연히 고무적이다. 그러나 한편으로 이런 기회들은 아직도 주요 원칙의 예외나 의무적으로 따르지 않아도 되는 권고 정도로 여겨진다. 더욱이 관계 당국은 병역거부를 이유로 난민 지위를 인정받으려면 철저한 신념이 있어야 한다는 조문을 거론하며 망명 절차 중에 양심적 병역거부의 신뢰성을 확인하려고 한다. 이는 사실상 난민 지위를 얻으려는 이들 가운데 상당수를 배제하는 명백한 권리의 제약이다.

상담

위와 같은 기본 정보는 전시에 병역거부자와 탈영병을 지원하는 데 매우 유용하다. 그렇다면 지금부터는 과거에 커넥션 e.V.의 도움으로 수백 명이 난민 지위를 얻을 때 실제 활용했던 방안 몇 가지를 정리해볼까 한다.

· **경청하고 기록하기** | 첫 단계는 난민과 접촉해 그들의 이야기와 징병 및 탈영에 관한 경험과 진실, 개인의 동기 등을 듣는 것이다. 이는 통·번역 수단

32 UNHCR: Guidelines on International Protection no. 10 (HCR/GIP/13/10), December 3, 2013

의 제공을 당연히 포함한다.

· **연구** | 위에 설명한 것과 같다. 여기에는 난민과의 협력이 가능할 뿐 아니라 필수적이다.

· **기본 정보를 다양한 언어로 배포하기** | 난민들뿐만 아니라 세계 각국의 상담자들도 믿을 수 있는 정보가 필요하다. 상담자는 각국의 망명 신청 과정에서 양심적 병역거부자로 받아들여지기 위한 방법과 절차에 대한 기본적 이해를 갖춰야 한다.

· **변호사 물색하기** | 법체계는 난해하고, 국제법과 지역 법률과도 관련이 돼 있기 때문에 이런 일에 경험이 있거나 친숙하면서도 기꺼이 도움을 줄 수 있는 변호사를 찾아야 한다.

· **후원자 찾기** | 거리가 멀어 직접 접촉이 불가능한 상황에서는 난민과 직접 접촉할 수 있는 현지 후원자와 후원 조직을 찾아야 한다.

스스로 조직화하기

앞서 언급한 것처럼, 병역거부자와 탈영병의 망명 신청을 돕는 데서 가장 주된 첫 걸음은 그들의 이야기를 경청하는 것이다. 한 난민은 이에 대해 다음과 같이 말했다. "고향에서는 이런 건 입 밖으로도 꺼낼 수 없어요. 저항을 조직할 틈이 없죠. 할 수 있는 건 도망치는 것뿐이에요. 하지만 이제는 저항이 가능하단 걸 배웠어요. 조직적으로 정부에 맞서 활동하는 사람들이 있거든요. 정말 바라던 바예요."

우리가 그들의 이야기를 듣고 기꺼이 돕고 싶다는 의사를 전달할 때, 그것이 그들에게는 어쩌면 전쟁과 군대를 거부한 자신의 선택이 지니는 긍정적인 의미를 처음으로 깨닫는 순간일 수 있다. 출신 국가에서 (그리고 나라 밖으로 흩어진 국민들에게) 이는 흔히 배반으로 여겨진다. 그들은 자신의 신념과 대립하는 사회의 반응에 곧잘 좌절한다. 한편 이는 자신의 신념을 확고히 해야겠다는 깨달음을 얻는 최초의 기회이기도 하다.

하지만 그들은 혼자가 아니다. 우크라이나처럼 한 국가에만 수천 명의 병역거부자와 탈영병이 있는 것을 보면, 망명을 원하는 사람은 그보다 훨씬 많을 더 것이다. 그중 일부나마 한데 끌어 모을 수는 없을까? 그들 간의 교류를 조직하는 것도 가능하지 않을까? 집단 안에서 개인은 자신이 혼자가 아님을 깨닫는다. 집단 안에서 그들은 공동의 목표나 출신 국가의 상황에 대한 동일한 이해를 가진 사람들을 만날 수 있다. 구 유고슬라비아 연방과 러시아, 그리스, 미국, 앙골라, 에리트레아, 터키에 그런 집단들이 실제로 존재했다.

이렇게 스스로 조직화된 집단은 상담에 크나큰 자원이 된다. 그들은 출신 국가의 상황을 알고, 같은 언어를 쓰며, 과거 자신이 망명 절차를 거칠 당시에 똑같은 모멸을 당해본 사람들이다. 그들은 서로 경험을 교환하고, 위험한 상황에서 비공식적인 접촉과 지원을 제공할 수 있다.

독일에서는 이런 활동가들이 망명 신청 과정과 출신 국가의 상황에 대한 요구를 내걸고 공개적인 활동을 시작하면서 하나로 힘을 합친 사례가 있다. 그들의 요구 사항은 전쟁의 종식과 병역거부자 및 탈영병에 대한 지원과 망명 허가였다. 그들은 앞으로 나설 용기가 없는 많은 사람들의 대변자가 됐고, 커다란 정치적 파장을 일으켰다.

누구든 망명을 시도하다 보면 그 과정에서 일반적으로 마주치는 문제들이 있기 마련이다. 새로 도착한 나라의 상황도 모르고, 언어도 낯설다. 자신이 떠나온 국가에서 계속되는 전쟁은 타국에서조차 그 나라 출신들 사이에 불신과 극단적인 대립을 초래한다. 간혹 정부에서 보낸 정보요원이 몰래 뒤섞여 활동하는 경우도 있다. 게다가 활동가 중 상당수는 이전에 정치적인 활동을 해본 경험도 없고, 그것을 논의하고 준비하는 방법이나 조직 내에서 함께 활동하는 방법도 모른다. 따라서 이에 대한 도움과 지원을 제공하는 것이 무척 중요하다. 망명한 국가의 정치적 상황에 관한 정보와 조직 내 의사 결정 방법, 젠더 문제 등에 관해 알려주는 것이 도움이 될 수 있다. 다만 언제나 그들의 결정을 존중해야 함은 기본이다.

결론

커넥션 e.V.의 목적은 전쟁에 저항하고, 우리와 같은 뜻을 가진 개인과 집단들의 활동을 돕고 강화시키는 것이다. 우리가 병역거부와 망명 관련 문제에 초점을 맞추기로 한 이유는 군대와 전쟁을 거부하기로 결심한 이들 한 사람 한 사람이 군대라는 조직에 균열을 내고 있는 것과 마찬가지라는 사실을 알았기 때문이다. 우리는 이런 활동이 수많은 사람들을 도울 뿐 아니라, 다른 나라의 반군사주의 활동을 강화하는 데도 중요한 역할을 할 수 있다는 걸 깨달았다.

14. 반군사주의 평화 운동에서 제대 군인의 역할

웬디 바랑코는 1985년 멕시코 중남부에서 태어났다. 그녀는 네 살 때 미국으로 '불법' 이민을 갔다. 이후 캘리포니아 주 로스앤젤레스에서 자랐으며, 열일곱 살 때 미 육군에 입대해 이른바 '이라크 해방 작전'에 파병됐고, 명예 제대 후 집으로 돌아왔다. 대학을 다니면서 이라크반전참전군인회IVAW를 알게 됐고, 그때부터 지부장으로 일하며 이라크와 아프가니스탄 점령의 즉각적인 중단을 요구하는 동시에 전쟁의 진정한 대가, 병사들의 치유 받을 권리, 군대 내 저항운동에 관한 인식을 끌어올리는 활동을 조직해왔다. 지금은 여성 인권과 군대 내 성폭력 트라우마, 이주민 인권, 노동 인권, 반군사주의, 반제국주의에 관해 활동하고 있다.

여성 참전자로서 내가 미 육군에서 3년간 의무병으로 복무하고 이라크에 파병됐다는 사실은 매번 의심과 불신의 대상이 되곤 한다. 우리 여성들이 가부장적이고 여성혐오적이며 성차별적인 사회에 살면서 수천 년 동안 끊임없이 우리의 능력을 통해 사람들을 '놀라게' 한 것은 전혀 새로운 일이 아니다. 우리는 그간 제대로 된 평가와 존중, 인정을 받지 못하면서도 수많은 상황에서 핵심적 역할을 수행했고, 여기에는 반군사주의 평화 운동도 예외가 아니다. 전쟁을 일으키는 것은 부유한 남성들이지만, 거기에 소모되는 것은 예로부터 우리 자궁에서 나온 피와 살덩이였다. 여성은 모든 전쟁 희생자들의 생산자로서 가장 잃을 것이 많았기에, 때때로 평화를 유지하는 데 결정적이고 중대한 기여를 해왔다. 설령 잃을 것이 없더라도, 우리는 전쟁이라는 거대 기계의 성차별적인 작동 방식을 누구보다 날카롭게 꿰뚫어 볼 수 있다. 우리를 배제하고 우리의 목소리를 듣지 않는 반군사주의 평화 운동은 언제나 무지와 약점에 노출될 수밖에 없다.

진보적인 사회 변화를 추구하는 활동가 집단 내에서도 특히 여성의 평등에 관해서는 아직도 갈 길이 멀다는 것을 부정할 수 없다. 실제로 사회 정의와 진보, 변화를 위해 일하는 단체들에 지도자와 적극적 참여자로서 여성을 위한 자리는 드물다. 제국주의와 그것이 불러올 파국에 맞서 목소리를 내는 일부 강인한 여성 참전자와 제대 군인들이 있지만, 포괄적 공동체로서 우리는 여전히 운동 내 남성 동지들로부터 동등하게 인정받지 못하고 있다. 이런 의식과 교육의 부재는 일반 사회뿐 아니라 군대 내에 존재하고 작동하는 권력 관계가 민간 영역에 전이되는 데서 기인한다. 군대는 남성이 지배하는 제도이기에, 내부에서 그에 대항하는 운동 역시도 남성이 지배하거나 적어도 남성 중심적이기 쉽다. 경험상 가장 용감하고 대담한 여성만이 이런 환경에 들어가고, 그 중 대부분은 거기서 온전히 빠져나오지 못한다.

일단 제복을 입든 벗든, 복무 중에 정치 활동이나 민감한 사안에 적극적으로 관여하는 것은 군법상 엄격히 금지돼 있고 처벌 대상이다. 또한 활동가 사회로 전이된 군대 내 마초 문화 속에서, 여성은 자신이 제대로 인정받지 못하고 그 결과 의견과 경험이 남성보다 과소평가

될 것이라는 두려움에 위축된다. 우리는 언제나 열외자로서 겉에서 맴돌고 그림자에 가려져 있다고 느낄 수밖에 없는 환경에 있다. 목소리를 내는 여성이 너무 적어 집단을 형성할 수도 없다.

무엇보다 여성은 군대에 존재하는 체계적인 강간 문화와 폭력에 의해 안전에 위협을 느낀다. 남성 참전자는 반군사주의 평화 운동에 들어올 때, 자신이 군대에서 훈육 받고 받아들인 가부장적이고 성차별적인 관념을 그대로 가져온다. 여성에게 공정하고 안전하며 편안한 공간이 되려면, 남성은 운동 내 여성의 중요성을 깨달아야 한다. 성차별적이고 편견에 가득 찬 멍에를 던져버려야 한다. 반군사주의 평화 운동이 성공하려면, 남성은 자매들의 평등과 정의, 존엄에 대한 진보적 사상을 스스로 배우고 전파해야 한다. 형제들이 성차별적 태도를 버리지 않는 한 우리는 결코 성공에 이르지 못할 것이다.

하지만 우리 여성이 이런 문제를 제기해도 부질없이 분노만 일고 지쳐버릴 때가 많다. 성희롱과 성폭력의 생존자가 남성을 교육하기 위해 자신의 괴로운 경험을 다시 떠올리게 해서는 안 된다. 그것은 비생산적일 뿐 아니라 생존자에게 고통과 상처를 준다. 가장 효과적인 방법은 집단 내의 깨우치고 교육받은 남성이 새로운 구성원을 가르치고, 그들과 대화를 나누는 것이다. 이 포괄적 공동체가 행동 규범이 준수되는 안전한 공간이라는 것이 강조되고 인식돼야 한다. (시스)여성은 물론 트랜스젠더, 퀴어, 레즈비언, 게이 구성원과 상호 존중하지 못하는 사람은 참여하는 모두의 생명을 위태롭게 하기 때문에 단체에서 내보내야 한다. 성희롱과 여성혐오, 성폭력, 성차별은 관용의 대상이 아니다.

형제들이 우리와 함께 제국주의에 맞서 싸울지라도, 그중 다수는 전쟁이라는 관념을 가부장제와 연관 짓지 못한다. 남성들의 전쟁은 여성을 대상으로 한 전쟁이자 인류와의 전쟁이다. 우리가 참여하는 모든 사회 정의 운동은 서로 불가분하게 연결돼 있고, 형제들은 이를 깨달아야 한다. 그들이 백인 남성의 특권을 누리면서 그것을 인식하지 못할 때도, 자매들은 그로 인한 불의에 맞서 투쟁한다는 사실을 알아야 한다. 여성을 대상으로 한 전쟁은 겉으로 보이지 않지만, 그것이 존재하지 않는다고 믿는 모든 사람의 내면에 존재한다.

어째서 여성 혹은 다른 모든 참전자가 반군사주의 평화 단체에 적극적으로 참여하지 않는지를 이해하려면, 우선 그들의 내면을 들여다봐야 한다. 나는 군 복무자 대부분이 파병 여부와 무관하게 복무로 인한 정신 건강 문제를 겪는다는 사실을 발견했다. 폭력의 문화와 적에 대한 비인간화, 인명에 대한 경시는 병사들의 마음에 지워지지 않는 흔적을 남긴다. 군복을 벗은 뒤에도 복무 초기에 일어난 세뇌에서 완전히 벗어나는 것은 불가능에 가깝다. 민간 영역으로 돌아오고 나면 '정상인'이 되는 방법을 재교육 받아야 한다. 제대 후 사회 적응에 애쓰는 처음 몇 년이 참전자에게는 가장 혼란스러운 시기다. 개인적으로 나는 외상후 스트레스 장애PTSD와 그에 따른 우울증을 겪었다. 지독히 어두운 순간들이었다. 처음 시작된 건 파병 직후가 아니라 일 년 정도 지나서였고, 상태는 점점 더 악화됐다. 다행히 대학 생활 초기에 이라크반전

참전군인회 회원들을 만나고 나서 형제자매들과 함께 하는 활동이 일종의 치유 역할을 했다. 하지만 이것이 영원한 해결책이 될 수는 없었다. 나는 여가 시간마저 활동에 헌신했고, 학업과 생업은 뒷전이 됐다.

내가 아는 한, 어떤 참전자도 먼저 도움을 청하려 하지는 않는다. 우리는 추위와 더위, 고통을 견뎌냈고, 무엇에도 꺾이지 않는다는 생각이 뿌리 깊이 박혀 있다. 게다가 대체로 무엇이든 대충하지 않고, 한번 뛰어들면 끝장을 보는 성격이다. 그 결과 활동에만 매진하고 자기 자신은 제대로 돌보지 않는다. 그동안 우리 단체의 많은 사람이 자살로 목숨을 잃었다. 사랑의 공동체를 이야기하고 실천한다지만, 우리는 한 명의 참전자가 잠들 때마다 만나는 내 안의 악마를 결코 이해할 수 없고 영원히 그러지 못할 것이다.

외상후 스트레스 장애는 다양한 형태로 나타나고, 평화 단체로서 우리는 이에 대해 잘 이해하고 교육받아야 한다. 나는 스스로를 활동가라 여기지만, 수천 명이 행진하는 곳에서 나를 찾지는 못할 것이다. 군중은 내게 불안을 야기하고, 시끄러운 소음은 아직도 비상경보로 들린다. 단체로서 우리는 모든 사람에게 각기 다른 경험과 욕구, 능력이 있다는 사실에 유의해야 한다. 참전자나 그 밖의 누구든 준비되지 않는 활동이나 상황에 밀어 넣어서는 안 되며, 그렇지 않으면 심각한 결과가 초래될 수 있다. 의사소통은 반드시 정직하고 열려 있어야 한다. 또한 자기 자신을 돌보는 것이 최우선임을 인식하고, 필요한 자원을 제때 제공해야 한다.

전쟁이 죽음과 부상을 부른다는 것은 말할 필요도 없다. 참전자가 누구보다 더 잘 안다. 정신적인 피해는 눈에 보이지 않는 반면, 신체적인 피해는 가시적이고 종종 더 집중적인 치료를 요한다. 많은 상이군인이 거리에 나가 평화 활동을 하고 싶어도, 현실은 스스로 돌보고 목숨을 부지하는 것만 해도 버겁다.

정신적·신체적 피해와 군 복무 경험의 결과로, 참전자는 퇴역 이후 민간 사회에 복귀하는 데 어려움을 겪는다. 가장 단순한 일이 그들에게는 가장 어려울 수 있다. 자립하여 그 상태를 유지하려고 노력하는 참전자도 활동에 바칠 시간이 없을 때가 많다. 비를 막아줄 집과 음식, 물, 기타 생필품을 마련하는 것만 해도 하루가 모두 지나간다. 내가 사는 로스앤젤레스는 홈리스 제대 군인 비율이 가장 높은 곳이고, 장담컨대 그들 가운데 활동을 자신의 최우선 순위로 둘 사람은 아무도 없을 것이다. 참전자가 반군사주의 평화 운동에 지속적으로 참여하려면, 안정적으로 자급자족할 수 있는 조건이 이미 갖춰져 있어야 한다. 미국에서 길거리에 살다가 스스로 목숨을 끊는 제대 군인의 수가 급속히 증가하는 상황은 많은 의문을 남긴다. 미국 보훈부가 추산한 하루 22명은 기껏해야 가장 낮게 잡은 수치이고, 의료 서비스를 마냥 기다리게 하고 보조금 지급을 거부하는 기관으로부터 나온 그런 통계는 솔직히 믿기 어렵다.

마지막으로, 우리는 군대의 구성을 잘 살펴야 한다. 민간 사회에는 남성과 여성의 수가 엇비슷하다. 하지만 군대에서 여성은 일단 수적으로도 소수이다. 미군 현역병 가운데 오직 14.5%만이 여성이고, 고위급으로 가면 비율은 더 줄어든다. 그러니 반군사주의 평화 운동에 여성 참전자가 거의 없는 것은 놀랄 일이 아니다.

참전자가 운동에 참여하면서 마주하는 권력관계와 장애물을 생각할 때, 우리는 그중에서도 특히 여성 참전자가 평화 공동체에 가져다주는 것이 무엇인지 알 수 있다. 가장 중요한 것은 우리의 경험이다. 우리는 제국주의라는 야수에게 잡아먹혀 뱃속에 들어갔다 나왔기에, 그것의 작동 방식과 이를 무너뜨리는 방법을 알고 있다. 나아가 전쟁이라는 야만의 반박할 수 없는 증거를 우리 경험으로 보여줄 수 있다. 내가 사람들과 만나 경험을 들려주면, 그들이 각성하는 것이 피부로 느껴진다. 영화와 뉴스를 통해 전쟁을 보는 것과 그것을 두 눈으로 목격하고 살아가는 것은 아주 다르다.

내 활동 경험의 대부분은 사람들을 설득하는 것이었다. 하지만 내 발언이 "너무 페미니스트 같다"거나, 남성을 지나치게 악마화한다고 반발하는 사람들도 있었다. 안타깝게도 너무나 많은 남성들이 조각난 퍼즐을 맞춰 큰 그림을 보는 데 실패하곤 한다. 실제로 여성은 제국주의 체계의 본성을 이해하는 데 필수적인 구조적 억압을 몸소 인식한다. 남성 참전자는 결코 이를 여성, 특히 나와 같은 유색 인종 여성처럼 깊은 수준에서 온전히 이해하지 못할 것이다. 우리는 제국주의가 구조적으로 저지르는 잔혹 행위의 본성과 비인간화의 현실을 미군 병사들이 겪는 성폭력뿐 아니라 중동을 비롯해 군대가 주둔하는 세계 모든 곳의 여성들이 겪는 성폭력을 통해 입증할 수 있다. 여성이 대적하는 가부장적 폭력은 전 세계에 산재해 있다.

우리는 비록 가부장적인 사회에 살지만 여성에게도 권력이 있다는 것을 잊어서는 안 된다. 어머니와 누이, 딸들은 전 세계 사회들의 작동에 핵심적인 역할을 한다. 여성 참전자로서 우리는 중동과 아프리카를 비롯한 전 세계 여성들과의 연대와 협력을 통해 만국 여성의 평등하고 공정한 삶을 만들어야 한다. 나는 여러 나라를 여행하며, 내가 미국에서 겪는 고난이 스페인이나 프랑스, 멕시코 여성들이 겪는 것과 신기할 정도로 비슷하다는 것을 발견했다. 억압과 폭력, 성차별, 인종 차별의 체계는 세계 어디를 가든 존재한다. 여성이 스스로 조직화하여 요구를 관철하는 사례는 수도 없이 많다. 여성은 평화 운동의 선두에 서서 더 크고 분명한 목소리를 내야 한다.

군사주의를 비판하는 참전자는 거의 없고 그중 여성은 더 적기 때문에, 우리는 지속 가능한 공동체를 만들어야 한다. 평화를 위한 투쟁을 함께 하는 것만으로는 충분하지 않고, 서로를 진정으로 돌봐야 한다. 활동이 살아남으려면, 먼저 활동가가 살아야 한다. 우리는 자신과 타인 모두를 돌봐야 한다. 한발 물러났다가 다시 모이는 것을 두려워해서는 안 된다. 활동가들은 보통 너무 무리해서 일하다가 소진되는 경향이 있다. 한번 소진되면 한동안 활동할 수 없고, 다시 활동가로 돌아올 때까지 시간이 얼마나 걸릴지도 알 수 없다. 영영 돌아오지 않기도 한다. 우리는 모두 운동의 일원이지만, 안식이 필요할 때 자기 일을 대신

할 사람을 키우는 데도 신경을 써야 한다. 내가 이라크반전참전군인회 지부장이었을 때 후회하는 한 가지는, 다른 지도자를 양성하지 않은 것이다. 내가 소진되어 사라졌을 때, 그 자리를 대체할 준비가 되거나 의지가 있는 사람이 아무도 없었다. 해야 할 일은 많았고, 이 상황이 빠른 시일 내에 해결될 기미는 보이지 않았다. 따라서 우리가 평화 활동을 지속하려면, 자신과 서로를 돌봐야 한다. 참전자에게 이것은 특히 더 어렵다. 매 순간 백퍼센트 전력을 다하도록 훈련받았기 때문이다. 자신의 능력을 뛰어넘고, 도움을 청하지 않는 것을 금과옥조로만 여겼다. 하지만 우리는 평화 운동 전체와 그것의 장기적인 지속 가능성을 생각해야 한다.

참전자는 민간의 일상에 적응하며 특정한 어려움에 직면한다. 이라크 전쟁과 아프가니스탄 전쟁에 참전한 새로운 홈리스 세대가 지금 거리로 쏟아지고 있다. 베트남 참전자도 마찬가지이다. 미국 기업들은 참전자에 대한 부정적 인식 때문에 그들을 고용하지 않으려 하고, 고용 기회가 드문 침체된 경제 상황에서 이것은 치명적인 타격이다. 더욱이 참전자가 복무 중에 익힌 기술과 경험이 민간 영역에는 통용되지 않는 경우가 많다. 다시 교전 지역으로 돌아가는 일자리를 제외하고, 화생방 무기 전문가나 소총수를 고용하려는 회사는 아직 보지 못했다. 대부분의 활동가 집단에서는 보수 없이 일하는 이른바 자원 활동이 일반적이다. 모든 단체가 활동가에게 보수를 지급할 능력이 있는 것은 물론 아니지만, 대학이나 교회처럼 안정된 기관들은 그럴 여유가 있고 연설이나 강의에도 비용을 지불할 수 있다. 홈리스가 될 위기에 처한 직업이 없는 참전자, 특히 그중에서도 여성은 이런 수입원을 통해 반군사주의 평화 운동에 계속 기여할 수 있다.

성폭력 트라우마의 생존자를 희생자로 만드는 우리 사회의 풍조는 당장 멈춰야 한다. 이는 그때마다 트라우마를 끊임없이 떠올리고 자책감을 느끼는 생존자에게 무척 해롭다. 생존자가 자신의 의지에 따라 경험을 나눌 때도, 듣는 사람들이 현장에서 내비치는 동정은 도움이 되기보다 생존자에게 부정적인 심리적 영향을 미친다. 우리는 그들의 정체성이 희생자가 전부가 아니라는 사실을 반드시 이해하고 유념해야 한다. 그들은 다양한 정체성을 갖고 있고, 성폭력 트라우마의 생존자라는 정체성은 그중 하나일 뿐이다. 경험상 내가 군대에서 겪은 성폭력 트라우마를 이야기하면, 사람들은 나를 오직 그 사건에 관해서만 바라본다. 우리는 동정이나 연민을 바라지 않고, 공감을 가지고 동등하게 봐주기를 원한다. 우리는 공동체로서 생존자를 앞에 노출시켜 트라우마를 상기시키고 연민의 대상이 되게 하는 것을 멈춰야 한다. 이런 관행은 사회의 가부장적이고 성차별적이며 불평등한 관념을 강화한다.

마지막으로, 우리가 때때로 인식조차 못하는 반군사주의 평화 운동의 주요한 장애물 중 하나는 우리가 제대 군인이나 현역 군인을 적대시한다는 오해이다. 전쟁저항자인터내셔널과 이라크반전참전군인회 같은 가맹단체들은 제대 군인과 현역 군인이 부여받은 의무와 상징에 관계없이 개인으로서 그들을 지지한다. 나의 경우, 여군에 대해서는 특히 그렇다. 그러나 군인 다수의 일반적 시각은 그와 정반대다. 평화 운동이 군인을 싫어한다는 생각은 전 세계 많은 미군 기지들에 퍼져 있다. 이는 평화 운동에 큰 방해가 된다. 우리가 그들을 적대시한다고 믿는 현역 군인과 제대 군인을 우리 편으로 끌어들일 수는 없기 때문이다. 이것을 극복하는 한 가지 방법은 다음과 같이 우리 입장을 명확히 밝히는 것이다. “우리는 전쟁과 폭력, 그리고 당신을 여기에 보낸 지도자들의 정책에 반대하지, ‘양키 고 홈!’을 외치는 것이 아니다.” 깃발과 상징물을 들고 기지로 행진하는 대중 행동은 주권국에 주둔한 외국 군대의 주의를 끄는 효과적이고 생산적인 방법처럼 보이지만, 실제로 이는 기지에 있는 병사들을 크게 곤혹스럽게 만든다. 따라서 그들은 자연스럽게 평화 운동이 개인으로서의 자신을 적대시한다고 받아들인다. 이에 대한 대안은 기지 주둔에 관여한 정치인의 사무실이나 집 앞에서 행진이나 집회, 연좌시위를 하는 것이다.

반군사주의 평화 운동에서 참전자와 제대 군인의 역할은 몹시 중요하다. 그들은 운동에 부인할 수 없는 정당성과 군사 제도에 관한 지식, 그리고 무엇보다 괴수의 뱃속에서 가져온 경험을 제공한다. 한편 그들이 중요한 만큼 감수성과 존중, 이해를 갖추고 그들을 대해야 한다. 그들이 여느 활동가들과는 다른 어려움을 겪고 있기 때문이다. 참전자들과 생산적이고 지속적인 관계를 시작하고 유지하려면, 그들이 환대받고 공동체의 일부가 됐다고 느낄 수 있는 환경을 조성하는 데 신경 써야 한다. 결국 이것이 세계 평화라는 우리의 목적을 이룸과 동시에 벼랑 끝에 선 한 사람의 목숨을 구할지도 모른다.

15. 민간 대체복무: 핀란드의 완전거부와 대체복무

카이 라니넨Kaj Raninen은 1990년대 초부터 반군사주의 운동에 참여해왔고, 현재 핀란드병역거부자연대Finnish Union of Conscientious Objectors 사무총장을 맡고 있다. 루카 토이보넨은 헬싱키에 사는 트랜스젠더 활동가이자 연구자로, 퀴어 이론과 수형 제도, 사회사史를 연구하면서도 급진적인 풀뿌리 조직 운동 경험을 자신이 받은 가장 수준 높고 값진 교육으로 여기며, 핀란드병역거부자연대에서 수년간 활동했다. 여기서 그들은 완전거부[33]와 대체복무에 초점을 맞춘 병역거부 캠페인의 상대적 강점과 약점에 대해 논의한다.

핀란드에서는 아직도 남성에 대한 포괄적 징병이 이뤄지고 있다. 군복무를 하는 사람의 수는 줄고 있지만, 징병은 앞으로도 계속될 가능성이 크며 전체 남성의 2/3가량(매년 2만 명)이 여전히 군복무를 한다. 여성은 1994년부터 자원입대를 할 수 있게 됐고, 매년 수백 명이 입대한다. 남성의 약 7~8%가 민간 대체복무를 선택하는데, 그 기간은 최소 군 복무 기간(165일)의 2배 내지 최대 기간(346일) 정도 된다.

1980년대까지 핀란드의 병역거부 운동은 주로 민간 대체복무에

33 **옮긴이 주** 민간 대체복무를 포함해 징집에 의한 모든 형태의 복무를 거부하는 행위.

초점을 맞춰 활동했다. 완전거부자는 여호와의 증인이거나 단체에 속하지 않은 개인들이었다. 그러나 1980년대 후반으로 접어들면서 상황이 바뀌기 시작했다. 1987년부터 여호와의 증인은 평시에 군 복무를 면제받았고, 민간 대체복무 신청자에 대한 신념 검증 절차가 폐지돼 모든 신청이 자동적으로 받아들여졌다. 하지만 동시에 민간 대체복무 기간이 12개월에서 16개월로 연장됐고, 복무 내용을 '군사화'하려는 시도가 있었다. 목적은 당시 여느 때보다 팽배해 있던 '통합 국가방위' 구상 아래 이를 포함시키려는 것이었다. 민간 대체복무를 하는 남성들은 공항이나 소방서처럼 군 복무와 연관된 것으로 볼 수 있는 복무지에 배치됐다.

병역거부자에 대한 국가의 태도 변화는 곧 운동의 급진화로 이어졌다. 완전거부자가 한 해에 몇 명에서 수십 명으로 빠르게 증가했고, 이것이 1980년대 후반부터 활동의 핵심 주제가 되어 지금까지 이어지고 있다.

많은 유럽 국가에서 병역거부 운동은 완전거부에 관한 활동과 민간 대체복무에 관한 활동으로 양분됐다. 시간이 지나면서 많은 단체가 대체복무에 관한 활동을 중단했다. 그것이 반군사주의적 관점에서 무의미하다고 판단했기 때문이다. 반면 핀란드 병역거부 운동 내에서는 민간 대체복무를 병역거부의 범주에서 완전히 제외해야 하는지에 대한 내부적 논쟁이 거의 이뤄지지 않았다. 운동의 급진화와 새로운 행동의 결과로 1992년에 정부가 대체복무에 관한 개선된 법안을 통과시켰을 때조차 아무런 논의가 없었다.

첫 번째 이유는 현실적인 것이었다. 완전거부자의 수가 비교적 낮은 채로 유지됐고(한 해에 100명을 넘은 적이 없다), 이 주제에만 집중하는 것이 운동의 규모를 축소시킬 것이라고 생각했기 때문이다. 보다 중요한 이유는 핀란드 징병의 특이성과 연관된 것으로, 군 복무가 유일하게 허용되는 복무 방식으로 인식된다는 것이었다. 점점 감소하고는 있지만, 대다수의 젊은 남성이 이런 기대에 따라 행동하고 있다. 1980년대 후반에는 징병 대상자의 90% 가까이가 군 복무를 했고, 지금도 그 비율은 65%를 넘는다. 국가가 모든 형태의 병역거부를 부정적이며 징벌적인 태도로 대하고 이 현상을 사회적으로 배제하려는 상황에서, 민간 대체복무는 (적어도 핀란드에서의 경험에 따르면) 반군사주의적인 의미를 완전히 잃지는 않았다. 민간 대체복무를 하는 모든 사람이 군사주의에 적대적인 것은 아니지만, 군사주의는 줄곧 그것을 적대시했다.

민간 대체복무가 운동의 중요한 부분이기는 하지만, 적어도 1990년대부터 핀란드 병역거부 운동의 지배적인 시각은 민간 대체복무가 반군사주의 투쟁의 효과적인 도구가 아니라는 것이었다. 그것이 징병제의 작동을 가능케 한다는 이유에서였다. 핀란드의 반군사주의자들은 다른 나라에서의 병역거부 운동의 경험들을 통해 국가가 민간 대체복무를 이용하는 방식을 그것이 의제화되기 전부터 이미 인식하고 있었다. 더욱이 민간 대체복무를 선택하는 사람의 상당수는 자신의 행동을 반군사주의 혹은 반전 활동으로조차 인식하지 않는다. 병역거부 운동뿐 아니라 어떤 종류의 반군사주의 활동에도 아예 관심이 없는 사람들이 부지기수다. 일부는 대체복무를 선택한 이유가 다양한 '현실적 이유'에 있지, 징병이나 군사주의 자체에 반대해서가 아니라고 강조한다.

유럽의 몇몇 국가(적어도 독일과 오스트리아)는 민간 대체복무를 징병제를 유지하기 위한 값싼 노동력의 원천이자 도구로 이용해왔고, 그 결과 대다수가 대체복무를 선택했다. 일례로, 독일에서는 징병제가 폐지될 당시를 기준으로 볼 때 대체복무를 선택하는 사람이 군 복무를 선택하는 사람보다 더 많았다. 이것이 독일의 징병제 폐지가 다른 서유럽 국가들보다 더 늦어지고(2011년), 오스트리아가 아직도 징병제를 시행하고 있는 가장 큰 이유 중의 하나일 것이다. 실제로 오스트리아에서는 2013년에 징병제에 관한 국민투표가 있었는데, 국민들은 결국 징병제의 유지를 선택했다. 아마도 대체복무자가 제공하던 값싼 노동력이 사라지는 것에 따른 비용의 증가가 두려워서였을 것이다.

핀란드 정부가 병역거부자를 처벌하는 대신 값싼 노동력으로 이용하는 방식에 대한 비판이 최근 들어, 특히 2010년 이후 많이 제기되고 있지만 여전히 지배적인 견해가 되지는 못하고 있다. 핀란드 정부는 복무 기간과 '젠더 평등'의 관점에서 가장 기본적인 인권을 보장하는 대체복무를 시행하는 것조차 아직 거부하고 있다. 아마 그렇게 되면 민간 대체복무를 선택하는 사람이 더 늘어날까봐 두려워하는 듯하다. 국가의 이런 태도는 민간 대체복무를 원하는 사람의 수가 얼마 되지 않는데도 그들을 배치할 자리는 항상 부족하다는 데서 잘 드러난다.

병역거부 운동 내에 민간 대체복무 관련 활동의 중단에 대한 논의가 없는 와중에도, 핀란드 군사주의는 대체복무를 탈정치화해 이용할 기회를 놓치지 않았다. 유일하게 바뀐 것은 운동의 방향이었다. 운동은 민간 대체복무를 군사주의와 싸우는 전략으로 사용하기보다, 그것이 언젠가 국가의 전략으로서 사회를 군사화하고 징병제를 지탱하는 도구로 이용되는 것을 방지하고자 한다.

전쟁 기술의 '진보'와 무기 가격의 상승은 위의 숫자에서 보듯 군복무자의 감소로 이어졌다. 군사주의의 관점에서도 각 연령대의 모든 남성에게 군사 훈련을 시키는 것은 더 이상 실효성이 없다. 그리고 민간 대체복무자가 증가하지 않았음에도(1990년대부터 매년 약 2,500명으로, 신기할 정도로 일정했다), 병역 면제자는 빠르게 증가했다. 현재 징병 연령 남성의 약 1/4이 어떤 형태의 복무도 하지 않는다. 많은 징병 대상자가 소집이 종료되는 29세가 될 때까지 복무를 유예한다. 일부는 광범위하면서 때로는 모호한 신체적, 정신적 장애로 면제를 받는다. 많은 징병 대상자가 반군사주의적이거나 국가에 비판적인 견해, 혹은 단순히 무관심을 이유로 이러한 출구 전략을 택한다는 것은, 같은 수의 사람이 민간 대체복무를 선택하는 것보다 훨씬 더 강하게 징병 제도의 정당성을 약화시킨다.

핀란드 병역거부 운동에서 대체복무와 완전거부가 얼마나 밀접한 관계에 있는지 보여주는 또 다른 사실은, 대부분의 주요 병역거부 캠페인이 대체복무와 완전거부를 모두 포괄한다는 것이다. 1980년대 후반과 1990년대 초반의 캠페인은 완전거부와 대체복무 양자에 관한 활동 모두를 끌어안았고, 가장 큰 행사에서는 둘을 결합하기도 했다. 1990년 봄, 완전거부자 네 명이 단식 투쟁을 시작함과 동시에 대체복무자들이 파업에 돌입했다. 모든 캠페인은 대체복무와 완전거부가 동일한 목적을 추구한다는 데 입각해 진행됐고, 대체복무 관련 법률의 개선을 목표로 삼았다. 실제로 이전부터 일부 완전거부자들은 부실한 대체복무법에 대한 항의의 표현으로 병역거부를 해왔다.

1990년대 말과 2000년대 초반에도 같은 상황이 반복됐다. 2000년대 초반의 경우는 병역거부 운동이 1992년에 제정된 구시대적 대체복무법의 개정을 위한 캠페인을 진행할 무렵의 일이었다. 이번에도 조업 중단을 포함해 대체복무제에 초점을 맞춘 캠페인들이 전개됐다. 완전거부에 관한 캠페인도 있었는데, 가장 규모가 컸던 것은 벨기에로 도주해 5년간 망명하면서 강제 송환과 사법 처리를 어떻게든 피해온 완전거부자의 '난민 사례'에 관한 것이었다. 이들 캠페인의 공동 목표는 대체복무법의 개선이었다. 이 캠페인은 개선된 법안이 마침내 통과된 2008년에 부분적인 승리를 이끌어냈다.

물론 완전거부에 국한된 캠페인도 있었다. 1992~93년에는 징병반대 완전거부 캠페인을 조직하려는 시도가 있었는데, 이는 많은 부분 스페인의 인수미시온 운동에서, 그리고 일부는 당시 스칸디나비아 국가들에서 진행 중이던 '징병 폐지 캠페인'에서 영감을 얻은 것이었다. 2010년대의 완전거부 캠페인과 그들의 행동 근거 역시 대체복무제의 개선을 요구하는 데서 완전히 방향을 틀었다. 이렇듯 대체복무 캠페인과 완전거부 캠페인은 서로 깊이 연관된 만큼이나 차이점도 있다. 완전거부 캠페인은 보통 병역거부 당사자 한 사람이나 소수의 개인들에 집중한다. 지금까지 핀란드에 어느 정도 규모를 갖춘 완전거부자 단체가 없었기 때문에 개인 중심의 접근은 사실상 이 문제를 제기하는 유일한 방법이었다. 두 캠페인의 또 다른 공통점은 양자 모두의 기획과 실행에 완전거부자들이 적극적으로 참여해왔다는 점이다.

대체복무에 초점을 맞춘 가장 크고 가시적인 캠페인은 대체복무자들의 조업 중단과 파업이었다. 이런 행동은 특성상 대규모 인원이 동시에 참여한다. 1998년 11월에 있었던 최대 규모의 조업 중단 당시 700명의 대체복무자가 근무지에서 하루 동안 동시에 파업에 참여했다. 대개는 대체복무자의 참여 수준이 대체복무에 초점을 맞춘 캠페인에 참여하는 완전거부자의 수보다도 적다. 또한 핀란드 병역거부자연대 활동가들이 주로 행사를 조직하며, 행사 참가자 중 기획에 관여하는 사람들의 비율은 아주 작다. 여기에는 그럴 만한 이유가 있다. 넓은 국토에 흩어져 사는 수천 명이 의사 결정과 기획에 참여할 수 있는 구조를 만들고 유지하는 것은 (설령 그들이 운동에 관심이 있을지라도) 어려운 일이다. 이 때문에 대체복무자와 접촉하는 최선의 방법은 그들의 캠페인에 참여하는 것일 수밖에 없다.

완전거부와 대체복무는 행동의 목적과 근거에도 차이가 있다. 대부분의 완전거부자는 자신의 행동을 대체복무 시스템의 결함이나 징병

제도, 병역거부자의 실제 처우, 군사주의 일반, 혹은 국가 권력 전체에 맞서는 일종의 저항 내지 시위로 여긴다. 한편 대체복무자가 가장 흔히 언급하는 것은 효용이다. 그들은 자신의 복무와 무임금 노동이 타인과 사회, 국가, 그리고 많은 경우 본인에게 군 복무보다 더 큰 이익을 준다고 설명한다. 그중 다수는 자신이 병역거부자라는 생각조차 하지 않는다, 단순히 대체복무제가 그들에게 더 합리적으로 보이기 때문에 그것을 선택할 뿐이다.

실제로 이런 사고방식은 때때로 대체복무를 군 복무와 같은 위치에서 정당한 국가 복무의 형태로 받아들여야 한다는 요구로 이어진다. 이것은 결국 병역거부 운동에 대한 비판 담론을 형성한다. 일부 대체복무자는 병역거부 운동의 소위 급진적 활동 및 완전거부자들과의 공조가 대체복무제와 그것을 선택하는 사람들에게 '낙인'을 찍는다고 생각한다. 그런 급진적 요구 때문에 사회를 위한 그들의 명예로운 노동이 응당한 가치를 인정받지 못한다는 것이다. 그러나 우리가 생각하는 진짜 이유는 병역거부 운동의 방법론이 아니라, 특히 청년과 남성성의 군사화를 통한 핀란드 사회에서의 남성 징병의 정상화에 있다.

병역거부 단체들 내에도 차이는 존재한다. 개인이 완전거부를 하는 이유는 다양하고, 일부는 대체복무를 통해 국가 권력이나 군사주의 일반을 비판한다. 병역거부자의 동기와 거부 방법에 따른 사회적 영향도 각기 다르다. 이런 차이를 근거로, 핀란드 징병제의 맥락에서 대체복무는 군 복무의 대안을 상징하고, 완전거부는 저항을 상징한다고 볼 수 있다.

어떤 관점에서 볼 때 핀란드의 병역거부 운동은 다른 여러 나라의 경우와 마찬가지로 병역거부자 개인을 기반으로 한 전략을 채택했다. 그렇다면 이것이 군사주의적인 영웅상을 반영하는 또 다른 남성 영웅 신화의 탄생을 의미할까? 적어도 그러한 위험은 존재한다. 완전거부자의 단식투쟁에 관한 이야기는 영웅 서사의 일종인 순교를 연상케 한다. 그러나 아직까지 순교, 혹은 '반전反戰 영웅주의'는 핀란드 완전거부자들의 캠페인이나 이야기의 지배적 서사가 된 적이 없다. 지난 수십 년간 완전거부 캠페인은 사법체계의 부조리와 병역거부자의 일상적 고난을 주제로 삼았고, 어느 병역거부자의 망명을 단 한 번 사례로 다뤘을 뿐이다.

오늘날 핀란드 병역거부 운동에서는 특히 군사주의를 연구하고 운동의 활동과 구조를 분석하는 데 있어 젠더 분석의 중요성이 부각되고 있다. 이것은 핀란드 병역거부자연대의 활동 방식을 분석하는 데도 사용됐다. 그러나 그런 관점에서 완전거부나 대체복무 캠페인을 분석하려는 시도는 지금까지 한 번도 이뤄지지 않았다. 여기서 최소한 젠더 분석이라는 주제가 아직 우선순위로 인식되지 못한다는 것을 알 수 있다.

그렇다면 젠더의 관점에서 대체복무와 완전거부의 차이는 무엇일까? 남성의 주체성을 강화하기 위해 다른 젠더를 희생하는 일종의 '저항적 남성성'은 당연히 반군사주의의 목표를 앞당기지 못한다. 하지만 남성 영웅 신화에 대한 두려움에 이끌려, 대체복무가 완전거부보다 반군사주의적이고 성인지적이며 페미니즘적인 대안을 상징한다고 섣불리 결론지어서는 안 된다.

군사주의 구조는 궁극적으로 보호자와 피보호자의 이분법에 기초한다. 여기서 백인 (이성애자) 남성은 여성, 특히 유색인종 여성의 보호자로 여겨진다. 이런 이분법은 무슬림 여성이나 때때로 성소수자를 보호한다고 주장하는 최근 서구 군대의 이슬람혐오 담론에서도 명백히 드러난다. 마찬가지로 대안적인 상황에서도 똑같은 이분법이 가치와 태도에 투영되고, 국민 국가의 초석으로 작동한다. 군사주의와 젠더 위계는 이처럼 서로를 지탱하고 재생산한다. 하지만 핀란드의 군사화된 남성성은 젠더뿐 아니라 민족주의와 백인성whiteness에도 영향을 미친다는 점을 기억해야 한다. 그러므로 적극적인 병역거부와 '외부인'에 대한 국경 폐쇄에 대항하는 캠페인은 군사주의와 젠더 위계라는 두 가지 모두에 저항하는 투쟁에서 매우 핵심적인 부분이다.

반군사주의의 시각에서 볼 때 핀란드 민간 대체복무의 결점이 바로 여기에 있다. 그것은 여전히 '대체복무'로서 현 체제를 정당화할 뿐, 기초를 무너뜨리지 못한다. 대체복무자에게 때때로 따라붙는 '계집애 같은 놈'이나 게으른 히피 등의 고정 관념이 군사주의와 애국주의와는 떼려야 뗄 수 없는 관계인 남성성의 패권적 모델을 대표하지 않는 것은 사실이다. 그럼에도 대체복무가 현재 핀란드 사회의 불평등과 젠더 역할을 허무는 데 도움이 되리라고 생각하는 것은 성급하다. 대체복무자

중에는 매우 다양한 사람들이 있고, 일부는 자기 노동의 가치가 더 인정받기를 바라는데, 그 과정에서 본의 아니게 젠더 위계를 재생산하는 경우가 종종 생겨난다. 그들은 징병제에 실질적 위협이 되기보다는 오히려 그 수명을 연장시키고 있기에 공공선을 위한 평화적 노동은 군사주의 구조를 완전히 해체하지 못한다.

대체복무자는 법적으로 비영리단체 아니면 학교나 병원, 요양원 같은 공적 영역에서 근무하게 되어 있다. 실제로 국가는 대체복무제의 바깥에서 노동의 인종 및 젠더 분리를 훨씬 더 효율적으로 수행한다. 대체복무자들이 단체와 시설, 정부 기관에서 비교적 다양한 업무를 수행하는 반면, 예를 들어 이민자들은 선택권 없이 타인의 삶을 위한 저임금 돌봄 노동에 투입된다. 일반적으로, 핀란드에서 공적 영역의 '공공선'을 위한 직업은 젠더에 따라 고도로 분리되어 있다. 거의 보상이 없다시피 한 이런 저임금 노동을 하는 것이 단지 남성이라는 이유로 감옥에 가는 것보다 페미니즘적인지는 여전히 답하기 어려운 문제이다.

다행히 자주 있는 일은 아니지만, 가끔씩 남성 대체복무자가 자신의 권리 증진을 위해 캠페인에 참여하는 여성의 사기를 꺾어버릴 때가 있다. 이는 때로 선의의 질문 형태를 띠기도 하지만("여성으로서 어떻게 이런 활동에 참여하게 됐는가?"), 최악의 경우 적대적인 추궁이 되기도 한다("당신이랑 상관도 없는 문제에 왜 끼어드는가?"). 고도로 젠더화된 제도인 징병은 거기에 직접적으로 영향 받지 않는 사람들을 배제하는 경향으로 이어지기 쉽다. 이는 병역거부 활동은 물론 반군사주의 활동 전반에서 그렇다. 따라서 병역거부 캠페인에 적극적으로 참여하는 것은 징병에 보다 직접적인 영향을 받는 남성에게 더 쉬운 일이다.

핀란드 병역제도는 젠더의 관점에서 볼 때 반군사주의에 특수한 문제를 제기한다. 징병은 시스남성, 즉 태어날 때부터 남성으로 지정돼 살아온 사람에게만 적용된다(핀란드 방위군은 트랜스남성의 젠더 정체성을 무시하고, 그들을 본인 의사와 무관하게 병역에서 면제시킨다). 그러나 젠더에 따라 병역에서 면제된 사람도 병역거부 운동에 기획자와 조직가로 참여해 이와 같은 차별에 저항할 수 있다. 캠페인 실행에서 그들이 할 수 있는 역할은 근본적으로 대체복무 캠페인과 완전거부 캠페인 양자에서 동일하다.

병역거부는 본질적으로 반작용 형태의 행동이다. 국가는 경기의 규칙을 정하고, 언제든 그것을 바꿀 권리를 가진다. 이를테면 병역거부자를 처벌하고 사회적으로 배제할 것인지, 아니면 대체복무의 중요한 자원으로 이용할 것인지에 관한 정책 방향을 결정할 수 있다. 반군사주의 전략의 하나로서 병역거부는 이 규칙을 멋대로 휘두르는 국가의 방식에 영향을 미치고, 기껏해야 국가로 하여금 운동장 전체를 허물어뜨린 다음에 탈징병제 사회에서 완전히 새로운 군사주의 경기를 구상하도록 압박할 수 있을 뿐이다(18장, 스페인 사례 참조). 하지만 이 경기를 벗어나면, 병역거부는 도구로서 아주 제한된 능력만을 가지고 있다. 아마도 대체복무 캠페인이 이 문제를 더 빨리 겪겠지만, 완전거부 캠페인 역시도 최소한 군사주의가 포괄적 징병제를 더는 필요로 하지 않게 되면 같은 문제에 봉착할 것이다.

또 하나 주목할 부분은, 고립된 병역거부가 반군사주의 활동에 충분한 토대가 되지 못한다는 것이 지난날 핀란드 병역거부 운동의 지배적 사고방식이었기에 오늘날의 운동은 반군사주의와 연관된 다양한 문제들에 집중하고 있다는 점이다. 군사주의와 그 파괴적인 영향에 대한 보다 폭넓은 사회적 분석은 병역거부라는 주제에서도 하나의 젠더를 넘어선 시각을 우리에게 요구하고 있다.

16. 민간 대체복무: 러시아의 대체복무 캠페인

인권변호사인 알레나 카룰리오바는 2012년부터 징집된 군 복무자와 민간 대체복무자를 위한 인권 보호 활동을 시작했다. 주 활동 영역은 법률적인 도움을 제공하고, 징병과 군복무, 대체복무 관련 법률들을 비교 분석하며, 국제 인권기구들과 소통하는 것이다. 여기서 그녀는 러시아의 대체복무 캠페인을 간략히 소개한다.

러시아에서는 18세에서 27세 사이의 '건강'하다고 간주되는 남성 모두가 징병 대상이다. 복무 기간은 일 년이고, 일주일에 하루의 휴일이 주어지며 휴가는 없다. 일반적으로 징병 연령대 남성의 1/3 정도만이 실제로 징병된다(다른 1/3은 건강상의 이유로 복무할 수 없고, 나머지 1/3은 필요 인원 초과로 징병되지 않는다).

시민/군대/법률Citizen·Army·Law은 러시아의 직업 군인과 징집병, 대체복무자의 인권 보호를 목적으로 하는 인권단체이다. 단체는 2010

년 5월에 러시아의 인권단체 네트워크인 시민과군대Citizen and the Army를 이끌었던 활동가들의 주도로 설립됐다. 네트워크는 2001년부터 군 복무에 대한 민주적이고 민간의 성격을 지닌 대안을 마련하는 활동을 지원해왔고, 2003년부터 러시아 전역의 징병과 군 복무 과정에서 발생하는 인권 침해를 감시해오고 있다.

우리가 볼 때 러시아에서 완전거부를 위한 캠페인을 진행한다는 건 대체복무 캠페인보다 훨씬 더 어렵다. 현재 군 당국과 일반 대중은 민간 대체복무조차 국가안보에 위협이 된다고 생각하는 경우가 많다. 완전거부는 그 이상의 위협으로 인식될 것이고, 군 지도부와 대중 모두의 완강한 저항을 불러일으킬 공산이 크다.

우리는 민간 대체복무 캠페인에서 대체복무가 제공하는 효용과 공익성에 큰 강조점을 둔다. 이것은 우리 단체의 보다 넓은 목적인 러시아의 시민 사회 발전에 이바지하는 것과도 상통한다. 민주적인 정부와 실질적인 법치주의를 동반한 시민 사회는 바라건대 전체주의로의 회귀를 막아줄 것이다. 그러나 이런 목적이 진정으로 실현되려면, 남성만이 아닌 모든 젠더가 참여해야 한다. 따라서 징병 대상자에만 초점을 맞춘 운동은 여성이 적극적인 옹호자 이상의 역할을 맡기 어렵다는 점에서 한계가 극명하다.

우리 단체와 협력자들이 병역거부 캠페인에서 직면하는 가장 큰 문제는 민간 대체복무에 대한 러시아 대중의 부정적 이미지다. 그것은 '진짜 사나이'를 위한 선택이 아니라거나, '비주류' 종교 집단만을 위해 존재한다는 허무맹랑한 이야기가 많다. 우리는 이런 편견을 극복하기 위한 교육과 의식을 끌어올리기 위한 활동을 진행한다. 그러나 우리의 노력은 러시아 사회의 군사주의 앞에서 한없이 작아 보일 뿐이고, 이는 최근 몇 년 새 갈수록 명백해지고 있다. 이것은 우리에게 새로운 과제이지만, 진짜 사나이란 무엇인가에 대한 생각을 바꾸는 오래된 문제와 직결되어 있다. 결국 군사주의는 지배와 폭력을 행사하는 능력이 보상받는 모범적 남성상의 또 다른 표현이기 때문이다.

두 번째 문제는 군 징병관들이 대체복무 신청자들을 복무지에 배치하는 데 소극적이라는 것이다. 매년 국가 기관들은 다양한 업무에 5,000명 이상의 대체복무자를 요청하지만, 배치되는 대체복무자는 한 해에 1,000명을 넘지 않는다. 우리는 징병위원회와 징병관들이 자행하는 자의적이고 모욕적인 행위에 문제를 제기한다. 그러한 행위에는 근거 없는 신청 반려와 대체복무자 요청에 대한 위법적 거부, 병역거부자의 존엄성 침해 등이 포함된다. 한편 병역거부자가 군 징병위원회에 출석해 위법적 결정에 대한 진정서를 제출함으로써 이를 법적으로 해결하는 것도 가능하다.

마지막 문제는 대체복무제를 홍보하는 정부 정책과 그에 편성된 예산이 전무하다는 것이다. 민간 대체복무에 관한 정보는 대부분의 병적 등록 및 입영 사무소에서 찾아볼 수 없다. 학교에 다니는 청소년도 정부가 그것만을 위한 수업이나 눈으로 볼 수 있는 안내문을 제공하지 않기 때문에 이런 정보에 대한 접근성이 떨어진다. 이런 상황이 지속되는 한, 민간 대체복무와 이를 선택할 긍정적 이유에 대한 교육과 의식 고양 활동은 러시아 병역거부 운동의 최우선 순위로 남을 것이다.

17. 민간 대체복무: 독일의 교훈으로 본 탈정치화의 위험

안드레아스 스펙[34]

양심적 병역거부는 군사주의에 대항하는 정치적 행위이다. 그것은 전쟁과 군사주의에 저항하고, 군축과 평화롭고 정의로운 사회 건설을 지향하는 반군사주의 운동과 개인을 위한 정치적 투쟁의 도구이다. 적어도 정치적 활동을 하는 많은 병역거부자와 전쟁저항자인터내셔널은 그렇게 생각한다. 이런 관점에서 병역거부는 본질상 정치적인 것으로서, 군사주의에 대한 반대 내지 저항의 표현이다. 이 글에서는 독일의 사례를 통해 양심적 병역거부가 정치적 행위에서 정치적으로 무의미한 개인의 기호 문제로 변질되는 것의 위험성을 살펴본다.

독일의 병역거부: 개관

독일이 소비에트 권역에 속한 쪽(독일민주공화국)과 '서구권' 및 나토NATO에 속한 다른 한 쪽(독일연방공화국)의 두 국가로 존재했던 1949년에서 1990년 사이, 상대국을 사실상 흡수해 이른바 독일의 '재통일'을 이

34 글쓴이 소개는 11장을 참조하기 바란다.

룬 것은 다름 아닌 서독이었고, 체제 경쟁의 승자가 된 것도 서독의 법률과 정치, 경제 체제였다. 통일 전 동독의 병역거부 운동은 서독과는 많은 면에서 달랐지만, 서독을 모델로 건설된 통일 독일에서 그것의 정치적 의미는 상대적으로 사소하기에 이 짧은 글에서 그에 대해 자세히 다룰 필요는 없을 것이다.

서독은 2차 세계대전의 결과로—심지어 군대(독일연방군)를 보유하기도 전부터—양심적 병역거부권을 가지게 됐다. 이 권리는 1949년에 제정된 서독 헌법 4조 3항에 명시됐다. 그러나 이 조항은 1955년 서독의 재무장과 1956년 징병제의 재도입 이후에야 중요성을 갖게 됐다. 그 전까지는 군대의 부재로 인해 헌법상의 상징적인 선언에 불과했던 것이다.

1994년에 독일연방군 사회과학연구소가 발표한 보고서는 병역거부를 시기별로 명확히 구분하고 있는데,[35] 이를 나름대로 정리해보면 다음과 같다.

· **1956~1965년** | 사회적 일탈기

이때는 병역거부자의 수가 적었고, 예외 내지는 '사회적 일탈자'로 여겨졌다. 당시 대부분의 병역거부자는 종교 집단에 속했고, 그 밖에 소수의 정치적 평화주의자가 있었다. 그러나 그 누구도 정치적으로 진지하게 주목받지 못했고, 초기의 병역거부자들은

35 Räder, Hans-Georg 1994, Kriegsdienstverweigerung im neuen Deutschland. Eine empirische Bestandsaufnahme [SOWI working paper], (Munich: SOWI)

단순히 군복무 면제자로만 머물렀다. 그러다 1960년이 돼서야 대체복무제 도입 법안이 통과됐다.

· **1966~1968년** | 병역거부 운동의 주창기
불과 몇 년 사이에 병역거부자의 수가 두 배로 증가했다. 무엇보다 병역거부가 국내의 정치적 소요에 독일연방군 동원을 가능케 한 1968년의 '비상사태법'에 저항하는 운동 및 학생운동과 더불어 정치화된 시기다.

· **1969~1976년** | 병역거부의 확산기
이 기간 동안 병역거부자의 수가 다시 두 배로 증가했다. 국가는 병역거부자를 대체복무에 '건설적으로 이용'하고자 노력하는 동시에, 그에 대한 억압을 강화했다. 그 결과 양심적 병역거부 인정 비율이 약 70%에서 40~50%로 급감했다(재심에서의 인정률은 이보다 높았다). 1970년대 중반부터 병역거부권 불인정자가 엄청나게 늘어나면서, 여러 교단과 인권단체들을 포함해 병역거부를 지지하는 새로운 주체들이 탄생했다.

· **1977~1983년** | 사회 현상으로서 병역거부의 안정화기
병역거부자의 숫자도 계속해서 조금씩 증가했지만, 더 주요한 측면은 안정화였다. 양심적 병역거부를 위한 질의 심사를 폐지하기

위한 첫 번째 시도가 1977년에 이뤄졌다. 당시 사회민주당 정권은 우편엽서를 통한 인정 절차를 도입했다. 그러나 이는 헌법 재판소에 의해 폐지됐다. 6년 후, 뒤이어 들어선 보수 정권은 병역거부자 대다수의 질의 심사를 행정 절차로 대체하는 한편, 대체복무 기간을 군 복무보다 길게 연장하는 법안을 통과시켰다. 이 법은 1984년부터 시행됐다.

· **1984년 이후** | 사회적 정상성을 획득한 병역거부의 대중 현상기

1984년 이후로 병역거부자의 수는 계속해서 증가하고, 매년 10만 명이 넘는 수준에서 안정화됐다. "이 기간 동안 병역거부에 대한 대중의 인식이 바뀌었다. 병역거부자는 점차 사회 서비스 제공자로 여겨지기 시작했고, 기성세대 또한 이런 인식을 받아들였다. 이것은 역으로 징병 대상자들에게도 영향을 미쳤다. 현재 징집 연령에 도달한 청년의 대다수는 병역거부, 즉 민간복무 수행을 고려한다. 이들 세대에게 민간복무는 더 이상 대체복무가 아니라 군복무와 동등한 정당성을 가진 선택지다."[36]

이런 현상은 2010년에 징병제가 마침내 유예되기 전까지 바뀌지 않았다. 이것은 어쩌면 성공담으로 끝날 수도 있었지만, 안타깝게도 그

36 Räder, 1994.

렇게 되지 못했다. 병역거부자의 수가 증가하면서, 독일의 병역거부는 정치적인 의미를 완전히 잃었다. 독일은 2011년에 징병제를 완전히 폐지했지만(유럽연합에서 제일 늦은 국가 중 하나였다. 소수의 유럽 국가만이 아직도 징병제를 유지하고 있다), 병역거부가 대중 현상으로 이행되는 과정은 최소한 1990년에 시작된 독일 사회의 군사화와 독일군의 보다 잦은 군사 작전 투입을 동반했다. 후자는 1980년대 중반까지만 해도 상상조차 할 수 없고, 당시 독일 헌법의 주류적 해석에 따라 금지된 것이었다. 1945년 이후 독일 군대의 첫 참전 사례로서 1999년 유고슬라비아 전쟁에 독일군이 개입한 것은 이러한 변화의 시초이자 가장 기념비적인 사건이었다. 대체 무엇이 잘못된 걸까?

긍정적 대안으로서 대체복무의 촉진: '반군사주의가 뭐더라?'

래더Räder는 자신의 연구에서 이에 대한 중요한 단서를 제시한다. 1980년대 중반부터 사회 인식의 변화가 일어났다. 사람들은 병역거부자를 '민간복무자', 다시 말해 주요 사회 서비스의 제공자로 인식하기 시작했다. 그들이 민간복무를 수행하는, 즉 군 복무를 거부하는 이유는 대중의 의식에서 가물가물해졌고, 병역거부 당사자의 의식에서도 점점 멀어졌다. 그들은 자신의 결정을 단순히 두 선택지 중 하나를 고르는 것으로 받아들였다. 이것은 저절로 일어난 현상이 아니라, 주류 병역거부 운동 단체들의 전술적 결정과 정부 정책이 상호 작용한 결과였다. 이 두 가지 요소는 정치적 행위로서 병역거부의 탈정치화와 개인으로서 많은 병역거부자들의 탈정치화에 기여했다.

되돌아보면, 1970년대 중반의 병역거부 운동 조직들은 점점 강화되는 억압에 아래와 같이 서로 다른 전략으로 대응했다.

- 소수의 활동가들은 급진적인 반군사주의 입장을 취했고, 동시에 아주 작은 규모였지만 정치적 행위로서 완전거부가 등장했다.
- 독일평화협회 | 전쟁저항자연합(DFG-VK)을 포함한 큰 단체들은 양심적 병역거부의 신청 절차를 돕기 위한 대규모 상담 프로그램을 조직하기 시작했다.
- 마찬가지로, 1970년대 중반부터 운동에 참여한 여러 교단들은 병역거부자에 대한 상담에 착수하는 한편 병역거부자가 공익에 긍정적으로 기여하는 바를 강조했다. 많은 사민주의 평화단체들이 이 흐름에 동참했다.

더 강력한 조직적 지지를 받은 두 번째와 세 번째 전략은 의식적으로든 무의식적으로든 병역거부를 개인화하고 탈정치화했다. 이들 전략은 병역거부가 반군사주의 집단행동이 아니라 군사 행동에 반대하는 개인의 양심에 호소하는 상징적인 행위라는 관념에 기초한 것이었다. 소수의 급진적인 반군사주의자와 완전거부자들은—대체복무를 국가가 부과하는 정당한 의무로 인식했을 뿐 아니라, 그것이 사회에 긍정적으로 기여하는 바를 강조한—주류 운동의 지지를 거의 받지 못했다.

1983년에 보수 정권이 병역거부자 질의 심사 대신 순전히 행정적인 신청 절차를 도입하고 대체복무 기간을 징벌 차원에서 연장했을 때, 주류 병역거부 운동은 새로운 억압의 강화를 우려했고, 나 또한 그렇게 생각했다. 하지만 이제 돌이켜보면 정권은 예상보다 더 영리했던 것 같다. 질의 심사의 폐지는 그와 동시에 신청 절차에서 마지막 남은 가시적인 억압적 요소를 제거함으로써 병역거부의 탈정치화를 가속화한 것이다. 독일에서 징병제와 대체복무제가 동시에 유예될 당시 매년 10만 명 이상의 병역거부자가 생겨났음에도, 병역거부는 정치적 의제에서 완전히 사라졌다. 논점은 주요 사회 서비스를 제공하는 10만 명의 값싼 노동력을 어떻게 대체할 것인가 하는 문제로 옮겨갔다. 결과적으로 독일의 그 많은 병역거부자들이 징병제 유예 결정에 미친 영향은 아무것도 없다. 만약 영향이 있었다면, 도리어 그 시기를 늦추는 데 기여했다는 점뿐일 것이다.

병역거부 운동의 또 다른 과오: 젠더에 대한 등한시

그 밖에 병역거부 운동이 간과한 또 다른 측면이 있다. 이는 운동의 모든 경향에서 마찬가지였다. '람보 스타일'의 극단적 남성성은 병역거부 운동은 물론 평화 운동 전반과 많은 영역의 문화적 헤게모니를 장악한 '대안 영역'에서도 거의 조롱받는 신세였지만, 이것이 군사주의와 군 복무에 대한 젠더 분석에까지 이르지는 못했다. 그러나 이런 정치적 분석이 없었다고 해서 젠더가 병역거부 의제에서 아무런 역할도 하지 못했다는 의미는 아니다.

독일의 연구자 하네-마그렛 비르켄바흐Hanne-Margret Birckenbach에 따르면, "병역거부자들과 기꺼이 군복무를 수행하는 사람들은 '살상 반대 vs. 국방 목적의 살상 찬성'의 외피 아래 군사 폭력뿐 아니라—자기도 모르는 사이—이상적인 남성성에 관한 논쟁에 참여한다."[37] 이것은 젠더와 남성성, 가부장제의 문제가 운동과 매우 밀접한 관계에 있다는 분명한 근거이며, 만약 젠더 의식이 더 강했다면 운동의 정치적 영향력이 확대됐을 가능성도 있다. 대체복무자들은 환자나 장애인, 노인을 돌보는 것처럼 일반적으로 '여성적'이라 여겨지는 분야에서 주로 일했다. 이 점에서 병역거부가 통일 이후의 독일이 세계적 차원의 무력 행위자가 되는 것을 막지는 못했지만, 젠더 관계의 변화에 미약하게나마 기여했을지도 모른다. 비록 이 변화가 일시적이고, 가부장제의 근간에까지 도달하는 것과는 거리가 멀지언정 말이다. 여하튼 탈군사화와 젠더 관계의 변화를 어떻게 동시에 이룰 것인가는 다른 나라의 병역거부 운동도 고민해야 할 문제가 아닐까?

어쩌면 다른 결과도 가능하지 않았을까?

수십 년이 지나 이런 질문에 답하는 것은 늘 어렵다. 만약 독일의 병역거부 운동이 다른 전략을 선택했더라면, 탈정치화를 예방하거나 최소화할 수 있었을까? 어떤 면에서 탈정치화는 대중의 지지를 얻은 거

37 Birckenbach, Hanne-Margret 1986, 'Das ambivalente Verhältnis zur Gewalt. Psychosoziale Grundlagen militärischer Kampfausbildung', in Antimilitarismus information, no 7/1986

의 모든 운동의 필연적 결과다. 처음에 중심이 되는 것은 언제나 운동을 이끌어가는 헌신적이고 의식화된 활동가들이다. 하지만 운동이 대중의 관심 내지는 문화적, 정치적 헤게모니를 얻어갈수록 사람들은 특별한 이유 없이 그에 동조하고 행동에 참여한다. 독일의 병역거부 운동의 경우도 그랬다.

하지만 다른 한편으로 독일의 병역거부 운동, 특히 그것의 주된 경향은 풀뿌리 교육이나 반군사주의 관점과 집단행동의 필요성을 알리는 데 너무 소홀했다. 상담에 초점을 맞춘 것은 거의 신청 과정의 개개인을 위한 것이었다. 집단행동을 조직하거나, 상담을 위해 찾아온 사람들을 자력화empowerment하려는 노력은 없었다. 질의 심사 절차에서 발생하는 병역거부자의 차별에 대한 대응은 정치적이거나 집단적 차원이 아닌 개별적인 차원에서 주로 이뤄졌다.

물론 집단행동과 병역거부자들의 집단적인 자력화에 초점을 맞춘 운동 방식이 고려되지 않은 건 아니었다. 그러나 당시 주류 병역거부 단체들의 정치적·철학적 배경을 고려할 때 과연 그들이 그것을 실행에 옮길 수 있었을지, 혹은 그럴 의지나 있었을지 의문이다. 그러기 위해서는 새로운 단체나 최소한 다른 비주류 단체가 앞장서야 했을 것이다. 물론 독일의 사례는 극단적이고, 이와 상이한 해석들도 당연히 존재한다. 그럼에도 이는 다른 국가들에 긍정적인 영향을 미치기도 했다. 스페인의 병역거부 운동은 독일의 사례를 반면교사로 삼아 똑같은 실수를 피하고자 집단 선언과 완전거부를 전략으로 채택했다.

네덜란드를 비롯한 다른 서유럽 국가와 여러 스칸디나비아 국가들에서도 지역에 따른 차이는 있을지언정(핀란드의 완전거부 운동처럼 말이다. 15장 참조) 병역거부의 유사한 탈정치화 현상을 관찰할 수 있다. 베를린 장벽이 무너진 이후, 독일식 접근은 일부 동유럽 국가에서도 채택됐는데, 병역거부 운동이 부재한 상태에서 보편적 인권 의제의 일부로 '대체복무권'(국제법상 존재하지 않는 '의무에 대한 권리')이 도입된 것이다.

결론

병역거부는 반군사주의 운동에서 대단한 정치적 가능성을 갖고 있다. 그러나 이것이 결실을 이루는 것은 운동이 어떤 전략을 택하느냐에 달렸다. 독일의 사례는 1960년대 중반만 해도 전도유망했던 운동이 어떻게 엇나가고 축소되어 병역거부 행위 자체가 완전히 탈정치화 될 수 있었는지를 보여준다.

이 운동의 전략적 쟁점은 군 복무를 거부하는 개인의 욕구와 반군사주의 운동의 집단적 필요 사이의 균형을 어떻게 유지하느냐와 연관되어 있다. 집단이 개인의 선택을 거스르는 결정을 내려서는 안 되겠지만, 독일의 병역거부 운동이 개인을 돕는 데만 치중하고 정치적 행위이자 운동으로서의 병역거부에 대한 이해가 부족했던 것은 명백히 균형잡기에 실패한 원인이 됐다. 결과적으로 이 운동은—반군사주의의 관점에서—거의 아무런 정치적 성과도 얻지 못했다.

18. 징병제, 그 후

반군사주의대안/병역거부운동연대AA-MOC는 스페인의 징병제와 그에 저항하는 인수미시온 운동의 경험을 바탕으로 만들어졌다. 그들은 스페인이 징병제 이후 시대로 넘어가기까지의 과정과 여기서 반군사주의자들이 겪은 어려움에 대해 설명한다.

"과거는 단순히 기억을 통해 접근할 수 없다. 그것은 구성되어야 하며, 이는 집단적인 작업이다. 우리가 살면서 지나온 사건들의 해석이 그 사건들의 역사를 구성한다." _아나 M. 페르난데스Ana M. Fernández

반군사주의대안/병역거부운동연대에게 있어 징병제 폐지 이후에 펼쳐졌던 상황을 정리하는 것은 스페인의 인수미시온 운동(병역 의무에 대한 시민 불복종 및 완전거부 캠페인)을 분석하는 동시에, 수많은 경험과 슬픔과 기쁨 같은 감정을 다시 불러일으키는 일이다. 따라서 이 글은 우리의 분석의 많은 복잡한 측면들 가운데 일부로서, 서로 다른 다양한 관점을 한데 모으려는 시도 가운데 하나다.

수치를 통해 본 인수미시온과 병역거부

병역 의무(속칭 '밀리mili')에 대한 시민 불복종은 많은 병역거부자 집단이 '복무'를 거부한 1970년대에 시작됐다. 이후 수년간의 일종의 법적 공백기 동안 반군사주의 운동은 성장을 거듭했고, 이는 1989년 2월

20일 병역거부자 혹은 '거부자insumiso' 57명의 집단 선언으로 구체적인 형체를 갖추게 됐다. 이로써 인수미시온 캠페인이 탄생하게 된 것이다.

이 선언의 결과로 거부자 10명이 구속됐다. 같은 해 바르셀로나에서 두 건의 군사 재판이 열렸고, 거부자 2명이 징역 13개월을 선고받았다. 1991년부터 거부자 재판은 민간 형사 재판에 부쳐졌다. 군 형법상 병역 면탈의 형량은 징역 1년 이상이었는데, 민간 형법이 적용되면서 징역 2년 4개월 1일의 소위 '2-4-1형'이 선고되기 시작했다[38].

1989년에서 1999년 사이 거부자의 수는 371명에서 약 2만 명으로 증가했다. 1993년 이래로 거의 대부분의 거부자가 병역거부운동연대MOC를 비롯한 단체들과 연계하지 않고, 순전히—군 복무든 민간 대체복무든 형태를 불문하고 의무를 이행하지 않는—불복종 행위 자체를 통해 거부자가 됐기 때문에 실제 숫자는 이보다 훨씬 더 많을 것이다.

1992년 한 해에만 거부자 127명이 재판을 받았고, 이듬해 1분기에만 그런 재판이 108건 열렸다. 그때까지 거부자의 '죄목'은 항상 같은 반면 형량은 완전히 예측불허였고(우리는 이를 '형량 로또'라고 불렀다), 이로써 사법부 내에 깊은 모순과 긴장이 존재한다는 것이 명백해졌다. 재판관이 군 복무나 대체복무를 이행하지 않은 사람의 구금을 거부하는 일도 드물지 않게 벌어졌다.

양심적 병역거부 신청은 1985년에 12,170건에서 2000년에

38 **옮긴이 주** 병역법 개정으로 관할은 민간법원으로 넘어갔지만 형량은 도리어 증가했다.

113,000건으로 기하급수적으로 증가했다. 그 절정은 1999년으로 이 한 해에만 164,000건의 신청이 접수됐다. 청년들 중 군복무를 마친 사람과 스스로 병역거부자라고 선언한 사람의 비율을 보면, 1985년에 병역거부자가 군복무자의 1.85%였던 것이 2000년에는 112%가 됐다. 법무부 자료에 따르면, 2000년 연말까지 945,195명이 양심적 병역거부자로 인정받았고, 그 밖에 940,000명이 다양한 이유로 군복무 및 대체복무 불이행을 인정받았다. 1995년에 새로운 형법이 통과되면서 국가의 억압은 보다 교묘하고 어쩌면 더 강력해졌다. 이른바 '사회적 죽음civil death'으로 알려진 '완전 자격 박탈형'이 도입됐는데, 이에 처해지면 8년에서 14년 사이의 정해진 기간 동안 공무원 임용과 공공 부문 계약, 장학금 수혜 등이 불가능했다. 여기에 최대 3천 5백만 페세타(2억 원 이상)의 벌금이 더해질 수도 있었다. 이 새로운 형태의 억압은 다시 새로운 방식의 불복종을 낳았다. 정부 부처와 공교육 기관들은 형 집행을 거부하고, 이를 무시한 채 공무원과 학자를 계속해서 고용했다.

인수미시온 캠페인의 마지막 단계는 '병영 내 인수미시온'으로 알려진 입영 후 탈영이었다. 이 캠페인은 1997년에 시작됐고, 이는 군 사법권의 부활로 이어졌다. 해당 거부자들은 전국 각지의 군사 지역에서 군사 재판에 부쳐졌고, 다시 2-4-1형을 적용받아 마드리드 알칼라 데 에나레스의 군 구치소에 수감됐다. 결과적으로 억압에 대한 저항에 더 큰 불길이 일어나게 된 계기였다.

인수미시온의 확산을 억제하기 위해 정부가 내세운 주 무기였던 수감은 사실상 캠페인의 정치적 무기가 됐다. 수감은 많은 거부자와 그 주변 사람들에게 중대한 영향을 미쳤다. 당시 스페인 사회의 구성원 상당수는 군복무를 거부하는 것을 범죄로 보는 것에 공감하지 않았고, 정부의 입지는 여느 때보다 더 좁아졌다. 그럼에도 인수미시온의 시민 불복종에 정부가 할 줄 아는 유일한 대응은 더 큰 억압이었다. 캠페인은 거부자들이 치러야 할 인수미시온의 개인적 부담을 최소화하기 위한 저항과 보호 체계를 마련하고, 재판과 수감을 앞둔 거부자들을 위한 파티나 송별회, 워크숍 등의 행사를 조직했다.

이윽고 스페인 전역에서 수백 명의 거부자가 감옥에 수감됐다. 수감자들은 단식 투쟁을 감행했고, 1994년에는 잠잘 때만 감옥에서 보내면 되는 '3급 수감' 선고를 받은 거부자들이 감옥 복도에 누워 잠자는 식으로 수용 규정을 위반했다. 수감된 거부자의 수는 1996년에 역대 최대치인 348명을 기록했다. 이 글을 쓰는 지금도, 직접행동과 시위에서 수없이 목 놓아 외쳤고, 스페인의 모든 도시와 마을에서 건물들의 벽면을 수놓았던 "수감된 거부자에게 자유를"이라는 구호가 떠오른다. 그러나 1998년에도 여전히 70명의 거부자가 감옥에 갇혀 있었다.

거부자들을 지탱해준 사회적 지지막

그렇다면 인수미시온 캠페인에 참여한 건 젊은 남성들뿐이었을까? 병역의무를 지는 것은 오로지 남성이라는 점을 생각할 때 개인적인 수준에서는 그렇다고 할 수도 있겠지만, 이들 남성의 주변에는 그들의 결정을 지지하는 많은 정치적 집단과 가족, 친구들이 있었다. 1984년에 병역거부운동연대 내 여성 그룹이 군의 여군 창설에 대항해 "우리에게 군 복무를 기대하지 말라" 캠페인을 시작한 것도 특기할 만하다.

어떤 집단은 구성원 대부분이 여성인 경우도 있었다. 이런 집단은 대개 거부자의 어머니나 여자 친구, 배우자, 친구, 지인, 지인의 지인 등 개인적이거나 정치적 친분이 있는 사람들로 구성된다. 페미니즘 이론에서는 물론 개인적인 것이 정치적인 것이라고 하지만, 후원 조직들 간의 특정한 관계를 이런 식으로 분류하는 것도 가능하다. 때로는 인수미시온 운동에서 여성이 수행하는 돌보고 지지하는 역할이 공적 영역의 뒤편에 머물고, 거부자의 남성적 모습에 가려 잘 보이지 않는다는 비판이 페미니즘 운동에서 제기되기도 했다.

한편 아직 나이가 어려 복무 대상자가 아니거나, 이미 복무를 마쳤거나, 그 밖의 이유로 복무를 면제받은 남성들로 구성된 집단도 있었다. 이 남성들은 군사주의에 저항하고자 인수미시온 투쟁에 참여했고, 후원 조직에 들어가는 것이 바로 그들의 수단이었다.

여기서 강조해야 할 점은 인수미시온이 개인적 차원의 시민 불복종을 초월하는 무언가가 됐다는 것이다. 정치적 이유로 병역의무에 응하지 않겠다는 젊은 남성들의 결정 덕택에 모든 여성과 남성이—본인의 징병 대상 여부에 관계없이—체제의 억압을 받는 사람을 개인적으로나 정치적으로 지지함으로써 자기만의 반군사주의 투쟁을 펼칠 수 있는 공간이 만들어졌다. 후원 조직들은 재판에서 거부자의 범죄를 부추긴 자신들도 유죄라고 주장했고, 이것 또한 인수미시온의 시민 불복종을 당사자 주변의 사회적 관계망 전체로 확장시키는 결과를 낳았다.

그 결과 인수미시온을 중심으로 촘촘한 연대의 그물이 짜여졌다. 이런 연대는 생태 운동과 페미니즘 운동, 전문가 집단, 주민 협의회, (해방신학과 관련된) 기독교 기반 공동체, 국제주의자, 대안 언론, 학생, 무직자 등 매우 다양한 사회 부문의 구성원들로 이뤄졌다.

그중에서도 거부자들의 후원 조직과 병역거부자가족친우협회 Association of Conscientious Objectors and Refusers' Mothers, Fathers and Friends는 특히나 결속력이 강했다. 이런 단체들은 수감된 거부자들이 받는 고초를 줄이고, 수감 환경을 개선하기 위해 노력했다. 수감자 집단 면회와 출소 기념 행사, 주말 귀휴를 나온 수감자들을 위한 활동 등을 기획하기도 했다. 뿐만 아니라, 인수미시온에 관한 모든 정보를 언론에 제공했다. 이 단체들은 거부자를 심정적으로 지지하는 데서 그치지 않고, 병역 의무에 불복종하는 것의 의미와 이 새로운 정치 수감자들의 존재가 사회 전체에 함의하는 것이 무엇인지 대중에 알리고자 했다. 그들은 많은 사람에게 군대 없는 세상의 꿈을 불어넣었다. 이 억압의 순간을 기회로 시민 불복종의 원칙에 따라 군비 지출과 군사 제도의 가부장성, 군대의 인종차별적이고 이방인혐오적인 본질에 의문을 제기하고, 사회의 군사화에 경종을 울렸다. 그리고 언론은 그들의 주장을 아주 진지하게 보도했다. 감옥 앞 시위와 기자 회견, 집단 면회, 감옥 밖 노숙 농성, 만나본 적도 없는 수감자들을 위한 편지와 엽서, 수감자들의 안위를 노심초

사하던 나날과 그들의 얼굴을 가슴에 그리며 느꼈던 따스함, 비협조에 대한 징벌로 면회 중에 껴안는 것이 금지되어 슬펐던 순간, 그들의 정치적 신념과 투쟁하던 모습… 우리 모두의 기억 속에는 이 모든 것들이 아직 생생히 서려 있다.

인수미시온 운동이 끼친 영향

거부자들는 단지 병역거부 투쟁에만 참여한 것이 아니었다. 그들 중 다수는 거부자가 되기 전부터 이미 다른 저항운동에 참여하고 있던 이들이었다. 이를테면 사회적 배제에 맞서 싸우는 이웃협력단Coordinadora de Barrios, 해방신학과 관련된 '풀뿌리 교회Base Church', 빈 건물을 점거해 만든 자치 공간[39], 그 밖에도 다양한 활동과 집단들이 있었다.

인수미시온 운동은 개인적·집단적 신념과 노력에 기초한 정치적 행동을 통해 위와 같은 운동들을 '물들였다.' 우리는 시민 불복종을 사회 변화의 정치적 도구로 활용했고, 그에 따른 최악의 결과까지 감수하고 받아들였으며, 그 종착지는 종종 감옥이었다. 비폭력 직접행동은 다른 집단들의 정치적 행동 양식에 스며들어 그들의 투쟁 도구로 채택됐고, 오늘날에도 이런 방식으로 활용되고 있다.

인수미시온 캠페인 내내 수감과 관련된 문제가 끊이지 않았기 때

39 **옮긴이 주** 지역 활동을 조직하거나 소수자 집단을 지원하고, 모임이나 문화행사 등을 위한 공간을 제공하는 비영리 시설.

문에 병역거부운동연대 소속 단체들은 항상 눈앞의 긴급한 업무로 바빠 다른 투쟁들을 적극적으로 지지하는 데 한계가 있었다. 하지만 징병제가 폐지되자, 반군사주의 운동에서 경험을 쌓은 많은 활동가들이 다른 운동에도 참여하기 시작했다.

일부는 병역거부 운동 이전에 하던 투쟁으로 되돌아갔고, 일부는 반군사주의 운동을 통해 새롭게 만난 투쟁에 합류했다. 이들 활동가들은 반군사주의는 물론이고 수평적인 문화와 참여적 의사 결정에 기초한 활동 모델, 시민 불복종의 경험과 역량 같은 운동의 소중한 유산을 전수했고, 이는 그들이 새로이 합류한 집단에서 새로운 투쟁과 운동 방식을 꽃피웠다. 한편 수감된 거부자들과 후원 조직, 변호사들은 부당 대우를 당하는 다른 수감자들을 돕거나 그들의 항소를 거든다든지, 스페인 수형 시설들의 폐단을 고발하는 활동을 벌이기도 했다.

징병제 폐지가 병역거부운동연대에 가져온 결과

정치 운동의 전략으로서의 인수미시온 캠페인이 끝난 뒤 찾아온 후유증의 여파로, 병역거부운동연대는 활동에 참여하는 사람의 수에 있어서나 언론과 사회운동 영역에서의 정치적 두각에 있어서나 위기를 겪고 슬럼프에 빠졌다.

이런 위기의 원인은 부분적으로 청년들이 더 이상 병역의무를 지지 않음으로써 운동의 생기가 시들었기 때문이었다. 우리 중 상당수는 과거에 학생이었고 부양할 가족도 없었지만, 이제 30대에 접어들면서 다른 욕구도 있고 해야 할 일도 점점 생겨났다. 또 다른 주요한 원인은 활동가의 소진이었다. 우리는 수감된 거부자와 '사회적 죽음'을 당한 거부자, 그들의 후원 조직과 가족 모두에게 심대한 개인적 영향을 미치는 운동에 너무 오랜 시간동안 발 담그고 있었다.

이런 정치적 맥락 외에도 스페인 정부 역시 변하고 있었다. 이제 군대는 징집병으로 이뤄진 집단이 아니라 전문화된 기관으로서 많은 사람들의 관심에서 벗어났다. 군대는 더 이상 정치적 의제에 오르지 않았고, '현대화'라는 변신을 통해 대다수 국민에게 '차악' 내지는 더 이상 대항해봐야 소용없는 불가피한 것으로 여겨지기 시작했다. 그와 동시에 병역거부운동연대의 또 다른 활동인 평화 교육과 전쟁세 거부 운동도 같은 시기 하향 곡선을 긋고 있었다.

그래서 우리는 2001년 상반기부터 체계적인 평가와 논의 작업을 시작했고, 우리의 논의는 2002년 말에 오늘날 반군사주의대안/병역거부운동연대AA-MOC라고 불리는 단체의 3차 총회에서 조직의 세 번째 이념 선언을 발표하는 것으로 정점을 이뤘다. 무엇보다 인수미시온의 긴박한 일상 업무가 사라지면서, 새로운 '인수미시온 이후' 시대에 활동을 계속 이어가기 위해서는 참여 단체들이 어떤 상황에 있고, 반군사주의와 비폭력, 시민 불복종, 연대와 협력 등에 있어서 서로 어떤 이상을 공유하고 있는지를 점검할 필요가 있었다. 이런 평가와 토론의 결과로 탄생한 게 '전쟁 불복종' 캠페인과 2014년의 '군대 감축' 캠페인이었다. 일부 사람들은 과거 인수미시온이 받았던 언론의 주목도를 고려할 때 그만큼 대중의 이목을 끌만한 사안을 다시 찾기란 불가능할 거라 믿고 있지만, 우리는 여전히 운동에 활력을 불어넣어줄 쟁점을 모색하는 중이다.

실제로 '전쟁 불복종'과 '군대 감축' 캠페인 외에도 반군사주의대안/병역거부운동연대의 참여 단체들은 지난 10년 간 비폭력 직접행동과 시민 불복종 워크숍에 많은 노력을 할애했고, "침묵을 깨라"는 구호 아래 마드리드에서 몇 주간 진행했던 행동과 같이 '반골' 성향의 다른 단체들과의 협력을 계속 진행해왔다. 그런 사례로는 대표적으로 유럽반군사주의네트워크European Antimilitarist Network 및 전쟁저항자인터내셔널의 가맹단체들과 스페인의 나토 기지에 반대하는 행동을 벌인 것을 포함해 군사 기지에 저항하는 여러 시위들을 조직한 것이 있다.

우리는 인수미시온 운동 당시에 같이 활동했던 몇몇 단체들과도 계속 협력을 지속해오고 있다. 일례로 이전만큼 가깝지는 않더라도 반군사주의대안/병역거부운동연대 내의 거의 모든 단체들은 생태주의자행동Ecologistas en Acción과도 계속해서 관계를 유지하고 있다. 최근 집회와 시위의 자유를 억압하는 이른바 '재갈 법'이 통과되고 형법이 개정되면서 사회적 범죄화에 맞서는 투쟁에 적극 참여하고, 우리의 반군사주의 담론에 적어도 귀를 열고 있는 단체들과 활동 기반을 공유하며, 효과적인 저항의 무기로 시민 불복종의 사용을 장려하고 있기도 하다. 일부 소속 단체들은 사회적 배제와 맞서는 투쟁에도 참여하고 있고, 검은옷의여성들Women in Black과는 굳건한 관계를 유지하고 있으며, 단체 내의 많은 여성들이 양쪽 모두에 소속돼 반군사주의 활동을 펼치고 있다.

반군사주의대안/병역거부운동연대 구성원들의 나이는 평균적으로 증가해 30, 40대가 주를 이루고, 젠더 균형은 전보다 고른 편이다. 소속 단체는 얼마 남지 않아 총 7개가 있고, 각각의 구성원은 3명에서 15명까지 다양하다. 반군사주의대안/병역거부운동연대 활동에 적극적으로 참여하는 사람은 이제 전국을 통틀어 15~20명 정도에 불과하지만, 예전에 활동했던 사람들 중 다수가 전통적인 의미의 반군사주의 투쟁은 아니더라도 우리가 확고히 지지하는 여타의 운동과 단체들에 속해 불의에 맞서는 투쟁을 계속 이어가고 있다.

인수미시온 캠페인이 한창이던 당시에 병역거부운동연대는 언론의 주목을 받지 못하는 사안들에도 최선을 다해 결합한 경험이 있는데, 그 중에서도 평화 교육과 전쟁세 거부 캠페인은 지금까지도 이어져 반군사주의대안/병역거부운동연대의 가장 주요한 활동 분야로 자리 잡았다. 이들 활동은 그렇게 요란하지도 않고 눈에 띄는 편도 아니지만, 인수미시온 캠페인에 참여하지 않은 사람들까지 상당수 끌어들임으로써 지금까지 우리가 반군사주의 운동의 명백을 유지하는 데 있어 없어서는 안 될 역할을 담당하고 있다.

미래를 위한 과제

이 대목에서 마치 할머니가 요리 비법을 전수하듯이 실용적인 조언을 제시하기는 어렵다. 하지만 비법까지는 아니어도 경험에 비추어 일반적인 성찰 몇 가지는 남길 수 있지 않을까?

- 온몸을 바친 강렬한 투쟁이 끝난 뒤의 (우리에게는 이미 찾아온) 미래는 ―아무리 좋게 말해도― 다소 당혹스럽다. 우리의 소그룹 분석에서 자주 나온 질문들은 다음과 같다. 과거에 함께 했던 그 많은 젊은 거부자들은 전부 어디로 갔을까? 오늘날 스페인에서 반군사주의 투쟁은 왜 이토록 비주류인가? 많은 활동가들이 다른 투쟁으로 옮겨간 이유는 무엇인가? 징병제가 폐지된 이후 군대의 이미지가 상대적으로 나아진 원인은 무엇인가? 사회의 군사화에 대한 적극적 거부는 왜 공론화되지 못했는가? 과거의 반군사주의 활동가들이 주축이 된 일부 사회 운동들은 왜 반군사주의의 횃불을 이어받지 못했는가?
- 군사주의와 군대에 대한 비판은 더 이상 언론의 관심을 받지 못한다. 드물게 대중의 이목을 끌 수 있는 경우는 강력한 비폭력 직접 행동이나 국제 연대 행동, 인수미시온의 연례 기념행사 정도이다.
- 기업형 대형 미디어에 의존하지 않은 소셜 미디어와 온라인상에서의 의사소통은 인수미시온 이후의 반군사주의 운동이 '과거의 거부자들'과 다시 접촉할 수 있게 하고, 사회 운동 영역 내의 미디어는 물론이고 일반 사회에서의 존재감을 키움으로써 비판적인 반군사주의 사회의식을 확산시키는 데 기여할 수 있다.
- 국제 연대에 동참하는 것은 우리가 유럽 차원에서, 그리고 어쩌면

세계적인 차원에서 불복종에 의한 반군사주의적 사회 변화를 추진할 수 있는 힘을 얻게 해줄 것이다.

우리에게 개인의 윤리관에 기초한 불복종을 이어가는 것 외에 다른 길은 없다. 그것이 우리가 현실 앞에 설 수 있는 유일한 방법이다. 불복종은 우리의 개인적이며 집단적인 정체성의 일부이다. 불복종하지 않는다면, 결국 우리에게 남은 것은 무엇이겠는가?

3부

병역거부의 확장

19. 급진적 사회 변화의 발판으로서의 병역거부

하비에르 가라테는 칠레 최초의 공개적 병역거부자 중 한 사람이자, 병역거부 운동단체 NO헬멧/NO군복Ni Casco Ni Uniforme의 공동 설립자다. 2005년부터 2015년까지 전쟁저항자인터내셔널에서 비폭력 프로그램 담당자로 일했고, 지금은 벨기에에서 현지 맥주와 과자, 초콜릿을 만끽하며 비폭력 트레이닝과 직접행동을 기획하고 있다. 그는 이 글에서 다른 형태의 진보적 사회 운동으로 가는 관문, 즉 '급진적 사회 변화의 발판'으로서 병역거부에 관해 이야기한다.

흔히 평화나 반전, 반군사주의 운동을 이야기할 때면 다른 분야의 운동도 함께 언급하는 경우가 많다. 반전·평화 운동을 지지하는 사람 모두가 스스로를 반군사주의자라 여기지는 않으며, 평화의 개념도 단순히 전쟁 반대보다 훨씬 더 많은 것을 내포하고 있다. 그러나 병역거부를 위한 투쟁은 전쟁과 군사주의에 대항하는 모든 형태의 투쟁에 내재돼 있다. 병역거부 운동의 가장 큰 강점 중 하나가 바로 이 다양성에 있다.

병역거부 운동은 보통 개인의 결정이 계기가 된다. 강제로 병역을 수행해야 한다는 사실을 맞닥뜨린 개인은 다음과 같은 의문에 빠진다. '군대에 갈지 말지 선택해야 하는 순간이 오면 어떻게 해야 할까?' '살인 훈련을 받아도 괜찮을까?' 알다시피 병역거부자가 되는 데는 아주 다양한 이유가 있다. 살인에 반대하는 신념을 표현할 권리를 주창하기 위해, 군사주의와 가부장제에 대항하기 위해, 특정 군사 작전에 대한 기여를 거부하기 위해, 그리고 그 밖에도 다른 많은 이유들이 있다. 나의 경우는 군사주의가 상징하는 모든 것에 대한 거부인 동시에 특히 피노체트 독재정권이 무너진 이후 칠레에서 여전히 군대가 수행하는 역할에 대한 강한 비판이 바로 병역거부를 하게 된 계기였다. 독재는 끝났지만 우리는 여전히 군국주의 국가에서 살고 있었기 때문이다.

병역거부에 개인적 요소가 중요한 이유는 그것이 당사자에게 직접 영향을 미치고, 전쟁에 반대하는 행동으로 몸소 이어질 수 있기 때문이다. 하지만 개인적 동기만으로는 충분하지 않다. 투쟁이 파급력을 가지려면 집단적이어야 한다. 물론 징병 대상자와 공개적으로 병역거부 선언을 한 개인을 지원하는 일은 중요하다. 전쟁저항자인터내셔널도 군대에 입영하지 않는 모든 사람이 평화를 향한 한 걸음을 상징한다는 믿음 아래 그런 활동을 한다. 그러나 개인의 사례에 너무 초점을 맞추는 데는 항상 위험이 따른다. 때로는 군대를 거부한 개인의 용기가 일종의 '영웅'을 만들어내기도 한다. 또한 징병 대상자는 대부분 남성이기에 병역거부자도 보통 남성이다. 하지만 군사주의에 도전하려면, 우리의 반군사주의, 반가부장제 투쟁과 직접 대립하는 마초주의와 그러한 '영웅'의 탄생에도 맞서야 한다.

특히 특정 '영웅'을 중심으로 돌아가는 집단에서 병역거부에 대한 개인주의적 접근을 피해야 하는 이유는 또 있다. 때로 누군가 병역거부 선언을 하면 그를 후원하는 단체가 만들어지고, 단체의 초기 업무는 그한 사람을 지원하는 데 집중된다. 그런데 만약 얼굴마담인 당사자가 수감이나 망명 혹은 그 밖의 이유로 사라지면, 이제 그 단체는 무엇을 할 수 있을까? 나는 지도자가 수감되면서 단체의 활동이 그냥 유야무야되는 모습을 수없이 지켜봐왔다(이는 병역거부만이 아니라 다른 운동에서도 마찬가지다). 이것은 필수 불가결하고 대체 불가능하다고 여겨지는 핵심 인물에 의존한 위계적인 지도 체계의 결과일 수 있다. 한 사람이나 소수의 개인에 너무 집중하면, 운동을 만들어가고 집단적으로 행동하기 위한 장기 전략이 간과될 수 있다. 바꿔 말하면, 집단성이 강한 운동이 미래에도 지속 가능한 운동이 될 가능성이 크다.

병역거부에 관한 활동은 경우에 따라 다소 협소해 보일 수 있다. 당사자에게만 영향을 미치고 더 큰 파급은 없는 병역거부자 개개인을 후원하는 일처럼 말이다. 그러나 내가 전쟁저항자인터내셔널에서 일한 경험은 그것과 완전히 달랐다. 앞서 말했듯이 병역거부자가 되는 데는 여러 가지 동기가 있고, 이 책은 그런 다양한 동기와 활동 방식을 다루고 있다. 하지만 여기서는 반군사주의 정체성을 가진 단체들에 주로 초점을 맞추겠다.

많은 사람에게 병역거부는 반군사주의와 비폭력으로 가는 첫 관문이다. 그들은 병역거부와 관련된 활동을 시작하면서 병역이 전쟁과 군사주의를 떠받치는 여러 기둥 중 하나에 불과함을 알게 된다. 이것을 깨닫고 나면 더 폭넓은 반군사주의와 비폭력 활동에 대해 배우고 참여하고 싶은 마음이 생겨나게 된다.

많은 병역거부 단체가 처음에는 자신과 동료들 앞에 닥친 징병제에 대응하기에만 급급할 뿐, 미래에 대한 명확한 구상 없이 활동을 시작했음을 토로한다. 살상 거부를 지지하겠다는 이런 초기의 다짐이 단체나 조직을 통해 모이고, 이 집단이 반군사주의와 비폭력 활동을 하는 다른 조직과 연결될 수 있다면, 집단의 의식과 행동도 더욱 넓고 깊어질 것이다. 군사주의의 또 다른 양상에 어떻게 대항할지 탐구하고, 병역거부와 병역거부권 요구를 넘어서기 시작하는 것이다.

병역거부 단체들은 종종 자신들의 대의와 거부하는 대상에 대해 말할 때, 자신들이 군사주의를 거부하는 이유가 위계와 가부장제, 복종, 민족주의 같은 부정적인 가치가 모두 군사주의에 깊이 배어있기 때문이라고 말한다. 이런 거부는 대개 심도 있는 젠더 분석을 포함하며, 또 그래야만 한다. 징집병은 군사적인 관점에서 군인과 남자가 된다는 것이 어떤 의미인지 훈련받고, 이를 통해 군사주의적인 남성성이 만들어진다. 이 책에서 터키의 병역거부 운동을 소개하는 글에서 보듯이(21, 22장), 많은 병역거부 단체들이 젠더 및 성에 대한 급진적인 분석을 안에서 공유하며, 여성들이 왜 자신을 병역거부자로 규정하고 선언하는지 이유를 밝히고 있다. 일례로 페르다 울체시는 다음과 같이 말하고 있다. "병역거부 운동은 '강제 징집'에 반대하는 투쟁에서 끝나지 않는다. 그것은 더 광범위한 차원을 포함한다. 우리 여성은 운동의 단순한 '지지자'보다 더 큰 목소리와 지위를 가지고 있다. 병역거부는 군사주의와 그에 수반되는 모든 것에 직접 저항하는 것이다. 군사주의적 사고는 군대의 담장 안에 머물지 않고, 일상을 지배하는 군사적 세계를 형성한다. 이 세계에서 여성은 비하되고 무시된다. 여성의 위치는 우리가 드물게 전면에 나서야 할 때조차도 언제나 뒤에 고정되어 있다. 이 세계의 언어는 권위와 위계, 복종이다." 전쟁저항자인터내셔널의 『여성 병역거부자 선집』에는 이와 같은 선언들이 대거 수록돼 있는데, 이들 여성 중 다수는 본인이 징집 대상자는 아닐지라도 병역을 수행하는 젊은 남성뿐 아니라 다른 수많은 사람의 신체와 정신을 징집하는 체계에 저항하고 있다. 이렇듯 군사주의와 가부장제의 연관성에 대한 이해는 많은 병역거부 단체들의 의식에 녹아들어 있고, 보다 넓은 평화운동에 크게 기여한다.

단체들은 군 복무에 저항하는 활동을 어떻게 더 심화할지 고민하며 기존과 달리 위계적이지 않은 형태의 활동을 접하고, 합의적 의사 결정과 비폭력적 방식의 활동 방법에 관심을 가지면서 반군사주의와 비폭력의 핵심 요소들을 단체의 정체성으로 받아들인다. 비폭력 트레이닝과 『비폭력 캠페인을 위한 안내서』 같은 트레이닝 자료는 이 성장 단계에 중요한 길잡이가 돼줄 수 있다. 이처럼 활동 방식과 의식의 확장 및 심화가 매우 두드러진 예로 한국의 사례를 들 수 있다. 전쟁저항자인터내셔널이 한국의 병역거부 운동을 돕겠다고 처음 연락한 것은 오래 전이었다. 초기에 그들은 징집 대상자인 젊은 남성을 보호하는 순수한 인권적 관점으로 병역거부에 접근했다. 일단 '당사자를 구하고' 양심적 병역거부권을 위한 캠페인을 하는 것이 주된 목표였을 뿐, 군사주의에 대한 보다 광범위한 비판은 빠져있었던 것이다. 그러나 세계의 병역거부 투쟁을 탐구하는 그들의 열정과 전쟁저항자인터내셔널과의 강한 연계 덕분에 한국의 병역거부 운동은 다른 의제들과 연대하기 시작했고, 강한 반군사주의·비폭력 정체성을 구축해나갔다. 그리고 십수 년이 지난 지금은 강력한 운동 조직인 전쟁없는세상이 만들어져 병역거부 캠페인 및 당사자 후원과 더불어 전쟁 수혜 활동war profiteering[1]과 제주 해군기지 건설 저지를 위한 비폭력 직접행동 같은 다른 형태의 군사주의에 맞서는 활동을 하고 있다. 이것은 그들이 비폭력을 사회 변화의 방법으로 받아들이는 동시에 군사주의에 맞서는 활동과 의식의 영역을 어떻게 넓혀왔는지를 보여준다. 또한 병역거부뿐 아니라 다른 여러 의제에 관해 활동하는 단체임을 드러내줌으로써 다른 운동들과 더욱 강력한 연대를 구축했음을 확인시켜 준다.

다른 반군사주의 평화 운동 단체들이 병역거부 단체의 활동에 영향을 주는 만큼, 병역거부 운동도 보다 광범위한 운동에서 중요한 역할을 수행할 수 있고 실제로도 그랬다. 몸소 군대에 맞서 싸울 각오를 한 병역거부자는 다른 사람들이 '나는 거대한 전쟁 기계 안에서 어떤 역할을 하고 있는가?', '그런 전쟁기계에 대한 지지를 철회하려면 어떻게 해야 하는가?' 같은 질문을 던지는 데 영감을 줄 수 있다. 이런 맥락에서 병역거부는 비폭력 직접행동의 일종으로 여겨져야 한다. 병역거부 투

1 **옮긴이 주** 무기 거래를 비롯해 전쟁과 군사화에 자본을 투자하고, 이를 통해 이윤을 얻는 모든 활동을 가리킨다.

쟁은 많은 사람에게 전쟁에 저항하는 비폭력 행동의 방법을 고민하게 하고, 단순히 전쟁 중단을 외치며 행진하는 것만으로는 충분하지 않음을 깨닫도록 영감을 준다. 거대한 전쟁기계에 연장을 던져 기계의 작동을 멈춰야 한다고 말이다.

병역거부 캠페인의 전략은 보통 전쟁을 거부하는 비폭력 행동과 법적인 노력, 연대 활동을 결합한다. 이 책의 다른 장에서 언급했듯, 병역거부권을 뒷받침하는 여러 국제적인 기제가 있고, 많은 병역거부 투쟁이 이 권리를 옹호하는 것에 활동을 집중해왔다. 유럽에서 아직도 징병제가 시행 중인 몇 안 되는 나라 중 하나인 핀란드가 그런 사례이다. 핀란드에서는 징병제 폐지를 요구하는 캠페인의 일환으로 국제 온라인 청원을 받는 행동이 진행된 적이 있었다. 실제로 이런 연대가 병역거부권 인정을 위한 캠페인이나 그것을 요구하는 개인의 사례를 성공으로 이끈 핵심 요인이었던 경우가 적지 않다. 이는 대개 권력자들이 어떻게든 자국에 병역거부에 관한 문제가 없는 것처럼 보이기를 원하기 때문이다. 만약 국제기구들이 국내 단체의 목소리를 키워주고 전 세계가 여기에 관심이 있다는 것을 보여준다면, 권력자들은 더 이상 문제를 숨기기 어려워질 것이다. 이렇듯 국제연대는 병역거부 단체의 성장과 군사주의에 맞서다가 수감된 개인의 사례를 지지하는 데 중심적인 역할을 해왔다. 전쟁저항자인터내셔널의 병역거부 메일링리스트 'CO-alert'[2]

2 **옮긴이 주** 누군가 병역거부를 했거나 반군사주의 직접행동을 했을 경우에 특화된 전쟁저항자인터내셔널의 메일링리스트. 전쟁저항자인터내셔널의 사무국 활동가들이 전 세계 병역거부자 혹은 전쟁저항자들의 수감 사실이나 재판에 관한 정보를 입수하면 이 메일링리스트를 통해 알린다. 메일링리스트에 가입하려면 https://www.wri-irg.org/en/subscribe 에 접속하기 바란다.

는 병역거부를 옹호하는 국제적 압력의 활용을 보여준 가장 좋은 사례 중 하나로 꼽힌다.

병역거부와 연대를 이야기할 때, 반드시 북반구 사람이 남반구의 젊은 남성 징집병을 돕는 경우만 있는 것은 아니다. 병역거부 운동은 길고 두터운 상호 부조의 역사를 가지고 있다. 병역거부 투쟁의 참여자가 대부분 단체나 네트워크에 소속돼 있다는 사실은 여기서 강력한 인적 연대가 형성됨을 의미한다. 아쉽게도 더 이상 열리지 않는 국제병역거부자회의International Conscientious Objector's Meeting 같은 국제회의나 5월 15일 세계병역거부자의 날 행사, 이제는 사라진 라틴아메리카병역거부네트워크, 현재 활동 중인 중동병역거부네트워크 등은 비슷한 상황에 있는 세계 각지 사람들의 모임터였다. 내가 2003년에 이스라엘에서 열린 세계병역거부자의 날 행사에 처음 참여했을 때, 한국과 터키, 이스라엘, 스페인, 칠레 사람들이 멀리서도 한뜻으로 그토록 강하게 군사주의를 거부하는 것을 보고 깊은 감동을 받았던 기억이 난다.

앞서 말했듯이 병역거부는 적잖은 이에게 정치적 활동의 첫 경험이고, 많은 사람들이 병역거부 단체에 드나든다. 지난 세월 동안 수많은 사람이 병역거부 모임이나 행사에 참여했고, 이것이 활동가들에게 미친 영향을 수치화하기란 어렵다. 하지만 그들은 다른 병역거부자와의 만남을 통해 전쟁이 없고 살인을 거부하는 사람이 존중받는 세상을 위한 노력이 얼마나 중요한지 깨닫는다. 그리고 많은 병역거부 단체가 급진적 젠더 분석을 내부에서 수행한다. 반군사주의적 시각에서 병역거부를 접한 사람과 단체는 군사주의와 가부장제의 연관성을 발견하고, 지배적 젠더 및 성적 관계에 의문을 제기하며, 자기 조직 내의 젠더 관계를 들여다볼 필요성을 강조한다. 병역거부가 단지 살인을 거부하는 것뿐 아니라 군사주의의 대안을 건설하는 것도 의미하게 되면서, 개인과 단체에 대한 지원을 넘어 병역거부 단체를 집단적으로 조직하는 과정 역시 위계에서 점점 멀어지는 추세다. 그 결과 운동이 우리가 저항하는 대상만이 아닌 대안을 건설하는 방법에 미치는 영향이 드러난다. 예를 들어, 콜롬비아의 징병 반대 활동은 90년대 중반 개인에 대한 후원에서 시작됐고, 가장 잘 알려진 사례는 루이스 가브리엘 칼다스Luis Gabriel Caldas의 사안이었다. 하지만 이제 운동은 여러 단체들의 네트워크로 구성됐고, 병역거부권과 징병 반대뿐 아니라 콜롬비아에서 일어나는 군사적 충돌의 비폭력적 대안을 찾기 위한 캠페인도 병행하고 있다. 청년들이 경제적인 이유로 군사 조직에 입대할 필요가 없도록 그들을 위한 경제 프로젝트를 개발하는 것도 그에 포함된다.

병역거부 활동을 하는 단체와 조직들은 종종 군대에서 복무했거나 때로는 탈영한 사람을 구성원으로 두고 있다. 이들은 군대라는 기관이 어떻게 작동하는지 직접 경험했고, 이 경험이 자신에게 미친 영향 때문에 군사주의에 맞서는 대의에 매우 열렬하게 헌신하곤 한다. 참전자들은 역사적으로 반전 운동에서도 핵심적인 역할을 했다. 이를테면 베트남 전쟁과 최근에는 이라크 전쟁과 아프가니스탄 전쟁을 들 수 있다. 이 책의 저자 중 하나인 이라크반전참전군인회의 웬디 바랑코는 군대에서 일어나는 성폭력과 괴롭힘 등의 인권 침해를 공개적으로 비난한 인물이었다. 이런 경험은 군대 내부의 작동 방식을 고발하는 운동에 도움이 될 뿐만 아니라, '군인 가족'이라는 보다 광범위한 청중에게 다가갈 수 있는 잠재력이 있다.

법률적인 측면에서 보더라도, 병역거부권 캠페인을 하는 단체들은 괄목할 만한 승리를 거둬왔다. 그들은 살상을 거부하는 행위가 세계인권선언과 콜롬비아 헌법재판소의 병역거부권 인정 판례를 비롯해 다양한 국내외 법체계에 포함되는 권리라고 주장했다. 전쟁저항자인터내셔널과 퀘이커유엔사무소 같은 조직들은 활동가들이 법률적 접근의 기회와 한계를 모두 확실히 이해하는 데 중요한 역할을 담당했다. 'co-guide.info'를 비롯한 문서들은 병역거부 활동가뿐 아니라 법적 장치의 작동 방식을 이해하고자 하는 모든 활동가에게 유용하게 활용된다. 이처럼 강력한 법적 장치를 통해 캠페인을 지원하는 전략은 대체로 캠페인의 성공에 점점 더 결정적인 역할을 하고 있다. 병역거부 운동이 이런 깨달음에 처음으로 도달했다고 주장할 수는 없지만, 병역거부권을 위한 일관되고 전문성을 갖춘 제도적 차원의 노력은 다른 캠페인과 조직들에도 영향을 미칠 가능성이 크다.

마지막으로, 병역거부가 보다 광범위한 반전·평화·반군사주의 운동에 미친 영향을 생각하며 "전쟁이 났는데 아무도 전쟁터에 나가지 않았다"는 경구를 되새겨보길 바란다. 싸우는 사람이 없으면 전쟁도 없을 것이다. 군인이 없으면 군대와 군사주의를 떠받치는 주요한 기둥 중 하나가 무너진다. 반전평화 운동의 가장 큰 성공 가운데 일부는 군 복무를 피하고자 하는 참전자와 그 밖의 사람들이 이끈 행동의 결과로 얻어졌다. 병역거부 운동의 영향을 수치화하기는 어렵다. 하지만 이것이 그런 영향이 없음을 뜻하지는 않는다. 병역거부를 일생 동안 자신의 주요 활동 분야로 삼아온 몇몇 사람을 제외하면, 대다수는 자신이 직접 군 복무에 직면하거나 주변에 입대한 사람을 둔 이들이다. 이것은 병역거부가 일반적으로 하나의 단계이자, 활동가의 삶에서 하나의 발판임을 뜻한다. 많은 이들이 정치사상이 형성되는 젊은 나이에 거쳐 가는 단계 말이다. 따라서 그들은 표면에 보이는 것을 넘어서는 더 큰 여파를 일으킬 가능성이 무궁무진하고, 그로 인한 변화는 오래도록 지속될 것이다.

20. 한국의 군사주의에 균열을 일으켜온 병역거부

이용석은 전쟁과 폭력에 반대하는 신념에 근거해 한국 군대에 복무하기를 거부하고, 2006년 8월부터 2007년 10월까지 수감 생활을 했다. 전쟁없는세상의 운영 위원이자 비폭력 트레이너인 그는 어떻게 병역거부가 한국의 두터운 군사주의에 작지만 의미 있는 균열을 일으켰는지를 설명한다.

한국은 지난 100년 동안 크고 작은 전쟁을 수차례 겪었다. 20세기 초반에는 36년 동안 일본 제국주의의 식민 지배를 겪었고, 그 기간

동안 일본이 수행한 태평양 전쟁에도 많은 한국인들이 직간접으로 휘말리게 되었다. 2차 세계대전 종전과 함께 식민 지배를 벗어났으나 곧바로 두 개의 국가로 분단되었고 1950년에는 국제 전쟁으로 번진 한국 전쟁으로 남한과 북한 모두 전쟁터가 되었다. 그 이후에도 국지적인 형태의 소규모 군사적 충돌이 이어졌고, 이는 지금까지도 계속되고 있다. 한편 한국 군대는 1960년대와 70년대에 미국이 일으킨 베트남 전쟁에 대규모로 파병을 했다. 연인원 35만 명에 이르는, 미국 다음으로 가장 많은 군대를 파병했고, 이는 한국 사회에 군사주의가 강화되는 데 큰 영향을 끼쳤다. 그리고 이런 전쟁의 경험들은 한국인의 집단적인 기억 속에 전쟁에 대한 공포를 깊이 새겼다. 그럼에도 안타까운 것은, 한국의 시민 사회가 전쟁의 공포에 대해 제대로 저항하지 못하고 정부의 군사력 강화를 제대로 억제하지 못했다는 점이다.

이처럼 늘 전쟁과 가까이 있었기 때문에 한국 사회는 군사주의라는 말조차 어색할 정도로 군사주의가 아주 넓게 일상에 퍼져 있다. 군사주의의 강한 흔적은 사회정치적인 영역과 문화적인 영역, 그리고 사람들이 무의식에까지 깊게 뿌리박혀 있다. 군대를 비판하는 것은 오랜 금기였을 뿐만 아니라 사법처리 대상이 되기도 했다. 한국에서 군대를 비판하면, 한국군의 공식 주적인 북한을 편드는 행위라는 이유에서였다. 군대가 한국에서 가장 비효율적이고 비합리적이고 부패한 곳이 되어 가는 동안, 사회는 군대에 대해 침묵해야 하는 분위기가 강해졌다. 군대를 가지 않는 여성과 장애인, 일부 남성들에 대한 노골적인 차별과 은근한 무시는 이루 말할 수 없었다. 당선이 유력했던 집권 여당의 대통령 후보가 아들이 아버지의 권력을 이용해 부당하게 징병을 회피한 사실이 알려진 뒤 지지율이 급락해, 결국 대통령 선거에서 패배하기도 했다. 반면 군대에 대해 할 수 있는 유일한 말은 군대를 미화하는 말들뿐이었다. 군인의 모습을 아름답게 포장하거나 군대에서의 경험을 긍정적으로 묘사한 텔레비전 프로그램이 인기를 끌지만, 한국 군대가 베트남 전쟁에서 양민을 학살했던 일이나 1980년 전라도 광주에서 일어난 민주화 시위에서 시위대에게 총을 쏘고 잔인하게 시민들을 때려죽인 일들은 잘 이야기 되지 않는다.

한국 사회의 지독한 군사주의는 사회 운동 진영에게도 지대한 영향을 끼쳤다. 민주화 운동이 가장 강렬했던 시기에 민주화 운동의 가장 큰 세력이었던 노동 운동과 학생 운동은 '사수대'라는 이름의 준군사조직을 운영했다. 사수대는 따로 남성들만 뽑아서 군사훈련을 하고, 경찰과 싸우는 선봉에 나섰다. 때로는 강력한 적과 맞서 강력한 투쟁을 해야 한다는 이유로 운동 그룹 내부의 민주주의에 대한 요구가 묵살당하기도 했다. 비폭력은 개량, 혹은 투항의 이미지로 받아들여졌고, 폭력 투쟁만이 진정한 사회 운동이라고 여기는 분위기도 있었다.

이처럼 군사주의가 강한 사회에서 군대를 거부하는 것은 상상할 수도 없는 일이었다. 군대의 열악한 상황 때문에 대부분의 입영 대상자들이 군대에 가기 싫어했지만, 실제 거부를 하는 사람은 아주 드물었고 이는 민주화 운동 진영도 마찬가지였다. 2000년이 되기 전까지 병역거부를 조직적으로 행한 집단은 여호와의 증인밖에 없었는데, 그들의 병역거부는 이상한 사람들의 이상한 행동으로만 치부되었다. 물론 사회 운동으로서 군대를 거부한 일이 아예 없지는 않았다. 군대의 비리를 폭로하며 양심선언을 하거나, 시민을 강경진압 하는 전투 경찰을 뛰쳐나와 복귀를 거부한 전투 경찰들이 존재했던 것이다. 그러나 그들의 요구사항이 비록 정치적이긴 했어도, 그들의 경우는 군대 자체를 거부하기보다는 좋은 군대가 되기를 요구하는 측면이 강했다.

그러다 2000년대로 접어들면서 사회 운동으로서의 병역거부 운동이 시작되었다. 병역거부 운동은 해방 후 단 한 번도 비판받지 않았던 한국 군대에 가해진 첫 번째 비판이었다. 그러나 초창기 병역거부 운동은 충분히 공세적이지 못했다. 병역거부자들은 병역거부를 선언하는 것과 동시에 온갖 조롱과 언어폭력에 시달렸고, 병역거부 운동은 군사주의 반대를 외치기는커녕 쏟아지는 비판을 방어하기에도 힘겨웠다. 병역거부 운동은 강력한 군사주의에 밀려 현실과 타협할 수밖에 없었고 “우리는 군대에 입대하는 사람들의 양심을 존중합니다”, “군대 자체를 문제 삼는 게 아니라 거부하는 사람들에게 대체복무 제도를 도입해 달라고 요구하는 것입니다”와 같은 구호를 내세웠다. 이러한 한계에도 불구하고 군대를 거부할 수 있다는 사실, 군대를 비판할 수도 있다는 사실은 사람들에게 많은 영향을 끼쳤다. 아주 적은 숫자지만, 군대에 입대하는 것을 고민하다 병역거부를 선언하는 젊은이들이 늘어갔다. 군대를 더 이상 신성불가침한 곳으로 여기지 않는 사람들이 많아졌고,

사회 운동 방식 또한 급격하게 비폭력적인 방식으로 바뀌어 갔다. 물론 이런 변화들이 꼭 병역거부 운동 때문이라고만 할 수는 없다. 페미니즘 운동과 생태 운동의 성장은 병역거부 운동과 더불어 군사주의가 약화되는 데 주요한 역할을 했다. 이런 새로운 사회 운동들은 이전의 사회 운동(전통적인 마르크스주의에 입각한 노동 계급 중심 운동이나 민족주의 운동)에서 고려하지 않은 부분에 대해 문제제기를 했다. 예컨대 사회 운동 내부의 여러 문제들, 즉 군대처럼 위계적인 질서라든지, 강한 힘을 행사하기 위해 내부의 민주주의를 유보하는 분위기를 비판했다. 이들의 비판은 한국 사회에서는 아직 낯선 내용들이었으나, 군사독재를 경험하지 않은 새로운 세대들은 상대적으로 거부감 없이 이런 운동들을 받아들였다.

한국은 여전히 군사주의가 강한 나라다. 하지만 군대에 대한 사회 일반의 인식은 예전과는 많이 달라졌다. 근래에는 군대에 적응하지 못하고 평소 놀림을 받던 군인이 동료 군인들을 총으로 쏴 죽인 뒤 탈영하는 일이 벌어지거나, 다른 군인들이 군대에 적응하지 못하던 군인 한 명을 지속적으로 폭행해 사망에 이르게 한 일이 세상에 알려지는 등의 사건 사고가 끊이지 않으면서, 군대에 대한 사회의 인식은 더 안 좋아졌다. 그렇지만 예전보다는 지지자가 많아졌음에도 병역거부 운동이 여전히 사회적으로 비난을 받는 행동인 현실은 여전하다. 그러나 이제 더 이상 한국의 병역거부 운동은 병역거부자들에게 가해지는 비난을 옹호하는 데에만 급급하지 않는다. 비록 아직 대체복무 제도가 존재하지는 않지만, 병역거부자들은 대체복무 제도 도입뿐만 아니라 다양한 평화 이슈들을 거침없이 제기하고 있다. 병역거부 운동이 한국의 군사주의에 냈던 조그만 흠집은 이제 점점 더 커져만 가고 있다. 다양한 병역거부자들의 목소리, 다양한 평화 운동의 목소리가 서서히 등장하고 있다. 군사주의에 맞선 한국 평화주의자들의 병역거부 운동은 여전히 현재진행형이다.

21. 터키의 군사주의와 젠더

이번 글에서 터키의 여성 병역거부자인 페르다 울체시는 특정한 사회적 맥락에서 어떻게 젠더와 군사주의가 교차하는지에 대해 서술하고 있다. 그러나 그녀의 통찰은 가부장제가 공고하거나 군사화 된 사회라면 어디에나 적용될 수 있을 것이다.

내가 이 글을 쓴 목적은 병역거부 운동에서 젠더 의식의 중요성에 대해 설명하기 위함이다. 그러나 본론으로 들어가기 전에 독자들의 이해를 돕기 위해서 터키의 경험을 통해 본 여성 병역거부의 의미와 중요성에 관해 먼저 언급하고자 한다. 젠더라는 개념은 남녀 혼성 그룹 보다는 페미니스트, 레즈비언, 게이, 바이섹슈얼, 트랜스젠더 활동가들이 더 많이 관찰해온 영역이다.

병역거부는 단순히 남성들만의 문제가 아니다. 관점을 바꿔 보다 넓은 관점에서 병역거부라는 현상을 바라본다면, 우리는 왜 이것이 여성에게도 해당되는 문제인지를 알게 된다. 병역거부의 정의는 보통 징병제를 거부하는 행위에 초점이 맞춰져 있으나, 터키에서는 여성에게 병역의 의무를 부과하지 않는다. 따라서 많은 사람들이 왜 여성이 병역거부자가 되는지에 대해 혼란스러워한다. 사실 다른 관점에서 보자면, 같은 질문은 남성에게도 해당될 수 있다. 즉 병역거부자가 되는 것이 군 복무를 하지 않을 유일한 방법은 아니다. 게다가 병역거부는 그들의 삶을 복잡하게 하는 몇 가지 측면들을 가지고 있다. 우리가 '사회적 죽음'이라 부르는 이것은 남성 병역거부자들의 사회적인 삶을 방해하고, 자유롭게 행동하지 못하게 하는 과정이라 할 수 있다. 병역거부자가 되는 대신 남성은 해외에 나가서 일을 하든가, 기피자로 살아가든가, 혹은 오랫동안 공부를 하면서 군 복무를 지연시키거나, 가끔씩 도입되는 '군 복무 면제'를 받는 등의 다른 길을 선택할 수도 있다. 그럼에도 불구하고 병역거부자들은 이러한 방법을 선택하지 않는다. 이것이야말로 병역거부의 핵심이 군 복무를 하느냐 마느냐의 이분법이 아니라는 가장 분명한 예다. 근본적으로 병역거부는 거부자의 젠더와 관계없이 사회의 모든 군사주의 구조에 의문을 제기하는 것을 의미한다.

여성의 병역거부는 그녀들의 타고난 '평화적 본성'에서 기인한 현상이 아니다. 이러한 이해는 그것에 반대하는 정치적 주장을 차치하고라도, 과학적 사실에도 위배된다. 여성들은 평화 시에도, 전쟁 시에도, 그 어떤 근거로도 정치적인 결정을 내릴 수 있다. 때때로 모성을 이유로 여성들이 본질적으로 평화롭다고 단언되는데, 만약 이것이 사실이라 하더라도 여성이라는 이유로 모두가 자동적으로 어머니가 되는 것은 아니기 때문에 여성들을 기계적으로 '평화롭다'고 명명할 수는 없다. 이는 단지 여성에게만 해당되는 것이 아니다. 어느 누구도 정치적 선호도를 갖고 태어나지는 않는다. 그러나 특히 여성과 그 밖의 LGBT들은 몸과 영혼을 다른 사람의 의지에 복종시키는 군사주의라는 개념에 낯설지가 않다. 가부장제와 젠더 역할에 따라 그런 식으로 누군가를 통제하려는 시도 또한 항상 존재해왔던 대목이다. 징병의 대상이 되는 남성들에게 군사주의가 기대하는 바도 그와 비슷하다. 이와 관련해 병역거부자 베다트 젠치르Vedat Zencir는 '병역거부자들은 군 복무를 자아의 자살로 여긴다'고 말한다.

군사주의의 한 측면으로서 군대와 군 복무는 단지 빙산의 일각일 뿐이다. 사실 수면 아래에는 보이지 않는 군사화가 존재한다. 이 보이지 않는 부분은 가시적인 군사화, 즉 군대와 군 복무의 배후에 있는 운전자이며, 그것은 사회 조직 속에 녹아들어가 있다. 이런 보이지 않는 차원을 무시하는 병역거부 운동은 계속되는 투쟁을 불완전하게 만든다. 반대로 빙산의 보이지 않는 부분에까지 문제를 제기하는 순간, 정치적인 행동으로서 병역거부는 보다 넓은 인식과 실천을 얻게 되며, 여성과 그 밖의 LGBT의 병역거부는 이러한 개념과 실천 속에서 더 잘 이해될 수 있다. 또한 이러한 빙산의 보이지 않는 부분에서 우리는 군사주의를 지속시키는 가부장제나 젠더 역할과 같은 사회적 사실들에 직면한다.

가부장제는 신체와 섹슈얼리티에 관한 개인들의 의지를 무시함으로서 억압적인 소속감을 창출하려고 한다. 페미니즘과 LGBT 운동의 우선 과제 중 하나는 보통 몸과 정체성의 보호다. 반면 군사주의는 군사주의에 반대하는 어떤 의지도 용납할 수 없다. 마찬가지로 가부장제 역시 여성과 자매애를 토대로 한 그 어떤 의지도 용인할 수 없으며 위협으로 여긴다. 그것은 군사주의와 가부장제 모두에게 악몽이다. 무엇이든 반드시 감시와 관찰 아래 놓여야 하며, 어떠한 비판 의식도 용납되지 않는다. 누군가 의무적이고 억압적인 형태 아래 소속되기를 거부하면, 이내 사회적 배제가 초래된다. 이러한 가부장적 시스템이 창출한 '타자성'은 적개심과 공포를 낳는다. 결과적으로 LGBT와 병역거부자, 여성과 같이 자발적으로 사회에 의해 '타자'로 규정된 사람들은 보통 서로를 이해할 수 있다. 사회적 배제와 타자성에 저항하는 병역거부 운동의 연대 네트워크는 매우 중요하다.

터키에서는 모든 군대의 주요 관심사인 '영토의 보전과 보호'에 가장 일반적으로 적용되는 주제가 바로 조국MOTHERland이다. 조국은 곧 어머니요, 여성이며, 명예다. 따라서 명예는 반드시 보호되어야 한다! 사실 이 명예는 너무나 중요해서 그 보호의 임무를 여성에게 맡길 수는 없다. 우리는 각축전이 벌어지는 무대에 보내질 군인들의 '영웅적 어머니'로, 그보다 먼저 남자아이들을 출산할 여성으로 기대를 받는다. 우리는 조국을 위해 아들을 희생하고, 적군의 조국과 싸워 이긴 사람들에게 찬사를 보낼 애국심 강한 여성들이라는 기대의 대상이 된다. 강간은 '적'의 조국에서 행해질 경우 정당한 것으로 간주되지만, 우리 스스로에게는 '명예의 상실'이다. 이것은 대부분의 여성에게 영향을 미친다. 여성들은 군인들을 성적으로 '위안'할 것을 요구받는다. 이러한 군사주의의 비도덕적 요구는 군사주의, 가부장제, 그리고 젠더 역할 사이의 협력으로 설명될 수 있다.

군사화 된 사회는 권위주의적이고 위계적이기 때문에 비도덕적이다. 이 구조는 우리의 가정에서도 볼 수 있다. 아버지가 집안의 사령관이고, 아들, 어머니, 딸은 나이의 위계에 따라 군인이다. 자신의 요구를 의문의 여지없이 관철시키는 사령관으로서의 아버지는 가장 뛰어난 인물이다. 여성의 신체와 섹슈얼리티는 아버지와 남편의 지휘 하에 있다. 여성이 무엇을 원하는지, 혹은 원하지 않는지는 중요하지 않다. 이것은 의무 사항이며, 지휘관이 요청할 때마다 명령에 따라 수행해야 한다. 그렇다면 자신의 정체성을 무시하지 않고 그것을 수행할 수 있는 사람이 누가 있을까? 한편 아들에게 특별한 중요성을 부여하는 가정에서도 아들은 군 복무를 마쳐야 '진짜 사나이'로 받아들여진다. 사실 가정은 작은 병영이다. 터키 사람들은 '군 복무를 마치지 않은 남성과 딸을 결혼시키지 않는다.' 군 복무를 마친 남성만이 '진짜 사나이'로 여겨지고 결혼도 할 수 있다. 이러한 맥락에서 남성은 군 사령관처럼 행동하며 부인과 아이들의 사령관이 될 것으로 여겨진다. 결국 상황은 가정이나 군대나 별 차이가 없다. 비록 여기서 서술한 상황이 터키 가정에 한정된 것이지만, 명백히 덜 군사화 된 사회나 여성이 보다 해방된 사회에서도 많은 여성들이 이런 경험의 일부를 공유할 것이다.

아이들이 가장 처음 '공식적'으로 사회화 과정을 겪게 되는 학교 또한 군대의 질서를 따른다. 알파벳 이전에 우리가 처음 배우는 것은 명령에 복종(명령에 불복하면 처벌을 받는다) 하는 것이다. 대부분 폭력을 수반하는 처벌은 군인들의 자아를 파괴했던 것과 같은 방식으로 작용한다. 우리는 무조건 복종할 것으로 기대된다. 그 밖에 도로도 우리 사회가 얼마나 군사화 되었는지를 말해준다. 도로와 공원은 '순교자'의 이름을 따서 지어지며, 도시의 광장에는 '순교자'를 위한 동상이 세워진다. 도시의 주요 부분, 대부분의 중심가는 철조망으로 둘러싸여 있다. 이곳들은 들어가는 것만 금지된 것이 아니라, 사진을 찍는 것조차 허락되지 않는다. 군사주의는 가정, 거리, 직장 등 어디에나 존재한다!

가부장제는 군사주의와 협력한다. 남성을 중심에 두는 이 시스템 하에서 여성들에게는 부차적인 역할만 주어진다. 가부장제 하에서 말할 수 있는 권리를 가진 사람은 남성이다. 이 세상은 여성들이 많은 일을 수행하고 있어도 그들을 그저 배경으로만 방치한다. 하지만 가부장제 시스템으로서 군사주의는 여성만 무시하는 것이 아니라, LGBT 여성을 포함해 LGBT들 또한 무시한다. 동성 간의 끌림은 질병으로 간주되며, 치료되어야 한다. 동성에 끌림을 느끼는 사람들은 게이, 바이섹슈얼, 장애인 남성을 병역에서 제외시키기 위해 터키의 군사주의가 발행하는 『로튼 리포트rotten reports』[3]로 인해 사회적인 배제에 노출된다.

3 **옮긴이 주** 군 복무가 불가능함을 문서화 한 의학보고서.

LGBT들은 가부장적인 시스템으로부터 사회적 삶의 자연스런 일부로 인정받지 못하고 있다. 여성들은 '어떻게든' 다루어질 수 있는 요소로 간주될 수 있지만, 남성들 간의 끌림은 남성성에 의문을 제기하고 확립된 질서를 깨뜨리는 것으로 여겨진다. 군사주의와 가부장제는 LGBT건 아니건 모든 여성을 두려워한다. 그러나 그들은 또한 LGBT 남성과 시스템에 의해 정의된 '남성성'과 '여성성'의 개념을 위협하는 논-바이너리non-binary[4] 정체성을 가진 사람들을 두려워한다.

젠더 역할은 군사주의와 협력한다. 젠더는 우리가 출생 시 배정된 성을 역할의 기초로 삼는 사회적 현상이다. 그 역할들은 교육되며, 이의 없이 받아들여지는 것이 당연하다. 남성을 우선시 하는 가부장적 접근은 젠더 역할을 통해 여성이 된다는 것과 남성이 된다는 것의 모델을 창조했다. 이 접근법은 맹목적으로 받아들여질 것으로 기대된다. 우리는 이러한 역할에 의문을 제기하는 것은 곧 사회 질서를 어지럽히는 것이라는 인식을 맹목적으로 주입받았다. 이러한 역할이 유통되는 동안 남성들은 권위나 공공의 영역과 결부되었고, 여성들은 권위의 부재와 '사적 영역'과 곧장 연결되었다. 사회적 영역 전체는 이러한 역할 모델에 부합하게 형성되었다. 이것이 여성에게 의미하는 바는, 모든 가사노동을 떠맡고, 아이와 노인을 돌보며, 집안의 가장, 즉 '사령관'에게 복종하는 것이다.

4 **옮긴이 주** 자신을 전적으로 여성 혹은 남성 젠더라고 정의하지 않는 사람을 일컫는다.

젠더 역할이 우리에게 말해주는 것은 무엇인가? 그것은 우리가 여성 혹은 남성으로서 무엇을 할 수 있고 무엇을 할 수 없는지를 결정해준다. 우리의 직업, 갈 수 있는 장소, 입을 수 있는 옷, 장난감, 누구와 친밀한 파트너가 될 수 있는지, 어디서 어떻게 웃을 수 있는지, 공공의 삶에 언제 어떻게 참여할 수 있는지 등등. 우리에게 배정된 성이 '남성' 혹은 '여성'인지에 따라 사회는 이미 모든 것을 결정해놓았다. 우리가 할 수 있는 유일한 것은 이러한 역할들에 적응하는 것뿐이다. 이렇듯 젠더 역할을 통해 여성에게 구축된 것과 비슷한 통제 장치는 군대 내 다른 계급 구성원들 사이의 상하 관계에서 찾아볼 수 있다. 여성들처럼 하급자들은 말할 권리가 없다. 그들은 문제를 제기하지 않아야 하고, 명령에 복종해야 한다. 폭력의 헤게모니 없이는 젠더 역할도, 군사주의도 유지될 수 없다. 그리고 이 '시스템'을 유지하기 위해서는 끊임없는 공포가 만들어져야 한다.

군사주의의 기본적인 개념은 계급, 권위, 권력, 무조건적 복종, 명령 체계다. 우리는 이 모든 것을 가부장제와 젠더 역할에서 대면하게 된다. 군사주의, 가부장제, 젠더 역할은 서로를 유지하는데 매우 중요한 삼각형의 세 모서리를 구성한다. 당연히 이러한 모서리에 여성과 그 밖의 LGBT들을 위한 공간은 없다. 이 삼각형 안에 머물며 여성으로서 우리에게 주어진 역할을 수행하는 것은 매우 중요하다. 실제로 이 모든 것들은 우리의 '명예'를 위한 것으로 간주된다.

군사주의는 여성을 두려워하며, 가부장제와 젠더 역할을 통해 우리를 통제하길 원한다. 따라서 여성이 가장 활동적인 구성원을 차지하는 운동이 여성의 신체와 섹슈얼리티를 통제하고 실행하는 이 시스템에 맞서는 것은 자연스러운 일이다. 만약 병역거부 운동이 진실성과 일관성을 갖길 원한다면, 페미니즘과 LGBT 운동 모두가 필요하다. 왜냐하면 페미니즘과 LGBT 운동은 위에 서술한 것과 같은 군사주의의 기본 개념과 젠더 역할에 문제를 제기하고 변화시키기 위한 목적을 갖는 운동이기 때문이다. 병역거부 운동은 남성다움이라는 허구의 세계를 드러내고 동시에 거부한다. 반군사주의 투쟁, 특히 병역거부 운동은 이미 알고 있는 것처럼 젠더 의식을 가져야 한다. 터키에서, 특히 1990년대에 여성과 남성의 병역거부 모두는 군대뿐만 아니라 사회의 군사화에 대한 폭동을 의미하는 것이었다. 이 점에서 남성들이 시작한 '우리는 남성이 아니다We Are Not Men' 운동은 좋은 사례라 볼 수 있다. 군사주의의 위계적이고 남성적이며 권위적인 구조에 '아니오'라고 말하면서 오로지 양심에 따라 운동이 유지될 것이라 선언하는 병역거부 운동이 젠더 의식을 갖지 않기란 불가능하다.

우리 여성들, 사회의 타자들, 병역거부자들, LGBT들은 오로지 연대와 서로를 향한 격려를 통해서만 우리를 포함하는 세상을 창조할 수 있다. 물론 사람들은 '어떻게든' 군 복무를 면제받을 수도 있을 것이다. 그러나 사람들은 우리를, 특히 여성들을 억누르고 통제하는 군사주의 사회의 바깥에 존재할 수는 없다. 이런 상황에서 우리가 할 수 있는 건 싸우는 것이고, 변화를 만드는 것이다. 다른 세상은 언제나 가능하다.

22. 터키의 병역거부 운동에서 LGBT 및 여성 병역거부자의 역할

도우 두르군은 터키 이스탄불 소재 사반치Sabanci대학에서 정치학 박사 과정을 밟고 있다. 하제테페Hacettepe대학에서 학부 과정으로 경제학을 전공한 뒤 갈라타사라이Galatasaray대학에서 정치학 석사 과정을 마쳤으며, 현재 터키와 이스라엘의 병역거부를 비교역사적으로 분석하는 작업을 하고 있다. 이 글에서는 여성, 레즈비언, 게이, 바이섹슈얼, 트랜스젠더의 병역거부가 어떻게 터키의 병역거부 운동에 영향을 미쳤는가를 서술한다.

모든 남성 시민들에게 부여되는 강제적 병역 의무는 터키에서 군사화를 지속시키는 과정 중 하나이다. 국가와 군 관계자들은 법과 규정, 징계 절차 등으로 군 복무를 실행에 옮긴다. 터키에서 군은 비록 정치에 비해 헤게모니를 잃긴 했지만, 아직까지 신성한 기관으로 홍보된다. 마찬가지로 사람들은 다른 민주적인 기관들보다 오히려 군대를 더 신뢰한다. 이렇게 일상화된 칭송은 필수 불가결한 통과 의례로서 군대에 대한 사회문화적인 인식과 관련이 있다. 문화적으로 군 복무는 남성성의 헤게모니 모델을 성취하려는 단계로 개념화된다. 남성 시민들은 괜찮은 직업을 찾기 위해, 결혼을 하기 위해, '삶을 시작하기 위해' 그들의 의무를 다한다. '모든 터키인은 군인으로 태어났다'는 문구는 터키인으로서의 정체성 형성에 군대의 역할이 얼마나 중요했는지를 잘 보여주는 모토이다. 그러나 개인적, 도덕적, 정치적, 종교적 이유로 군대에 참여하는 것을 거부하는 개인들도 많다. 그들은 징병 기피나 탈영, 면제를 받는 식의 방법으로 입대를 거부하며, 터키 군법과 일반 대중에 의해 군 기피자나 탈영병이라는 꼬리표가 따라붙는다. 그러던 1990년대 이후부터 특정 남성들이 자신들의 거부를 대중적으로 선언하기 시작했고, 군 기피자나 탈영병으로 분류되는 것을 거부하고 나섰다. 이제 '병역거부자'라는 용어가 터키의 정치 사전에서 저항을 시민 불복종의 한 형태로 개념화한 이들 남성들과 연관된 단어로 자리매김하게 된 것이다.

이 글은 병역거부 현상의 등장과 터키의 높은 군사화로 병역거부자들이 마주했던 도전 과제들에 대한 질문을 던진다. 투옥의 위험과 '군 복무에서 국민을 멀어지게 하기 위해' 거부를 선언한 사람들을 범죄시 하는 형법 제318조, 대부분의 시민적 권리들에 대한 접근의 차단(흔히 '시민적 죽음'이라 부르는 상태로, 사회보장이 되지 않고 여권도 없는 등)과 같은 도전들 말이다. 그러나 이것들이 병역거부자들에게 중대한 장애물이긴 해도 비교적 잘 알려져 있는 문제들이기 때문에 이 장에서는 터키 병역거부 운동 내의 권력 역학이 군사주의에 의해 어느 정도 구조화되었는지 하는 부분과 이러한 역학이 운동의 진화 과정에서 거부자 스스로에 의해 극복되는 과정을 살피는 데 주안점을 두고자 한다. 또한 인종, 민족, 계급과 같은 다른 권력 차이의 중요성을 인식하면서도 여기서는 특히 성별, 젠더, 섹슈얼리티에 초점을 맞추도록 하겠다.

반군사주의적 방해 작전: 1990년대 병역거부자들

1990년대에 터키의 병역거부자들 대부분은 일정 수준의 사회경제적, 문화적 자산을 가진 20대에서 30대 사이의 남성들이었다. 그들의 거부는 주로 아나키스트 윤리에 근거한 반군사주의자들의 방해 작전에 해당했다. 그들은 터키에서 반전 운동을 창출하고 싶어 했으며, 터키 보안군과 쿠르드노동자당Partiya Karkern Kurdistan, PKK 사이에 진행 중인 내전을 비폭력적 방식으로 해결할 수 있는 방법을 찾고자 했다. 이를 위해 1992년부터 그들은 전쟁에 저항하는 단체들이 자신들의 주장을 수용할 수 있는 길을 모색해나갔다. 반군사주의자로서 그들은 법과 규정, 정부와 군의 정책들을 개정하기 위한 노력도 기울였다. 따라서 그들은 군 복무와 여타의 대체복무에 대한 자신들의 거부를 시민 불복종 행위로 개념화했다. 그를 통해 자신들이 속한 더 폭넓은 집단에 기여하기를 원했고, 자신들의 거부가 사회를 비폭력적이고 탈군사화 된 사회로 변화시키는 정치 책임의 출발점이 되기를 바랐던 것이다.

당시 병역거부자들 사이의 논쟁은 정당한 전쟁과 그렇지 않은 전쟁을 어떻게 구분할 수 있는가 하는 문제와 터키-쿠르드 분쟁과 관련한 평화주의와 반군사주의가 주를 이뤘지만, 터키에서 성과 젠더 체제의 윤곽을 다시 정의하는 문제들도 포함돼 있었다. 그들은 군 복무를 모든 남성 시민의 의무로 인정하기를 거부했으며, 이성애자 남성성과 군 복무, 그리고 시민권 사이의 연결 고리를 해체하였다. 또한 내외부적인 위협을 감지하고 그것으로부터 조국을 보호하며 필요한 경우 다른 나라의 영토를 정복하는 영웅 혹은 전사로서의 남성성으로 자신들의 정체성이 규정되는 것 자체를 거부했다. '진짜 사나이'가 되는 통과 의례로서 군 복무라는 개념에 이의를 제기한[5] 유수프 에르긴Yusuf Ergin이 대표적인 예다. 어떤 이들은 군대가 국가 안팎에서 성/젠더, 계급, 인종, 민족적 위계를 유지하면서 지배자로서 기능하는 것을 고려했을 때, 이러한 선언이 자신들의 사회경제적, 문화적 자산 덕분에 누릴 수 있는 민족, 인종, 성/젠더, 계급적 특권에 저항하는 반역행위라고 주장했다.[6] 그리고 여기서의 선언이란, '아버지 조국'에 감사하는 '참된' 중산층 터키 남성 시민이 되는 것을 거부하는 것이었다.

이러한 병역거부의 출현은 순전히 개인적인 행위로서의 병역거부와 개인적인 행동이면서 동시에 시민 불복종으로서의 병역거부라는 두 가지 관점으로 갈라졌다.[7] '로튼 리포트'로 군대를 피한 사람들뿐 아니라 군 기피자나 탈영병으로 살아가는 사람들은 그들의 거부에 국가와 군대, 사회에 대한 시민 불복종적 요소가 포함되지 않았기 때문에 병역거부자로 간주되지 않았다.

병역거부자로 '커밍아웃'하는 것의 정치는 국가, 군대, 사회와의 일련의 대립을 수반했다. 그리고 이러한 대립적 정치는 오스만 무랏 울

5 Ergin, Yusuf 1993, 'Niçin Reddediyoruz?', in Bakaya [magazine], 1993, (5): 4

6 Öğünç, Pinar. 2013, Asker Doğmayanlar, (İstanbul: Hrant Dink Vakfı Yayınları), p. 28.

7 Kılınç, N.T. 2009, 'The Morals and Politics of Conscientious Objection, Civil Disobedience and Anti-militarism', in Conscientious Objection: Resisting Militarized Society, eds. OH Çınar and C. Üsterci, (London and New York: Zed Books)

케Osman Murat Ulke의 군사 재판과 오랜 수감 생활로 정점에 이르렀다. 군사 재판에서부터 군부대를 거쳐 교도소로까지 이어지는 악순환은 병역거부자들에게 목소리를 부여하였다. 역설적이게도 이로써 병역거부 투쟁은 터키 사회에 널리 알려지게 되었고, 병역거부와 남성적인 시민 불복종 행위를 연관 짓는 영웅적인 진취성으로 인식되기까지 하였다.

저항의 젠더화: 2000년대 여성과 그 밖의 LGBT 거부자들

병역거부의 남성적이며 이성애적인 성격은 2000년대 초반 터키 사회가 게이 남성과 여성 병역거부자들의 공개 선언문을 목격하게 되면서 붕괴되기 시작했다. 새롭게 등장한 이들 병역거부자는 국가와 군 당국, 그리고 다른 병역거부자들에 대항해 자신들의 성/젠더와 성적 차이를 분명히 하였다.

커밍아웃한 게이 남성들과 몇몇 여성들은 각각 2001년과 2004년에 군 복무와 군사주의에 대한 반대 의견을 공개적으로 표명하였다. 그때까지만 해도 병역거부는 이성애자 남성과 직결되는 것이었기 때문에 이러한 저항의 젠더화는 병역거부자들과 반군사주의자들에게는 무척이나 험난한 과정이었다.

또한 투쟁의 과정에서 여성과 게이, 바이섹슈얼 남성을 어디쯤에 자리매김해야 하는지에 대한 의문들이 대두됐다. 여성은 처음부터 군 복무를 마쳐야 하는 의무가 없었고, 게이와 바이섹슈얼 남성들은 물론 성적 지향을 군 당국에 '증명'해야 할 뿐더러 종종 사생활과 존엄성 측면에서 엄청난 희생을 치러야 하지만[8] 어쨌든 '로튼 리포트'로 면제가 가능했기 때문이다. 또한 터키에서 트랜스젠더 남성들은 시스 남성들처럼 영장을 받긴 하나 그들과는 달리 누구도 군 복무를 하지는 않는다는 사실 역시도 언급할 필요가 있겠다. 이는 결국 그들을 애매모호한 처지로 내몰게 되는 것이다. 참고로 트랜스 여성은 영장을 받지 않는다.

새롭게 등장한 이들 병역거부자는 예전에 등장했던 거부자들과 비슷한 평화주의와 반군사주의 신념을 가진 이들이었다. 그러나 그들은 또한 국가와 군대, 사회, 그리고 다른 몇몇 병역거부자들의 가부장적이고 남성적이며 이성애적인 담론과 관행을 해체하고 드러냄으로써 자신들의 성/젠더와 성적 차이를 정치화했다. 터키에서 여성들은 강제 징집의 대상이 아님에도 일상에서 군사주의의 숨은 효과에 저항하는 반군사주의의 일환으로 자신들의 행동을 개념화했다. 그들은 가부장제를 영속시키는 이데올로기로서 군사주의를 거부했으며, 그것의 가해자나 피해자가 되기를 거부했다. 그들의 선언은 또한 병역거부자들 사이의 가부장적이고 남성적인 담론과 관행에 대한 비판이기도 했다. 여성들은 처음부터 반전운동의 적극적 행위자였음에도 불구하고, 그들이 징병 대상이 아니며 따라서 투옥의 대상도 아니라는 이유로 흔히 지지자로만 규정되어 왔다.

8 터키 군대와 의료 당국은 지금까지도 동성 간의 끌림을 공식적인 질병이나 장애로 간주한다.

여성 병역거부자들은 터키 형법 155조(현행 318조)[9]로 인한 재판을 기꺼이 감수했으나, 아직까지는 군 당국에 의해 재판이 진행되지는 않고 있다. 물론 법정에 기소되긴 했으나, 이는 선언문 때문이 아니라 시위에 참여했기 때문이었다. 반대로 남성 거부자들은 탈영이나 군 기피로 사회적 죽음과 투옥의 위험에 직면했다. 일례로 메흐멧 타르한Mehmet Tarhan이란 병역거부자는 잇달아 투옥되고 징계 절차에 회부됐는데, 그 중 게이 남성으로서 투옥되었을 때 더 많은 주목과 열광을 받았다고 기억하고 있다. 군 복무와 '로튼 리포트' 모두를 거부한 그의 행동은 곧장 투옥으로 이어졌으며, 역설적이게도 이는 다른 병역거부자들보다 그의 목소리에 더 큰 힘을 실어주었다. 반면 병역 의무가 없는 여성의 상황은 국가와 군 당국이 그들을 병역거부 투쟁의 행위자로 인식하지 않는 결과로 이어졌고, 병역거부 운동 내에서조차 그들을 지지자로서의 지위로 전락시켰다. 그러나 '대가를 치른다'는 것이 더 이상 투옥만을 의미하는 게 아니라는 점에서 그들의 거부 행위는 저항의 의미 자체에 대한 도전이었다. 여성들은 사회에서 자신들이 여성으로서, 어머니로서, 딸로서 여전히 대가를 치른다고 주장했다. 그들은 '신성하고 희생적인' 아내이거나 어머니일 때, 혹은 병역거부로 투옥되었을 때만 여성들에게 목소리를 허락하는 군사주의의 규칙에 따른 게임에 참여하

9 155조에 따르면, 군에 반대하는 연설과 행동은 곧 '병역거부'로 간주돼 그를 행한 병역거부자들과 지지자들은 재판에 회부될 수 있다. 2004년 개정된 법률에서는 그러한 행동과 연설을 318조에 따라 처벌하는 걸로 수정됐는데, 행동과 연설을 처벌하는 것이 약간 더 까다로워졌을 뿐, 본 조항의 내용은 크게 달라지지 않았다.

기를 더 이상 원치 않았다.

그럼에도 국가와 군 당국은 한층 더 병역거부자와 그 지지자들의 침묵을 강요하는 방향으로 나아가고 있다. 군사 기관을 겨냥한 연설을 했다는 이유로 병역거부자와 지식인, 언론인, 예술가들이 318조에 근거해 재판에 넘겨지는 경우가 줄을 잇고 있다. 병역거부자 할릴 사브다 Halil Savda는 5개월 징역형에 처해졌고, 작가이자 칼럼니스트인 페리한 마덴Perihan Mağden과 유명한 트랜스 가수 불렌트 에르소이Bulent Ersoy를 비롯한 많은 유명인과 언론인들도 재판을 받았다. 이렇듯 형법 318조는 터키 군대에 반대하는 의견을 제시한 사람들을 위협하고 범죄시함으로써 표현의 자유를 방해하는 조항으로 비판받고 있다.

지형을 다양화하다: 대안적 형태의 병역거부

게이, 레즈비언, 이성애자 여성 병역거부자들은 터키 병역거부 운동의 젠더 역학을 완전히 바꿔 놓았다. 병역거부자들 사이에서 이들의 주장의 타당성에 대해서는 의심의 여지가 없었다. 그러나 병역거부 정치에 대한 페미니즘적 비판이 병역거부자들 사이에서 정당성을 인정받아왔다 할지라도, 시민 불복종 행위로서의 병역거부의 유산은 아직 해체되지 않고 있다.

자신들의 병역거부를 시민 불복종 행위로 여기지는 않지만 개인적, 정치적, 도덕적, 종교적 이유로 양심상 군 복무를 거부하는 사람들이 여전히 존재하며, 이들은 1990년대 병역거부자들의 언어로는 병역

기피자로 분류되고 또 스스로도 그렇게 규정하고 있다. 이런 사례들은 병역거부의 회색 지대가 존재함을 시사한다. 그들 중 일부는 병역거부라 하면 대중적으로 자신들의 거부를 알리고 그에 따르는 모든 처벌들을 감수하는 시민 불복종 행위를 연상시킨다는 이유로 스스로를 병역거부자와 동일시하지 않는다.

또 다른 이들은 단순히 병역거부에 대해 충분히 알지 못했기 때문에 자신들을 병역거부자라 부르지 않는다. 뿐만 아니라 사회경제적, 문화적 자산과 같은 특권을 가지지 못한 개인들은 자신을 둘러싼 강력한 군사주의 때문에 그러한 정치적 입장을 취하지 못하는 경우들도 있었다.

마지막으로, '로튼 리포트'를 받아들였으면서도 성과 젠더 정체성에 기초해 병역거부를 선언하는 게이, 양성애자, 트랜스젠더 거부자들이 최근 나타났다. 양심을 근거로 군 복무를 거부하였으나, 사회적 죽음과 같은 결과를 마주하는 것이 두려운 나머지 군 복무를 피할 합법적인 방법을 찾은 병역거부자들도 적지 않다. 매우 적은 수이긴 하나 군 복무를 마친 예비군들이 대중적으로 병역거부를 선언하는 사례들도 생겨났다. 이러한 선언들로 이제 군 복무의 의무가 있는 남성들뿐만 아니라 군법에 따라 이미 군 복무를 마치고 예비군이 된 사람들까지도 병역거부와 결부되기 시작했다. 이 모든 사례들은 하나의 특정한 방식으로 국가와 군대, 사회에 맞서던 과거의 유산을 흐릿하게 만들고, 병역거부를 구성하는 대안적인 방식들을 제시하고 있다.

결론

터키 병역거부의 역사적인 궤적과 거부자 유형의 진화는 사람들이 징병제에 거부하는 방식의 변화를 보여준다. 병역거부라는 개념은 더욱 광범위한 사회에서 협상의 터전이 되고 있다. 병역거부의 의미를 놓고 혼란이 생겨난 이유 중 하나가 터키의 헤게모니적 남성성과 얽혀 있는 높은 수준의 군사주의라는 것은 다소 논쟁의 소지가 있다. 군사주의는 희생과 용기, 대립을 찬양하는 이데올로기로서, 헤게모니적 남성성과 강력히 연결된 개념이다. 병역거부의 '대가를 치른다'는 것이 시민 불복종, 투옥 등의 대립적인 정치를 의미할 때, 양심을 이유로 군 복무를 거부하는 많은 개인들은 스스로를 병역거부자로 규정하지 않게 된다. 반면 투옥되었건 면제되었건 관계없이 각각의 병역거부자들은 각기 다른 방법으로 대가를 치른다. 병역거부를 시민 불복종과 연관 짓는 것은 병역거부가 사회 전반에 걸쳐 받아들여지는 걸 일정정도 방해하고 있다. 병역거부의 의미 확장은 터키 대중에게 병역거부의 중요성을 끌어올리는 데 일조했을 수 있다.

결론적으로 병역거부의 확대에서 중요하다고 믿는 한 가지 핵심을 간단히 말하면 이렇다. 이 현상의 가장 중요한 자산 중 하나는 역동성이다. 개별적 성격의 병역거부는 거부를 통해 자신의 정치적 목표를 제시하는 새로운 주체들을 위한 공간을 창출한다. 이는 병역거부 활동가들에게 몇 가지 도전 과제를 제기한다. 사회적, 문화적, 정치적으로 서로 다른 공간에 소속돼 있는 각 주체들 간의 연대와 협력을 창출하기가 그만큼 더 어려워졌기 때문이다. 따라서 활동가들은 다른 사회 운동과의 연계성을 확립하고 강화하는 데 좀 더 주의를 기울여야 한다. 그렇게 함으로써 병역거부는 서로 다른 주장과 가치를 지니고 있으면서도 병역거부라는 지점에서 하나로 만나는 사람들 사이에 토론을 촉발시키는 터전이 될 수 있을 것이다. 더 나아가 최근 터키의 사례에서 일정정도 그랬듯이, 여러 국제기구들은 개별 거부자들의 부담을 덜어주는 측면에서 도움이 될 수 있다. 이와 관련해서는 다른 장에서 충분히 짚어 주리라 믿는다.

23. 장애와 징병: 남성성, 장애 차별 그리고 군사화된 몸

빌렌트 퀴취카슬란은 1973년 이스탄불에서 태어나 여전히 그곳에서 살고 있다. 척수 손상으로 인해 1999년부터 휠체어를 사용하게 된 그는 2003년에 장애 문제에 관한 웹 기반 플랫폼을 설립해 관리자이자 편집자로 일하며, 회원 수만 거의 80,000명에 달하는 서비스로 키워냈다. 그 외에도 장애에 관한 글을 쓰거나 다양한 행동을 통해 터키의 장애인 운동에 기여하고 있다. 이 글에서 그는 터키의 장애 차별과 군사주의, 특히 징집과 남성성 간의 교차성에 관해 설명하고 있다.

인체를 이상화할 수 있는 가장 결정적인 방법 중 하나는 군대다. 냉혹함, 빈틈없는 태도, 남자다움, 단정한 자세, 무조건 복종, 불굴의 정신, 고통의 인내, 수면 극복, 강인함 같은 남성주의적 언어 패턴에 열중하는 사람들을 위로하기 위해 만들어진 특정 용어들은 군대의 구성 요소로 특별히 제시된다. 이러한 단어들은 군사 활동의 특수한 결과가 아니라 모두의 삶의 일부일 뿐이다.

이상적이고 군사화 된 상상 속의 남성 신체 구조는 특히 터키 군의 건강관리 지침 중 여섯 번째 조항에서 명백히 드러난다. '징병 경로를 통해 군대에 입대하는 사람들은 군대에 복무하기에 적합하지 않은 자와 적합한 자들로 나뉜다. 적합한 것으로 간주되는 사람들은 자신의 건강에 관한 한 어떠한 질병이나 결핍도 가지지 아니한다.'

다시 말해 군대는 출입문에 '여기서는 장애인을 허용하지 않는다'는 표지판을 대문짝만하게 걸어 놓는 편이 나을 것이다. 이는 그 자체로는 크게 우려할 가치가 없지만, 문제는 그것이 이 출입문을 통과하여 문을 지키게 될 사람들(즉 군 복무를 원하는 사람들)뿐만 아니라 (장애와 관련해 명백한 건강상의 문제와 관계없는) 터키의 젊은 청년들 모두에게 관련된 것이란 사실이다. 더 심각한 것은, 장애인은 절대 군 복무를 위한 요건을 충족시킬 수 없음에도 불구하고 징병검사의 미로 전체는 그들의 건강 여부와 관계없이 마지막 한 명의 징집병에게까지 유혹의 손길을 보내며 많은 사람들에게 불쾌감과 부조리를 안겨주고 있다는 사실이다. 이 점에 있어서 군대에 관한 경험을 들여다볼만한 장애인들은 두 집단으로 나뉘는데, 첫째는 군대에 합류하고자하는 사람들이고, 둘째는 그렇지 않은 사람들이다.

장애인이 실제로 군에 복무하기를 원한다면, 그들이 겪게 될 부조리의 대부분은 군 병원에서 목격되며, 그들의 입대 신청은 일반적으로 군사 지침과 모순된다며 거부되기 마련이다. 얼마나 4군대에 복무하고 싶어 하는지, 장애를 숨기기 위해 얼마나 노력하는지와 관계없이 '부족한' 사람은 군복을 입을 가치가 없는 것으로 간주된다.

그러나 동일한 인물이 실제 자신의 장애에 대해 설명하며 군 복무에 관심이 없다고 표명한다면, 그 때는 정반대의 결과를 낳게 될 것이다. 이 경우 이 사람이 얼마나 군 면제를 원하는지, 얼마나 장애를 강조하는지와 관계없이 남성성의 미덕인 책임을 회피하려 한다는 혐의에 직면 할 가능성이 높다. 그들은 국가가 부여한 의무에서 벗어나려고 한 혐의로 위험에 처하게 될 것이고, 최종 결과를 기다리는 동안 관료주의의 늪에서 고통 받으며 금전적으로 막대한 비용과 소중한 시간을 빼앗기는 등 엄청난 대가를 감내해야 하는 것이다.

첫 번째 단계에서 이 사람은 공식적으로 자신이 질병이나 결핍을 겪고 있다고 선언해야 하며, 그 후에는 군 병원으로 보내질 것이다. 때로 병원은 고향에서 멀리 떨어진 도시에 위치해 있을 수도 있는데, 그럴 경우 교통과 숙박비용은 개인이 알아서 해결해야한다. 그런 다음 그는 이 의사, 저 의사를 오가며 자신이 장애인임을 주장해야 하고, 기본적인 신체검사를 몇 번이나 되풀이 하다가 결국 보건 당국을 무사히 납득시켰기를 바라면서 집으로 되돌아가 검사 결과를 기다려야 한다.

터키에서는 심지어 중증 장애가 있는 사람도 그러한 절차를 받게 될 가능성이 크다. 장애인들은 고문과 같은 이 모든 과정을 겪음으로써 진짜로 '결함이 있다'는 것을 증명해야한다. 그러나 이 기대에 부응하는 것만으로는 충분치 않다. 보건 당국에 장애를 납득시키는 데 성공한 장애인에게 주어진 최종 보고서는 단순한 면제가 아니라, 실제로는 이른바 '로튼 리포트'다. 이는 직장을 구할 때를 비롯해 두고두고 장애인들에게 문제로 남을 것이다. 특히 이 보고서를 수령한 장애인에게 겉으로 눈에 띄는 장애가 없다면 동성애자이거나 양성애자라는 의심을 받을 수 있고, 그런 의심과 관련된 편견에 직면해야 할 때는 더더욱 문제가 된다.

다시 말해 군대에서 복무하길 원하건 그렇지 않건 간에 이 싸움에서 이길 수 있는 길은 없다. 하지만 이 싸움에서 가장 큰 패배자는 '로튼 리포트'라는 주홍글씨를 새긴 채 전문직이나 사람들과 어울려 일하는 환경에서 기반을 찾으려고 하는 사람들이다. 어쨌든 모든 장애인은 불행히도 '복무'라는 게 어떤 것인지를 맛보게 되는 셈인 것이다.

24. 이스라엘의 양심적 병역거부:
주인의 도구로 주인의 집을 허물 것인가?

사하르 바르디는 2008년에 공개적으로 군 복무를 거부하고 투옥됨으로써 이스라엘에서 논쟁을 불러온 병역거부자다. 그 후 그녀는 뉴프로파일과 같은 이스라엘의 반군사주의 단체들과 함께 활동했으며, 현재 미국친우봉사회American Friends Service Committee의 이스라엘 담당 코디네이터로 예루살렘에서 활동하고 있다. 여기서 그녀는 이스라엘의 양심적 병역거부가 주인의 도구를 사용해 군사주의라는 '주인의 집'을 허물려고 하는 건 아닌지, 다시 말해 군사주의 자체로부터 동력을 확보하는 전술을 쓰고 있는 건 아닌지 되묻고 있다.

이스라엘의 병역거부 운동을 살펴보면, 이스라엘이 건국한 1948년 이래로 그것이 병역을 거부할 권리에 관한 운동일 뿐만 아니라 대체로 보다 넓은 정치 투쟁의 일부이기도 하다는 것을 알 수 있다. 이스라엘의 병역거부자들은 팔레스타인 이웃들과 싸우기를 거부하고, 팔레스타인 점령 지역에서의 유대인 정착촌 확장과 민간인을 상대로 한 계엄령을 가능케 하고 또 유지시키는 명령에 대해서는 받아들이지 않겠다고 선언한 사람들이다. 또한 이들은 정치적 결단이라는 명분으로 레바논을 침공해 다른 사람들의 목숨을 빼앗고 자신의 목숨까지도 위험에 빠뜨리는 짓에는 가담하지 않겠다고 선언한 사람들이며, 최근에는 자신들의 페미니즘적 신념이나 망명 신청자들에 대한 국가의 부당한 처우에 항의해 병역거부를 선언하는 사람들까지 그 대열에 합류하기 시작했다. 그리고 이스라엘 사회에서 소외된 젊은이들이 국가가 그들과 그 가족들을 억압하는 방식에 항의해 군 복무를 거부하는 경우도 생겨났다.

청년들이 징집에 대한 거부 의사를 표명하는 이 모든 이유들은 징병 제도, 또는 '징집' 그 자체로 인해 대중들의 관심을 모을 수밖에 없다. 이 젊은이들은 군 복무를 거부하고, 많은 경우 투옥까지 감수함으로써 자신들이 믿는 바에 대해 기꺼이 대가를 지불하기 때문에 그들에게는 투쟁을 위한 무대가 주어진다. 이런 식으로 이스라엘의 병역거부는 종종 군대가 아닌 더 큰 정치적, 이데올로기적 이슈에 맞선 저항 전략으로 자리매김하고 있으며, 거부 행위는 오로지 발판으로만 작용하고 있다.

이스라엘 사회의 탈군사화 운동에서 병역거부는 오랫동안 이러한 투쟁의 주요 도구 중 하나이자 아마도 가장 중점을 둔 캠페인으로 여겨져 왔다. 이스라엘 사회의 탈군사화를 위한 가장 큰 페미니스트 운동 단체인 뉴프로파일은 1998년 설립 이래로 병역거부자들(공개적으로 병역거부를 선언하고 투옥된 사람뿐만 아니라 이스라엘에서 가장 쉽게 면제를 받을 수 있는 정신건강상의 이유로 면제를 선택한 사람까지 포함해)의 지원에 많은 자원을 집중했다. 그와 동시에 병역거부자들이 군대를 거부하는 또 다른 이유 중 하나인 군사주의에도 점점 더 힘을 집중하고 있다. 점령에 반대하는 병역거부자들의 2014년 편지에는 다음과 같이 적혀있다. “군대는 팔레스타인 사회에 끼친 피해로 시작되거나 끝나는 문제가 아니다. 이는 이스라엘 사회의 일상에까지 침투해 인종주의와 폭력, 민족적, 인종적, 성적 차별을 조장하면서 교육 체계와 노동력 창출 기회를 좌우하고 있다”[10] 그러나 군사주의에 대항하는 것과 병역거부와의 연관성은 분명해 보이지만, 재검토가 필요한 주제이다. 이것은 또한 우리 운동에 많은 딜레마

10 Conscientious Objectors against the Occupation 2014, Refusenik Letter 2014: Refusing the IDF (https://www.facebook.com/refusingIDF/info?tab=page_info)

를 안겨주고 있기도 하다.

2001년 수십 명의 이스라엘 남녀 젊은이들이 이스라엘 정부의 팔레스타인 점령에 대한 저항의 형태로서 병역거부를 선언하는 대중 성명을 발표했다. 그 결과 남성들은 투옥되었고, 그 중 다섯 명은 거의 2년 동안 감옥에 갇혀 있어야했다. 여성들은 대부분 군에 의해 병역거부자로 인정을 받고 면제되었으며, 따라서 투옥된 남성들을 지원하는 역할을 맡게 되었다. 이들 여성 가운데 한 명인 샤니 베르너Shani Werner는 그에 관해 이렇게 적고 있다. "이스라엘 방위군IDF이 여성의 군 복무를 무시하는 것과 마찬가지로 우리는 여성의 병역거부를 쉽게 무시하곤 한다. 군대에서 여성의 역할은 항상 서류 작업과 커피 심부름으로 간주되고 군이 여성들에게 군 복무 면제를 비교적 쉽게 허용한다는 점에 빗대, 우리의 저항은 심지어 '커피 심부름을 거부한' 탓에 군이 그걸 받아들여준 것 같은 취급을 받는다."[11]

그러다 지속적인 성 차별에 대한 이스라엘 병역거부 운동의 인식이 늘어나고, 여성의 군 면제가 더 어려워지는 쪽으로 군대의 규정이 바뀌면서 여성 병역거부자들의 수가 그만큼 늘어나게 되었다. 이는 매우 중요한 지점으로, 비단 여기에서 이야기하는 페미니즘적 비판 때문만이 아니라 병역거부가 명확하게 군사 구조와 군대의 규칙에 따라 진행되는 게임이며 주인이 만들어놓은 철창 뒤에서 주인의 집을 허물려

11 Elster, Ellen 2010, 'Coffee Serving Resistance? An Introduction to Women's Conscientious Objection in Israel', in Women Conscientious Objectors: an Anthology, (London: War Resisters' International), p.50.

는 시도라는 것을 보여주기 때문에 그렇다. 우리는 투옥된 병역거부자들뿐만 아니라 군에 의해 양심적 병역거부자로 인정받기 위해 평화주의와 병역거부의 기준을 군사위원회 기준에 맞추려는 사람들에게서도 이러한 시도를 목격할 수 있다. 그렇다면 군대가 직접 군 복무에 부과한 권능과 의미를 전술로서 받아들이는 양심적 병역거부가 진정으로 반군사주의적일 수 있을까?

이스라엘의 병역거부 운동은 두 가지 상충되는 현실을 이해하면서 이러한 긴장에 대해 점점 더 인식하게 되었다. 하나는, 병역거부가 관련된 쟁점들을 공론의 장으로 끌어올 수 있는 매우 강력한 도구라는 현실이었고, 다른 하나는 병역거부도 결국 군대라는 구조의 틀 안에 있는 도구이며 군사주의적 가치에 의존할 뿐이라는 현실이었다. 이와 관련해 2014년에 투옥된 이스라엘의 병역거부자 우디 세갈Udi Segal은 이렇게 말한다. "내가 감옥을 선택한 이유는, 불행히도 이스라엘의 대중들이 스스로를 기꺼이 희생하려는, 즉 기꺼이 '대가를 치르려는' 사람들의 이야기에만 거의 귀를 기울이기 때문이다."[12] 그 해 11월, 당시 19살이던 그는 병역거부를 이유로 그에게 내려진 다섯 번째 형기에 시작했던 단식 투쟁을 짧게 마감했다. 단식을 중단하기로 결심하면서 그는 이러한 긴장을 다음과 같이 한 번 더 표현했다. "긴장은 이제 권력 투쟁으로 바뀌었다. 나는 그들의 언어로 나의 힘이나 '남성성'을 증명

12 Matar, Hagai 2014, 'Israeli Conscientious Objector ends Hunger Strike Citing Abuse', in +972Mag[online] 3rd November, (http://972mag.com/israeli-conscientious-objector-ends-hunger-strike-citing-abuse/98369/)

하는데 관심이 없다. 이것이 내가 병역을 거부한 핵심적인 이유다."

이는 그러한 긴장이 어떻게 인식되는지, 운동이 어떻게 스스로의 약점과 모순을 발견해 양심적 병역거부자들로 하여금 절충점을 찾아 나서게 하고 그들의 성명서에 군 복무 자체뿐만 아니라 군사주의의 근본 가치를 문제 삼을 수 있게 만드는 것을 활동의 일환으로 삼을 것인지를 보여주는 좋은 사례이다. 나는 '주인의 도구'와 더불어 그것을 새롭게 활용하고 도구 자체에도 도전할 수 있는 우리의 능력을 두루 갖춘 절충점이 있을 거라 믿는다. 그리고 그것이 병역거부의 효과를 강력한 반군사주의 활동과 결합시킬 여지를 만들어줄 거라 믿는다. 지금 우리 사회가 절실히 필요로 하는 건 바로 이것이다.

25. 군대를 넘어서

이 글은 현재 병역거부 운동의 범위에 포함되어 있지 않지만 병역거부의 한 형태로 간주될 수 있는, 군 입대를 거부하는 것 이외의 행동들에 관한 영국의 한 페미니스트의 주장을 담고 있다.

반군사주의자에게 병역거부는 군대를 통해 전쟁에 가담하는 것을 양심에 따라 거부하는 행위를 대개 뜻한다. 모병제든 징병제든 군대는 압도적으로 남성들로 구성되어 있기에, 이는 반군사주의 병역거부 운동이 거의 필연적으로 남성을 중심으로 구성되리란 걸 시사한다. 그러나 만약 운동에서 병역거부의 의의가 반군사주의 잠재력에 있다면, 병역거부에 접근할 때 남성 중심성을 피하는 것은 무엇보다 중요하다. 이 책이 명확하게 보여주듯, 군사주의와 남성성, 그리고 남성 우월주의의 관계는 순환적이다. 남성 중심성은 남성 우월주의를 지속시키며, 이 둘은 운동이 대항해온 군사주의의 전체 사이클을 완성시킨다. 이 글에서는 군대를 통해 전쟁에 가담하기를 거부하는 것 외에 여성에게도 열려 있는 반군사주의 저항의 형태를 병역거부의 일부로 인정할지에 관한 찬반양론을 다룬다. 그리고 그 구체적인 저항의 형태들은 뒤이은 장에서 좀 더 자세히 소개할 것이다.

2010년에 전쟁저항자인터내셔널은 여성 병역거부자들의 이야기를 담은 책 한 권을 출간했다. 필자들은 군인이나 징집을 앞둔 여성, 군인의 내조자와 어머니로 정의되기를 거부하는 여성, 혹은 '전시 노동'과 같이 다른 방식으로 전쟁과 군사주의에 기여하는 행위를 거부하는 여성들이었다. 예를 들어, 노라 페이지Nora Page는 평시에는 요구되지 않으나(특히 2차 세계대전 때 영국에서 그랬던 것처럼) 전시에 내려지는 모든 지시를 일체 거부했다. 하지만 그녀의 상황은 예외적인 것이었다. 당시 영국은 일종의 '산업 징집'을 도입하여 사회 전체를 전쟁에 동원했다. 이에 반해 현대전은 '전면전'이 아니며, 따라서 사회 전체에 그 같은 방식의 동원을 요구하지 않는다. 혹은 적어도 사회의 모든 부문이 의식적으로 전쟁 노력에 기여하도록 요구하지는 않는다. 그러나 일상에서 가장 존재감 있는 민간 기업들 중 일부가 전쟁 수혜자임을 감안할 때, 특히 소수 집단 혹은 '1세계'에서 무의식적으로라도 전쟁 산업에 기여하지 않기는 어렵다. 민간 기술뿐 아니라 군사 기술도 개발하는 HP나 삼성을 떠올려보면 대번 이해가 될 것이다. 그렇다면 이런 세상에서는 군대를 넘어선 병역거부의 가능성이 존재하지 않을까?

스스로 병역거부자라고 선언하지 않았거나 전쟁저항자인터내셔널의 『여성 병역거부자 선집』에 실리지 않은 여성들도 실제로 전쟁 기계를 약화시키는 무수한 방법을 통해 거부 의사를 표명해왔다. 예를 들어, 버나틴 그린하우스Bunnatine Greenhouse는 미국 정부가 이라크 전쟁을 준비하면서 KBR이라는 회사와 재건 사업 명목으로 수십억 달러 규모의 수의계약을 체결한 사실을 폭로하였다. KBR은 당시 미 부통령이던 딕 체니가 CEO로 재직했던 핼리버튼Halliburton의 자회사다. 안타깝게도 이 이야기는 미국 납세자의 세금을 절약하기 위해 애쓰는 용감한 여성의 이야기쯤으로 자주 회자되었지만, 그녀의 이야기는 전쟁을 일으킨 책임이 있는 고위 정부 관료들이 소위 국익을 염려하는 것만큼이나 개인적인 금전적 이익에도 관심을 기울인다는 사실을 꼼짝없이 입증해주는 것이기도 했다. 그녀는 계속해서 전쟁을 일으키는 기계의 운전대를 잡고 있는 건 다름 아닌 전쟁 수혜자들이라는 걸 폭로한 것이다.

이라크 전쟁은 또한 전쟁광들이 자기가 원하는 것을 얻기 위해 어디까지 갈 수 있는지에 관한 폭로들로 이어졌다. 예를 들어, 캐서린 건Katharine Gun은 전쟁을 승인하도록 협박하기 위해 유엔안전보장이사회의 외교관들을 감시하려던 미국 정보기관의 음모를 폭로했다. 과거 미국 정보 당국의 관행을 폭로한 바 있는 내부 고발자 대니얼 엘스버그Daniel

Ellsberg는 미국의 기밀 메모를 인쇄해 영국의 일간지 가디언에다 넘긴 캐서린 건의 행동을 유일무이하다고 표현하며 이렇게 말했다. "나 자신을 포함한 다른 누구도 이제까지 캐서린 건이 한 것과 같은 일을 해본 적이 없다. 그녀는 개인적 위험을 무릅쓰고, 전쟁이 임박한 시점에, 시기적절하게, 가능한 전쟁을 막기 위해 숨겨진 진실을 밝힌 것이다." 그러나 그녀는 자신의 목적을 명확히 밝히면서도 다른 반전 운동과 밀접하게 함께 행동하지는 않았다. 여기서 우리의 관심은, 그녀가 만약 다른 반전 운동과 밀접하게 보조를 맞췄더라면 그녀의 목표가 이뤄졌을지, 그리고 그녀가 자신의 역할을 병역거부라는 개념의 일부로 인식하고 있었다면 다른 반전 운동과 함께 했을 가능성이 더 높아졌을지 하는 점이다.

만약 병역거부가 군인들뿐만 아니라 정보기관의 역할과도 관련 있는 것으로 간주돼 왔다면, 그녀의 행동은 무수한 병역거부 행위의 일환이 될 테니 유일무이한 것으로 인식되지는 않지 않았을까? 이 이야기가 결국 정보기관이 전쟁을 촉진하는 데 중요한 역할을 한다는 것을 보여주는 것이었다면, 버나틴 그린하우스의 사례는 그녀가 반대한 특정 계약의 성격을 감안할 때 병역거부가 건설 노동자들 사이에서도 관심사가 될 수 있음을 보여준다. 삼성이나 HP와 같은 회사에서 일하는 사람들의 양심은 언제나 그러한 불의를 지켜보고만 있어야 하는가? 만약 병역거부의 범위를 군대가 아닌 다른 분야들로까지 확장해 병역거부의 의미를 부여한다면, 분명 그런 사례들에 유용할 수 있을 것이다.

그리고 실제로도 우리가 애초에 생각했던 병역거부의 의미를 잠시 접어두는 게 필요할 때가 있다. 군사 분야에서조차도 자신을 병역거부라 인식하거나 타인에 의해 그렇게 규정된 사람들 사이에는 다양한 스펙트럼이 존재한다. 징병제 하에서 뿐만 아니라 '모병' 군인들도 병역거부자로 변신한 이들이 있고, 모든 전쟁에 반대하는 사람들이 있는가 하면 특정 전쟁에만 반대하는 사람들도 있고, 특정한 상황이나 특정 대상에게만 무력 사용을 반대하는 사람들도 있다. 살상 자체를 거부하는 사람도 있고, 살상을 강요당하기를 거부하는 사람도 있으며, 전쟁이나 무력 사용, 살상 같은 것들은 거부하지 않지만 성 차별과 인종주의, 자본주의, 이성애주의, 장애인 차별과 같은 사회적 폭력을 영속화하는 제도로서 군대를 거부하는 사람들도 있다. 또한 그냥 단순히, 그러나 매우 당연히도 군대나 전쟁 지역에 머물기를 원치 않는 사람들도 있는데, 이들은 전쟁이나 무력 사용, 살상, 사회적 폭력에 대해 특별한 관점을 가지고 있지 않은 사람들이다. 전쟁저항자인터내셔널은 그들 역시도 지원하고 있는데, 그럼에도 그들은 법률상으로 양심적 병역거부자로 인정받거나 하지는 못할 것이다. 왜냐하면 아무리 그 행동이 이해할 만하다 하더라도 그들의 병역거부가 양심과 관련이 있다고 주장하기는 어렵기 때문이다. 이러한 관점에서 볼 때 우리가 다름 아닌 병역거부자라는 용어[13]에 대해 명확한 태도를 가진다면, 군대가 아닌 다른 분야에서 전쟁에 반대하는 사람들을 병역거부자라는 틀 안에 수용하기가 실

13 어쨌든 우리는 이 책에서 이 용어를 사용하고 있으며, 그렇게 부르는 이유의 대부분이 관행에 따른 것일지라도 기존의 법적 메커니즘을 무시할 수는 없다.

제로 일부 군인들보다 더 쉬울 수 있다.

하지만 이는 사안에 대한 이해관계가 '보다 덜 직접적인' 사람들에게 특권을 부여하는 셈이 될 수 있다. 군인들의 목숨과는 달리 버나틴이나 캐서린의 목숨은 전쟁이 일어난다고 해도 위험에 처하지는 않는다. 또 한편으로는 자신이 위험에 처하지 않고도 아무렇지 않게 다른 사람의 생명을 앗아갈 수 있는 군인도 있다. 그리고 병역거부에 대한 우리의 관심이 전쟁과 그것을 수행할 군대가 사라지는 세상을 만드는 투쟁에 있어서의 그 잠재력에 있다면, 양심적 병역거부에서 양심이라는 대목은 아주 중요하다. 비록 전쟁 저항자resister나 거부자refuser라는 단어가 '병역거부 운동'이라는 명칭을 가진 움직임에 최근 동참한 사람들 중 상당수에게 더 잘 들어맞겠지만 말이다. 전쟁이나 전쟁을 수행할 군대가 없는 세상은 반드시 서로를 스스럼없이 죽이지 않는 세상이어야 한다. 게다가 이해관계가 '보다 덜 직접적인' 사람들, 즉 군대에 속하지 않은 사람들에게 특권을 부여하는 것에 반대한다면, 그것은 곧 여성이 선택할 가능성이 더 높은 형태의 병역거부에 특권을 부여하는 것에도 반대하는 것과 마찬가지가 된다. 뿐만 아니라 오늘날의 전쟁은 드론과 같은 '기술 혁신' 덕분에 꼭 버나틴이나 캐서린 같은 소수의 세계시민이 아니더라도 민간인이 군인에 비해 '더 직접적인' 이해관계를 갖는 전쟁으로 점점 옮겨가고 있다.

허나 다른 나라 말은 어떤지 모르겠지만, 적어도 영어에서는 캐서린이나 버나틴 같은 여성들을 위한 단어가 이미 존재한다. 그건 바로 내부 고발자whistleblower란 표현이다. 그렇다면 우리가 그들을 병역거부자로 다시 개념 규정한다고 할 때, 잃을 건 무엇이고 얻는 건 또 무엇일까? 내부 고발자라는 단어는 병역거부라는 표현에는 빠져 있는 어떤 함축된 의미를 지니고 있다. 내부 고발자는 항상 무언가를 폭로해 그것을 멈추고 싶어 하는 반면, 병역거부는 훨씬 더 개인적이며 스스로 엮이고 싶지 않은 상황일 수 있다. 전쟁을 거부하는 병역거부자들은 캐서린이 '내부 고발을 했을 때'처럼 반드시 그 전쟁을 막고자 그런 행동을 하는 것은 아니다. 거기에는 강력한 종교적 함의가 담겨 있을 수도 있고, 어쩌면 자신의 행동이 적어도 이번 생에서 자기 삶 말고는 그 어떤 것도 바꾸지 못한다고 해도 전혀 불만이 없는 병역거부자도 있을 수 있다. 물론 종교적인 거부자들이 언제나, 혹은 대체로 그렇다는 이야기는 아니지만 말이다. 그러나 만약 병역거부에 대한 우리의 관심이 세상을 바꿀 수 있는 그 능력에 있는 거라면, 내부 고발자라는 유형을 병역거부에 포함시키는 것이 중요하다. 헌데 내부 고발자에게는 '외로운 늑대'라는 이미지가 있는 것 또한 사실이고, 그런 면에 있어서는 병역거부자보다 훨씬 더하면 더했지 덜하지 않다. 우리가 생각하는 세상을 변화시키는 방식이란 게 정말로 이런 걸까?

우리가 운동에 초점을 맞추고 있는 한, 아마 그렇지 않을 것이다. 실제로 캐서린이 이라크 전쟁을 막는데 있어 그녀가 가진 능력보다 비교적 덜 성공적이었던 이유 중 하나도 바로 그녀가 혼자 활동했기 때문일 수 있다. 그렇다면 문제는 캐서린 같은 사람을 어떻게 운동에 끌어들일 수 있는가 하는 부분일 것이다. 물론 사람의 성격에 따라 혼자 활동하는 것을 단지 더 선호할 수도 있겠지만, 이것은 또한 우리 운동에 어떻게 하면 더 보편적으로 접근할 수 있게 할 것인가에 관한 사례일 수도 있다. 예를 들어 영국의 이라크 전쟁 반대 운동의 핵심 조직 중 하나는 이후 책임성에 있어 심각한 문제를 가진 극도의 성 차별주의 단체임이 드러났다. 지도부 가운데 한 사람이 강간 혐의를 받게 되면서 그의 동료들과 지도부가 그 문제에 대한 조사에 착수했으나, 이내 성폭력 생존자의 연애사에 대한 조사로 빠르게 변질돼 버린 것이다. 여성이나 성폭력에 취약한 그 누군가에게 그런 단체가 조직한 활동에 참여하도록 권하는 것은 지극히 무책임한 일일 것이다.

그럼에도 불구하고 많은 여성들과 소외당하고 취약한 집단의 사람들은 영국에서의 이라크 전쟁 반대 운동에 함께 동참했다. 그러나 당시 거리로 나온 그 수많은 사람들 중 대다수는 이후 리비아에 대한 영국의 군사 개입 반대나 트라이던트 핵잠수함의 현대화 반대, 점점 강도를 더해가는 영국 사회의 군사화[14] 등에 반대하는 캠페인에 지속적으로 참여하지 못했다. 이는 잠재적인 '관문이 되는 운동gateway movement'으로서 이라크 전쟁 반대 운동이 많은 참가자들로 하여금 자신들이 전쟁에 내포된 보다 광범위한 문제들에 특별히 참여한다는 느낌을 주지 못했다는 걸 시사한다. 그리고 반군사주의 자체가 아니라 반제국주의를 근

14 국군의 날 창설이나 학교에서 군인 정신을 고취하기 위한 정부의 노골적인 정책들과 1, 2차 세계 대전에 대한 감상적인 기념행사 따위를 예로 들 수 있겠다.

거로 하는 어느 성 차별적인 조직이 그 운동을 지배하는 한, 이는 전혀 놀라운 일이 아니다.

하지만 대중 운동의 부족함에도 불구하고, 영국에서 군사주의가 전혀 아무런 도전에 직면하지 않은 건 아니었다. 실제로 군사주의에 대한 도전을 일생의 과업으로 삼아온 사람들이 존재하는 것이다. 에마 생스터Emma Sangster는 영국군의 신병 모집 관행을 면밀히 조사하고, 시민 사회에 군사주의적 가치를 심으려는 시도에 도전하는 군대 감시Forces Watch의 공동 창립자이자 코디네이터다. 언젠가 그녀가 자신의 활동을 병역거부의 한 형태라고 생각하는지, 그리고 그러한 관점에서 자신의 활동에 대해 생각할 때 얻거나 잃게 되는 것이 무엇이라 생각하는지를 놓고 그녀와 이야기를 나눌 기회가 있었다. 그녀는 자신이 평화 운동을 시작하게 된 계기로 1991년 영국의 대(對) 이라크 제재 조치를 설명하는 것으로 말문을 열었다. 저명한 통계에 따르면, 당시 제재로 인해 50만 명의 어린이가 이유 없이 목숨을 잃었다. 이라크 아이들과 일반 시민들의 그런 고통은 그녀에게 일종의 기폭제가 되었고, 본능적으로 뭔가 잘못되었다는 것을 느낀 그녀는 영국 시민으로서 (자신의 정부에 책임이 있다는 점을 감안할 때) 그에 관해 무언가 할 일이 있을 거라 생각했고, 또 해야 한다고 느꼈다고 한다. 그래서 황야의 목소리Voices in the Wilderness라는 단체에 참여하게 되었고, 거기서 2000년대 후반까지 활발하게 활동하면서 고통 받는 이라크 인들의 모습을 영국 사회에 알리는데 앞장섰다.

그녀가 오랫동안 그 단체에서의 활동에 만족한 이유 중 하나는,

결과적으로 이라크 전쟁 반대 운동을 지배하면서 회원들에게는 그저 '조직의 노선을 따를' 것만 기대하는 위계적이고 이념 주도적인 영국의 많은 좌파 조직들과는 완전히 달랐기 때문이었다. 위계질서가 없다보니 황야의 목소리 회원들 간의 관계는 아주 돈독했을 뿐만 아니라, 이라크 인들의 고통에 본능적으로 저항하는 양심적인 입장(그들의 고통에 맞서는 운동을 자본이라는 얼굴 없는 적으로부터의 해방을 중심으로 돌아가는 혁명적 세계 변혁이라는 야심찬 계획의 일부로 바라보는 이념적 입장과는 반대되는)에서 서로의 힘을 모으는 것 자체가 그들의 활동에 보다 직접적인 이해관계를 불어넣어 주었고, 만약 궁극적인 목적이 불확실한 미래의 영광에 찬 혁명이었다면 가능하지 않았을 성취감을 안겨주었다고 한다.

영국의 이라크 전쟁 참전에 대한 대중적인 지지 하락은 영국 정부가 2008년에 발표된 '군에 대한 국민적 인식National Recognition of the Armed Forces' 보고서에 따라 다양한 군대 친화 정책들을 채택하게 만든 핵심적인 요인이었다. 당시 조치들에는 미래에 영국이 벌이고자 하는 전쟁에 대중적인 지지를 확보하기 위한 시도 같은 것들이 담겨 있었다. 에마는 1990년대 초 영국이 이라크에 제재를 가했을 때보다 훨씬 더 격렬하게 이 문제에 반대 입장을 취했고, 자국의 정책에 압력을 가할 수 있는 한 사람의 시민으로서 뿐만 아니라 그와 관련한 풍부한 경험을 가진 사람으로서 자신이 행동을 취하기에 아주 적당한 위치에 있다고 느꼈다. 이것이 바로 2011년에 군대 감시라는 단체를 만들게 된 계기였다.

이렇듯 군대 감시라는 단체의 존재는, 그것이 설립자 중 한 사람의 양심적 거부로 탄생했고 전쟁에 저항하는 연속된 흐름의 일부를 형성한다는 의미에서 분명한 양심적 병역거부의 표명이다. 그러나 양심이나 전쟁에 대한 저항을 지나치게 강조하는 것은 사실 군대 감시의 활동에 해가 될 수도 있다. 영국 정부가 공유하고 있지 않은 게 분명한 전쟁 반대에 대한 선험적인 약속이나 양심에 호소하는 것보다는 확실한 사실 증거를 가지고 의제를 제기하고 실행에 옮기는 편이 국가의 정책에 영향을 끼칠 가능성이 더 높기 때문이다. 그럼에도 만약 병역거부가 부당함에 대한 본능적인 감각과 그 부당함을 해결하기 위한 개인의 책임에 대해 말하는 것이라면, 자신의 평화 운동 경험에 대한 에마의 설명은 병역거부(와 진보적인 사회 변화를 위한 많은 행동들)를 유익하게 받아들일 수 있는 입장에서 실제로 그런 태도를 취한 것으로 여겨질 수 있겠다.

이와 같이 양심적 병역거부는 군대에 속한 사람들뿐만 아니라 에마와 같은 사람들에게도 자신의 입장을 분명히 표현할 수 있는 언어를 제공한다. 비슷한 맥락에서, 군이나 군 시스템 내에 있는 병역거부자들을 위한 전문적인 지원은 반드시 있어야겠지만, 에마와 같은 군대 바깥의 양심적 병역거부자를 위한 지원도 역시나 꼭 필요하다. 군사주의에 반대한다는 것은 강력한 기득권과, 흔히 군대를 지지하는 사람들에게 깊이 주입되어 있는 애국주의적이고 가부장적인 가치들에 반대하는 것이다. 물론 그것은 위험 부담도 크고, 개인적인 희생 없이는 되지 않는 일이다. 또한 그런 위험과 희생은 군인에서 병역거부자로 탈바꿈한 인물이 평화 운동과 사회에서 휘두르는 권위와는 상관없이 발생한다.

아무리 사회가 그를 하찮고 나약한 인물로 바라보고, 평화 운동이 그를 희생자라 여길 지라도 말이다.

역사적으로 군대를 초월한 병역거부자들을 지원하는 운동은 존재한 적도 없었고, 따라서 그들과 함께 한 경험도 없으며, 그들 스스로도 자신들을 양심적 병역거부자라 부르지도 않지만, 전쟁세 거부 운동이나(27장 참조) 아파르트헤이트에 항의해 남아프리카 공화국의 물품들을 보이콧한 운동 같은 사례들은 잘 알려져 있다. 따라서 무엇이 양심적 병역거부이며 어떤 이들이 양심적 병역거부자에 해당하는지에 대한 이해를 다양화하고, 그런 다양한 이해를 (바라건대 위계적이지도 않고 성 차별적이지도 않은) 조직화 된 운동으로 전환할 수 있어야겠다.

26. 21세기의 전쟁 수혜자

한나 브록[15]은 오늘날 병역거부 운동이 본보기로 삼을 수 있는 전쟁 수혜자에 대한 저항의 역사적 사례를 제시한다.

앞서 나는 '병역거부의 역사'를 소개하는 글에서 다음과 같이 쓴 적이 있다.

"과연 미래는 어떠할 것인가? 병역거부 운동은 흔히 '만약 전쟁이 났는데 아무도 전쟁터에 나가지 않는다면?'이라는 오랜 문구에서 영

15 필자의 소개는 이 책의 프롤로그 중에서 '병역거부의 역사'를 참조하기 바란다.

감을 받아왔다. 조만간 기술의 발전으로 인해 어쩌면 버튼 하나로 수천 명의 군인을 죽일 수 있게 돼 아무도 전쟁터에 '나갈' 필요가 없어질지도 모른다."

실제로 21세기 중반이 되면, 원격 제어 무기를 사용하는 전문화된 군대와 사설 보안 회사, 그리고 로봇이 다수의 군인들로 구성된 군대를 대신하는 일이 현실로 눈앞에 펼쳐지게 될 것이다. 그러나 이러한 '진전'에도 불구하고 여전히 전쟁을 수행할 사람들은 필요하다. 그리고 그들은 점점 군대의 일원이 아니라 전투를 불가피하게 만드는 군사주의와 무기 공급 체인의 '민간' 부서로 변해가고 있다. 이는 전쟁에 저항하는 사람들과 그들의 역할에게 있어 완전히 새로운 앞날을 예고한다.

그 핵심 측면 중 하나는 전쟁의 배후와 그 다음에 전개되는 경제 무역이다. 전쟁저항자인터내셔널은 이를 가리켜 '전쟁 수혜 행위'라고 부르는데, 이것은 전쟁으로 이익을 얻거나 전쟁을 장려하는 (흔히 두 가지 다 해당되는) 모든 경제 활동을 말한다. 그렇다면 전쟁 수혜자들의 생산 및 공급망에서 어떻게 거부 행위가 발생하게 되는지를 알 수 있게 해주는 몇 가지 과거 사례가 있다.

1974년 스코틀랜드 이스트킬브라이드East Kilbride에 위치한 롤스로이스 공장의 작업자 밥 폴튼Bob Foulton은 전투기의 엔진을 수리하려던 차에 그것이 1973년 9월 11일 칠레에서 일어난 쿠데타 당시 대통령궁을 공격한 호커 헌터Hawker Hunters 전투기인 것을 알아차렸다. 그는 즉시 업무를 거부했고, 퇴근 무렵에는 4,000명의 공장 노동자 모두가 그에 합세해 엔진 수리를 거부하거나 전투기들이 공장을 떠나지 못하도록 막았다. 결국 그 전투기들은 바깥에 방치돼 비바람에 노출된 채로 4년이 지난 후까지 여전히 그 자리에 놓여 있었다.[16]

이와 같이 군대를 뛰어넘어 병역거부가 등장할 수 있는 장소는 한두 군데가 아니다. 무기 거래상이 고용한 홍보 회사, 군인들을 초청한 학교의 교사, 점령 지역을 담당하는 전화 회사, 군사주의를 홍보하는 블록버스터 영화의 제작자, 무기 거래상의 엔지니어와 음식 공급자, 관리 직원, 수송된 무기들이 드나드는 항만의 노동자[17], 구금 시설을 운영하는 보안 회사, 탱크 제조를 시작한 자동차 회사, 군부 독재자들의 예금을 보유한 은행의 직원 등등, 거의 끝이 없을 정도다.

그러나 저항 운동을 시작하기 위해서는 그에 동참한 노동자와 시민들이 자신이나 고용주의 역할을 전쟁 기계의 일부로 먼저 인식해야 한다. 허나 철저히 분업화된 오늘날의 무역과 생산의 특성은 이것을 어렵게 만든다. 군수품 제조업자의 예를 들자면, 누가 실제로 무기를 만들었는지를 지목하기가 점점 더 어려워지고, 따라서 어떠한 책임감도 느끼기 힘든 구조인 것이다. 서로 다른 회사와 공장, 개별 노동자가 생산한 부품들은 무기 회사에 의해 다른 공장이나 국가로 옮겨질 수도 있

16 Gardiner, Karen 2015, 'Nae Pasaran' Shares the Story of Scottish Laborers Standing Against Chile's Pinochet Regime', Vice [online] 21 April, (http://www.vice.com/read/naepasaransharesanuntoldstoryofchileansolidarity41)

17 비록 노동조합이 직접 지지 성명을 발표하지는 않았지만, 국제항만노조(International Longshore and Warehouse Union)의 많은 조합원들은 이스라엘의 가자 지구 폭격에 항의해 2014년 8월 미국 오클랜드에서 '배를 막자(Block the Boat)'는 구호 아래 이스라엘 최대의 운송 회사인 ZIM의 화물 하역을 거부했다. 이 행동은 팔레스타인 노동조합 단체들의 직접적인 호소에 대한 화답이었다.

고, 마찬가지로 민간 회사들이 사용할 수도 있다. 드론을 조종하는 군인력들이 그렇듯, 전쟁과 관련된 일을 하는 사람들과 전쟁의 희생자들 사이의 거리는 멀어지고 단절돼 있다. 철저한 분업화 덕분에 사람들은 자신들이 전쟁으로 인한 희생과는 상관없다고 믿는 게 가능해졌다. 미국 코네티컷주 뉴타운에서 학교 총기 난사 사건[18]이 있은 뒤 어느 총기 제작자는 '자신이 그 총을 만드는 일에 손을 담그고 있다고 생각하고 싶은 사람은 누구도 없다'라고 말했다고 한다. 하지만 의식을 끌어올린다는 것은 힘든 일이며, 시민 사회나 언론에서 상황이 이미 중요하게 다뤄진 경우에는 그나마 더 쉬워지기도 한다. 그러나 어쨌든 생산과 공급망을 찾아낼 수 있는 조사 기술과 노동자들에게 그것을 전달할 수 있는 소통 수단이 필요하긴 마찬가지다.

흥미롭게도 이런 유형의 병역거부는 스스로를 군인이라고 생각하는 사람들의 경우와는 달리 스코틀랜드와 칠레의 경우처럼 노동자와 개인 간의 연대를 북돋우는 역할도 담당한다. 이 분야의 활동은 특히 예전에 군대의 구성원과 함께 활동한 경험이 있는 병역거부 활동가들에게는 아마도 탐구해볼 만한 분야가 아닐까 한다. 병역거부가 전쟁을 가능케 하는 전쟁의 기둥을 무너뜨리는 것이라면, 이제는 민간의 양심적 거부자들 또한 아주 중요할 것이기 때문이다.

18 당시 사건으로 어린이 20명과 어른 6명이 사망했다.

27. 전쟁세 거부: 스페인의 군비 지출에 대한 납세 거부

납세 거부 캠페인Fiscal Objection Campaign은 30년이 넘는 기간 동안 군비 지출을 비판해온 운동으로, 참여자들은 세금 환급을 받을 때 세금 일부를 '전용轉用'하는 방법을 활용한다. 이 글에서 반군사주의대안/병역거부운동연대AA-MOC는 2014년 7월 스페인의 아빌라에서 열린 납세 거부 캠페인의 하계 회의 프로그램 가운데 대안반군사주의Alternativa Antimilitarista 워크숍에서 나온 이야기들을 전달하고 평가하고자 한다.

납세 거부의 시작

스페인의 군비 지출에 대한 납세 거부 캠페인은 시작부터 지금까지 세무서의 소득세 징수 기간과 맞물려 연례 캠페인의 형태로 진행돼왔다. 이 직접행동 방식은 1982년 안달루시아 비폭력 총회Nonviolent Assembly of Andalusia에서 처음 제안되었는데, 그 해는 1981년 쿠데타 불발 이후 스페인이 나토에 가입한 해이기도 하다. 같은 해 스페인 정부는 나토군의 미사일을 동유럽에 배치하는 데 재정적으로 기여했고, 이는 스페인과 대서양 국가들 간의 연합과 그에 따른 군비 지출에 강력히 반대하는 사회적 분위기를 연출했다.

1983년에 첫 테이프를 끊은 캠페인은 병역거부자연대MOC와 바르셀로나평화정의단Barcelona Peace and Justice, 칸타브리아 비폭력 총회Nonviolent Assembly of Cantabria와 결합하며 불과 일 년 만에 급속히 전국적인 인지도를 누리게 되었다. 그리고 5년 뒤인 1989년, 드디어 납세 거부 전국 회의National Congress of Fiscal Objection가 개최되었다. 이 회의에서 군비 지출에 대한 개인의 양심적 거부권 보장이라는 목표가 정해졌으며, 군비 지출의 점진적인 축소와 궁극적인 폐지, 군사주의와 사회의 군사화가 가속화되는 데 대한 비판, 현재의 국방 모델에 대한 문제 제기와 토론 촉구, 반군사주의 운동에의 기여와 새로운 형태의 참여와 투쟁 시도, 개인의 권리와 보다 정의로운 사회를 옹호하는 다른 투쟁들과의 협력 같은 사회적 목표들이 제안되었다.

평화세 제정과 납세 거부라는 국제 전쟁세 저항 운동의 두 가지 경향 중에서 우리 캠페인은 후자를 선택했다. 전자는 국가가 전쟁세 저항자나 양심적 거부자를 대신해 그들의 세금 중 적절한 금액을 다른 곳에 사용할 수 있게 하는 평화적인 방안을 제시할 것을 정부에 촉구하는 운동이었다. 그에 비해 불법적인 행동인 국제 전쟁세 저항 운동은 시민 불복종의 한 형태로, 이 운동의 성장은 병역거부와 인수미시온 운동의 반항적인 특성과 보조를 같이 했다.

납세 거부의 실행 방법

우리는 매년 소득 신고서를 제출할 때, 군비 지출로 사용될 만큼의 세액을 대안 프로젝트로 '전용'한 다음 국세청에 이 금액을 공제해 달라고 요청하는 방식을 동원했다. 그동안 가장 흔히 사용된 방법은 고정된 금액을 전용하는 것이었지만, 전체 국가 예산 중 국방비나 군비에 해당하는 비율만큼의 금액을 전용하는 방법도 있다.

좀 더 구체적인 방식은 이렇다. 우선, 정해진 액수를 캠페인 계좌나 지원하고자 하는 대안 프로젝트의 계좌로 직접 입금한다. 그런 다음, 소득 신고서를 작성할 때 대안 프로젝트로 전용된 금액을 소득 공제액으로 써 넣어 세무서에 환급을 요청한다. 그 때 대안 프로젝트에 보낸 금액의 영수증과 함께 우리가 납세 거부자임을 선언하고, 그 이유를 설명하는 서한을 같이 첨부한다. 소득 신고를 완료하면, 우리가 지불해야하는 금액이 우리가 전용한 금액보다 적어지는 (또는 환급받을 것으로 예상되는 금액이 더 커지는) 결과가 나온다. 마지막으로, 불복종 단체들이 캠페인의 전체 규모를 홍보할 수 있도록 납세 거부 설문조사에 응한다.

그럴 경우 세무서는 일반적으로 요청 금액을 환급해준다. 그러나 일부 거부자들은 명백하게 무작위로 그들의 소득 신고서에 '오류'가 있다는 통지를 받는다. 이 경우 거부자는 그 금액을 납부하거나, 계좌가 압류된다는 것을 알면서도 납부를 거부하는 선택을 한다. 납세 거부권은 아직은 사법절차를 통해 인정받지는 못했지만, 국가 역시도 납세 거부를 형법상 탈세로 인정하는 데 실패해왔다.

이 모두는 납세 거부 캠페인 그룹과 군비 지출을 비판하고 납세 거부 캠페인을 홍보하기 위한 전국적인 직접행동 전략, 그리고 거부자의 수와 지원받은 프로젝트 및 각각에 전용된 금액 등을 기록한 연례 캠페인 결과 보고서를 중심으로 한 집단적 차원의 노력이 아니었다면, 오늘날과 같은 모습을 갖추지 못했을 것이다.

납세 거부의 진화

납세 거부 캠페인의 역사에서 눈에 띄는 활동들을 정리해보면 다음과 같다. 초기에 납세 거부자들이 지원할 수 있는 대안 프로젝트는 복지와 관련된 것들로 한정돼 있었지만, 1987년부터 1989년 사이 반군사주의 프로젝트나 대안적인 정치 내용을 담은 프로젝트들도 선택할 수 있게 하는 결정이 내려졌다. 가장 눈에 띄는 성공 사례로는 시우다드레알 시의 안추라스Anchuras 사격 훈련장 건설 반대 캠페인과 1991년의 걸프전 반대 행동을 꼽을 수 있다.

1997년경부터 노동총연맹CGT과 생태주의자행동Ecologists in Action 같은 다른 단체들도 각자 캠페인을 홍보하기 시작했다. 캠페인에 힘입어 국내총생산의 0.7%가 해외 원조에 투입되던 2000년 무렵, 많은 단체들이 소위 '평화 배당금dividends of peace'에 관한 세금 캠페인을 추진했으나, 성공을 거두지는 못했다. 2010년 이래 소득 신고서를 작성해야 하는 최소 소득액이 오르고, 훨씬 더 간편한 전화 소득 신고가 도입되면서 소득 신고서를 스스로 작성하는 사람들의 수가 감소하고 있다. 이는 캠페인을 확장하는데 어려움을 안겨 주었다. 2014년 스페인의 거의 모든 자치구에서 세무서 자체 프로그램을 사용하지 않고 세금을 환급받을 수 있는 수단이 사라졌다.

참여와 조직

이 캠페인은 원래 반군사주의자들의 병역거부와 인수미시온 투쟁을 보완하고, 의무적인 군 복무나 민간 대체복무에 직접적으로 불복종할 수 없는 사람들이 반군사주의적 불복종에 참여할 수 있는 수단을 제공하기 위한 것이었다. 따라서 많은 여성들이 캠페인에 참여해 중요한 역할을 도맡았으며, 보다 포용적인 공간을 만들고 운동을 페미니즘 행동의 일환으로 발전시켰다. 주된 참여 형태는 다음과 같았다.

· **납세 거부** I 소득 신고를 면제받았거나 세금을 낼만큼 충분한 소득이 없는 사람도 납세 거부를 할 수 있는 방법이 금세 개발되었다.
· **납세 거부를 홍보하는 단체들과의 협력** I 납세 거부는 탈중앙화된 캠페인이기 때문에 단체들과 그 사무실이 협력의 장 역할을 했다. 대부분의 납세 거부 단체는 지역의 반군사주의 단체였으며, 캠페인의 집단적 과제들은 이러한 단체들을 통해 배분됐다.
· **군비 지출을 비판하는 행동에의 참여** I 캠페인에는 항상 군비 지출을 비판하는 행동이 포함되어 있었으며, 그 중 일부는 집단적이고 전국적인 규모로 진행됐다. 또한 이러한 행동들은 전쟁 수혜 활동과 군사주의 일반을 주제로 다뤘다.
· **캠페인에 대한 인식 향상** I 많은 사회단체들은 다양한 수단을 활용해 그들의 회원과 관련 단체들을 대상으로 이 캠페인에 대한 인식을 끌어올리는 데 기여했다.

캠페인의 조직화는 네트워크로 연결된 단위 조직들을 기반으로

한 '총회' 모델을 따랐다. 캠페인은 항상 전국적인 협력에 의존해 왔으며, 이것은 주제와의 일관성과 안정성의 바탕이 됐다. 대부분의 캠페인 역사에서는 여러 단체 간의 집단행동을 촉진하는 납세 거부 전국 총회 National Assembly of Fiscal Objection가 존재했다. 지금은 반군사주의대안/병역거부운동이 캠페인을 전국적으로 조정하는 중추적 역할을 맡고 있다. 특히 카탈로니아 같은 경우에는 납세 거부 정보 서비스Information Service on Fiscal Objection가 따로 운영되고 있다. 그 밖에 로고와 슬로건, 스티커, 공유 웹 포털 등을 제작하고, 다양한 언어로 된 자료집도 출간했다.

납세 거부는 그것만의 특별한 강점을 지니고 있다. 바로 위기 상황에서 군대의 낭비를 명확히 밝히고, 군비 지출과 사회의 군사화를 비판한다는 점이다. 또한 세금을 통한 개인의 전쟁 협조나 비협조에 대한 관심을 환기시키며, 누구나 접근 가능한 직접행동의 방법을 제시한다. 전국적 차원의 협력에 의지하고, '총회' 모델에 따라 캠페인의 안정성과 진정성을 남보하며. 지역적 차원에서 생산된 다양한 자료들을 공유하는 동시에 일부 자료를 집단적으로 생산하고, 전국적으로나 지역적으로 정보를 모으고 퍼뜨릴 수 있도록 한다. 비폭력 방위라는 대안을 제시하는 사회적 프로젝트가 국가 차원에서 채택되게끔 하고, 조직의 '총회' 모델은 많은 풀뿌리 지역 단체들을 끌어들인다.

반면 캠페인의 내부적인 취약점은 납세 거부자가 연간 1,000명 이하로, 그 영향과 범위가 작았다는 것이다. 캠페인은 점점 원자화되고 협력이 약해지는 경향이 있고, 결속과 성장 계획을 필요로 한다. 또한 간접세와 같은 다른 형태의 국가 수입원을 외면했으며, 군비 지출 감소라는 목적을 달성하지 못함으로써 시민 불복종 행위로서의 약점을 드러냈다. 게다가 세금이 덜 걷히는 것이 감지되면, 정부 부처는 대개 전용되었던 금액을 회수해버린다. 이런 결과가 계속 반복되면서 일부는 캠페인에 흥미를 상당부분 잃어버리는 결과도 초래됐다.

다음으로는 우리가 파악하는 외부로부터의 위협으로 옮겨가 보자. 전쟁이 점점 직접적인 시야에서 멀어지고 군대의 이미지 쇄신 노력이 더해지는 한편, 자동화된 소득 신고 프로그램의 편리성과 세무 기관에 대한 대중의 공포, 일부 사람들로 하여금 소득 신고서를 수정할 수 없게 만드는 신고 양식의 전산화, 지금까지 해왔던 방식의 소득 신고가 점차 사라질 가능성, 세무서가 소득 신고서의 '오류'에 대한 수정을 요구하면서 개별적인 형태로 가해오는 보이지 않는 캠페인 탄압 따위가 결합되는 현실이 바로 여기서 말하는 외부의 위협이라 하겠다. 특히 세무서의 요구에 따르지 않고 '전용된' 금액을 반납하지 않을 경우, 계좌 압류 절차가 진행된다. 불행히도 이 과정은 세무서와 개인 사이에서 이루어지기에, 이를 가시적으로 드러내고 정치적인 쟁점으로 만들 수 있는 여지는 거의 없다. 다행히 지금까지는 거부자가 세금 사기로 유죄 판결을 받은 사례가 없어 누적된 벌금이 모두 무효화되긴 했지만, 전용한 금액과 전체 과정에서 발생한 납부 지연 이자를 세무서에서 관리한다는 점은 변함이 없다.

그럼에도 우리는 외부로부터의 기회 역시도 존재한다고 믿는다.

즉 군비 지출과 그에 연관된 군비 경쟁이나 전쟁 수혜 활동에 대한 지속적이고 일반화된 비합법화, 최근 대중적 사회 운동의 급증에 따라 시민 불복종을 사회적으로 정당하게 여기는 분위기, 군비 지출 삭감 및 그에 따른 사회적 불안정과 시민적, 민주적 권리의 축소에 대한 사회의 반감 의식, 세금 환급 시스템의 존재, 노조와 다른 집단들의 참여 등이 바로 그것들이다. 그렇다면 오늘날 우리에게 안겨진 도전 과제는 전국적인 납세 거부 회의의 조직화로 캠페인의 미래를 뒷받침할 수 있는 보다 강력한 사회적 기반을 만드는 것이 아닐까.

28. 대안 만들기

이번 장에서는 한나 브록이 사회 문제에 대한 군사주의적 '해법'의 대안으로 병역거부 운동이 지금껏 발전시켜 온 '건설적 프로그램constructive program'에 대해 자세히 설명한다.

반군사주의자들의 병역거부는 탈군사화된 사회를 향한 여정의 일부일 뿐이며, 많은 병역거부 단체들은 현실의 낡은 껍질 속에서 그러한 세계를 창조하려고 노력해왔다. 이 글은 그룹이 스스로를 조직하는 방식(다시 말해 어떻게 의사를 결정하고, 어떤 행동을 할지, 그리고 누구를 구성원으로 할지)에 관한 이야기다. 여기에는 합의에 따른 의사 결정과 비폭력 언어 사용, 성 정체성의 다양성 확인 등의 활동이 포함될 수 있다. 그리고 이것은 그룹 내부의 정치적 접근을 외적으로 표현하는 방식이다. 이러한 표현

방식은 가능한 현재의 시스템이 가하는 폭력에서 벗어나 생산적인 활동을 시작함으로써 보다 공개적으로 드러날 수 있다. 간디주의자들은 그러한 활동을 가리켜 '건설적 프로그램'이라 부른다.

건설적 프로그램의 사례로는 먼저 콜롬비아 수크레Sucre주의 수도인 신셀레호Sincelejo에 있는 병역거부 그룹을 들 수 있다. 신셀레호의 청년들은 오랫동안 주 방위군과 반군, 준군사 조직에 의해 강제 징집되어 온 역사를 간직하고 있다. 2000년대 초반 지역에서 평화 문화와 비폭력, 병역거부에 관한 워크숍을 열어온 한 병역거부 그룹은 상당수 청년들이 실제로 경제적인 이유로 군대에 들어간다는 사실을 알게 되었다. 그래서 그들은 청년들에게 군에 입대하는 것 말고도 가족의 재정적 안정을 위해 선택할 수 있는 다른 길을 열어주기 위해 경제 활동을 시작하기로 마음먹었다. 우선 그들은 종이팩과 상자, 유기농 채소, 마가린, 티셔츠, 베이커리 제품을 생산하는 소규모 기업들을 창업해 수입을 올리기 시작했다. 이러한 노력의 주요 목표는 다음과 같다.

·청년들이 무장 단체에 들어가는 것을 막는다.

·강제 모집을 방지하기 위한 지원 네트워크를 형성한다.

·청소년들에게 갈등을 해결하기 위한 비폭력 수단들을 교육한다.

·가족의 생계를 지원하기 위한 경제적 전략을 마련한다.[19]

19 Anon. 2009, 'Constructive Programme' in Handbook for Nonviolent Campaigns, 1st edn. (London: War Resisters' International)

물론 그 당시 신셀레호에는 다른 경제 사업들도 활발히 진행 중이었기 때문에 병역거부 그룹의 그러한 활동이 그다지 특별할 건 없을 수 있다. 하지만 병역거부 그룹의 활동은 사람들이 군대와 여타 무장 단체들을 거부할 수 있도록 하겠다는 명백한 목표를 지니고 있었다는 사실이 중요했다. 마찬가지로 1970년대 후반 스페인의 최초 민간 거부자들(이전까지는 병역거부자들의 절대 다수가 종교를 이유로 한 이들이었다)은 의무 복무를 수행하는 대신 빈곤 지역으로 건너가 일을 했다. 이는 그들의 사회적 대안이 폭넓은 대중들에게 쉽게 받아들여지는 계기가 되었다.

이에 대해 반군사주의대안/병역거부운동연대의 카를로스 페레스 바랑코Carlos Perez Barranco는 "그들은 국가의 징집 메커니즘 바깥에서 일종의 대안적이고 스스로 조직화된 민간 서비스를 요구하고 만들어냈다"고 쓰고 있다.[20] 그렇다고 그런 건설적 프로그램들을 국가가 징집 대신 부과하는 대체복무와 혼동해서는 안 된다. 병역거부자들 가운데는 '대체복무'를 사회에 긍정적인 기여로 간주하는 이들도 있긴 했지만,[21] 병역거부 그룹들에 의해 확립된 자생적인 건설적 프로그램들은 대체복무와는 아주 달랐다. 군대에서 보낼 시간을 국가에 의해 부과된 노동으로 강제 대체하는 제도에 비해, 그것은 완전히 자체적으로 조직된 상향식 활동이었다. 게다가 대체복무는 대체로 군사주의 시스템의 일부분

20 Pérez Barranco, Carlos. 2013, 'The Insumisión Movement against Military Service in Spain: legitimate disobedience', in The Broken Rifle [online] 30th May, (http://www.wriirg.org/node/21854)

21 이와 관련한 논쟁은 이 책 2부의 대체복무에 관한 부분들을 참조하기 바란다.

으로 여겨지는 경우가 많은 반면, 병역거부 운동의 건설적 프로그램들은 탈군사화된 사회의 실제 모습이 어떤 것인지를 몸소 보여주는 역할을 한다.

비슷한 사례로는 2차 세계대전 당시 영국의 병역거부 운동을 들 수 있다. 1940년 영국에서는 평화서약연합Peace Pledge Union과 국제화해연대에 의해 평화봉사단Pacifist Service Units이 결성돼 전쟁으로 직접 영향받은 사람들에게 조언과 실질적인 지원을 제공하였다. 이런 활동들이 지역 사람들에게 얼마나 제대로 인식될지는 아마 그 일을 하는 병역거부자들이 어떤 품성을 지닌 사람들인지에 달려있을 텐데, 이들은 리버풀과 런던, 브리스톨 같은 도시의 가난한 지역으로 이사를 가 폭격으로 집을 잃은 사람들을 돕는데 발 벗고 나섰다. 그 단체들은 실제로 사회복지 사업의 특정 부문을 개척해냈으며, 전쟁이 끝난 뒤에는 가족봉사단Family Service Units으로 전환돼 자선가족행동Charity Family Action에 흡수된 2006년까지 활동을 계속 이어갔다.

이와 같이 건설적 프로그램은 대중의 인식에 긍정적인 영향을 미칠 수 있다. 말보다는 행동으로 반군사주의자들이 만들고자 하는 세상이 어떤 것인지 분명하게 소통할 수 있고, 이제껏 병역거부자들을 단순히 성가신 사람이나 위협으로만 바라보던 대중의 시선을 누그러뜨리는데도 기여할 수 있다(물론 그럼에도 불구하고 군사주의를 해결책으로 굳게 믿고 있는 사람들은 그러한 구조를 무너뜨려 다른 세상을 건설하려 한다는 이유로 반군사주의자들을 계속 '위협'으로 바라볼 것이다). 그러나 그런 식의 '홍보'가 활동의 유일한 핵심이 되어서는 곤란하다. 마틴 루터 킹 목사가 말했듯이, "비폭력적 접근은 압제자의 마음을 즉시 바꾸지는 못한다. 그것은 먼저 거기에 헌신하는 사람들의 마음과 영혼을 움직인다. 그래서 그들은 새로운 자존감을 갖게 되며, 자신들도 모르고 있던 힘과 용기라는 자원을 이끌어낸다." 병역거부 운동도 똑같은 사실을 발견했다. 핵심은 행동이나 정책, 또는 태도 변화에 있어서의 '성공'만이 아니다. 건설적 프로그램을 시작한다고 해서 당장 군사주의가 사라지는 것도 아니다. 그러나 실제 그 안에서 다르게 살아가고 조직하는 것으로 세상은 이미 조금씩 바뀌어가고 있다고 할 수 있다. 한 번 더 킹 목사의 말을 인용하자면, 비폭력은 "상대방에게 다가가 그의 양심을 휘저어놓음으로써 화해를 현실로 만들기" 때문에 결국 비폭력이 "승리"한다.

29. 전쟁에 저항하는 공동체

크리스틴 슈바이처는 평화활동비폭력갈등해결센터Institute for Peace Work and Nonviolent Conflict Resolution의 연구원이자 전쟁저항자인터내셔널 의장이며, 독일의 사회적방위연맹Federation for Social Defence에서도 일하고 있다. 30년 넘게 비폭력 운동의 실천가이자 연구자로 활동하고 있으며, 독일 함부르크에 거주한다.

1996년, 2년간의 포위 작전 끝에 탈레반은 카불을 점령하고 아프가니스탄 이슬람 에미리트를 창설했다. 그들의 군대는 아프가니스탄의 모든 영토를 장악하기 위해 이듬해 중부 고지대의 자고리Jaghori 지역에 접근했다. 그곳의 주민 약 20만 명은 시아파[22]였고, 탈레반은 수니파Sunni[23] 이었기에 주민들이 두려워 할 이유는 충분했다. 그들은 소비에트가 침략했을 때처럼 도망치거나 무장 저항으로 맞서는 대신 항복하기로 결정하고, 자신들의 삶의 방식을 유지할 수 있기 위한 협상에 나섰다. 그 협상의 중심에는 소녀들에 대한 교육 문제가 자리하고 있었다. 탈레반은 여자 아이들이 초등 교육을 계속할 수 있도록 하는 데는 마지못해 동의했지만, 중등 교육만큼은 안 된다고 했다. 그러나 자고리 사람들은 고학년 학생들을 교사인 것처럼 속여서 학교에 들여보낸 다음, 과학과 역사, 수학을 가르치다가 탈레반 관리들이 시찰을 나오면 잽싸게 교재를 종교 교과서로 바꿔치기하는 방식으로 아이들을 계속 가르쳤다.

1994년 르완다 집단학살[24] 당시 투치족을 죽음으로부터 보호한 것은 무슬림 소수파였다. 그들은 투치족을 숨겨주고 이슬람 사원에 피난처를 제공한 뒤, 심지어는 모두 살해한 것처럼 거짓 행세를 하기도 했다. 간혹 그런 사실이 들통 나 무슬림 공동체의 지도자들이 목숨을 잃는 일도 있었지만, 어쨌든 그 덕분에 무슬림 지역으로 몸을 숨긴 투

22 **옮긴이 주** 수니파 다음으로 큰 이슬람의 종파이다. 국민 대부분이 시아파인 이란이 전 세계 시아파의 중심지이며, 이라크, 레바논, 시리아, 바레인 등에도 상당수가 거주한다.

23 **옮긴이 주** 전 세계 무슬림의 80~90%가 속한 이슬람의 가장 큰 종파이다. 시아파와 수니파는 일반적으로 적대적인 관계에 있으며, 수니파 단체인 탈레반은 그 중에서 극단주의 세력에 속한다.

24 **편집자 주** 당시 르완다 대통령이 탄 비행기가 격추돼 탑승객 전원이 사망하는 사고가 일어난 직후, 인구의 다수를 차지하던 후투족이 소수 투치족과 온건 성향의 후투족을 상대로 보복 학살극을 벌여 불과 백여 일 만에 최소한 80만 명이 목숨을 잃었다.

치족들이 목숨을 건진 확률은 평균보다 훨씬 높았다.

이상은 2002~2006년 사이, 발전협력행동Collaborative for Development Action이 수집한 13가지 사례 연구에 포함된 것들이다. '무해성의 원칙Do No Harm Principle'으로 잘 알려진 이 단체의 설립자 메리 앤더슨Mary Anderson과 마셜 월리스Marshall Wallace가 쓴 『전쟁에서 빠져나오기Opting Out of War』[25]는 어느 한쪽 편에 서기보다는 갈등에서 벗어나기로 결심한 공동체의 사례를 비교하여 얻은 교훈을 요약한 책이다. 그들 공동체는 몇몇 예외를 제외하고는 주위에서 일어난 전쟁에 직접적으로 끼어들지 않음으로써 스스로를 보호하는 데 놀라운 성공을 거두었다. 그리고 병역거부의 본질이 전쟁에 대한 참여를 거부하는 것이라 한다면, 그들의 사례는 병역거부의 한 예라고도 볼 수 있을 것이다.

하지만 콜롬비아의 평화 공동체나 필리핀 민다나오의 평화 마을에 대해 들어 본 사람들 가운데 르완다의 무슬림들과 아프가니스탄의 자고리에 대해 알고 있는 사람들이 과연 얼마나 될까? 저자들이 조사한 13가지 사례는 아프가니스탄, 보스니아-헤르체고비나, 부르키나파소, 콜롬비아, 피지, 인도, 코소보, 모잠비크, 나이지리아, 필리핀, 르완다, 시에라리온, 스리랑카를 아우른다. 그리고 각각의 사례는 그것만의 두드러진 특징들이 따로 있지만, 그만큼 공통점도 많다. 우선 모든 공동체는 갈등을 미리 예견했다. 그들은 '설마 전쟁이 우리한테까지 닥치겠

25 Anderson, Mary B. and Wallace, Marshall 2013, Opting Out of War: Strategies to Prevent Violent Conflict, (Boulder/London: Lynne Rienner Publishers)

어?'하고 모른 체하지 않고, 참여할 때와 참여하지 않을 때의 대가와 가능한 선택지를 따져보면서 스스로의 대비를 갖췄다. 르완다의 사례를 제외하면, 전쟁과 거리를 두기로 한 결정은 윤리적이나 종교적인 근거가 아닌 실용적인 이유 때문이었다. 일부 공동체는 지난날 전쟁에 가담했던 경험을 자랑스러워했으며, 미래에도 분쟁에 끼어들 가능성을 배제하지 않았다. 다만 그들이 거부하고 참여하지 않기로 결정한 것은 당시의 특정한 전쟁이었다. 분쟁의 한쪽 편에 서는 대신에 공동체의 결속을 강화하는 정체성을 선택함으로써 갈등의 당사자들과 거리를 두고, 이러한 전쟁 거부를 외부 세계에 알린 것이다. 이를 가리켜 책의 저자들은 '비非전쟁 정체성'이라 불렀다. 이러한 정체성은 그들이 공유하는 민족 정체성보다는 종교나 한 마을 주민들이라는 위치에 근거한 것이었다. 중요한 것은 이러한 정체성이 '정상적'이며, 원래부터 존재했다는 점이다. 그 정체성은 임의로 키워낸 것이 아니라 미리부터 존재했으며, 오로지 전쟁에 참여하지 않는다는 새로운 집단적 가치들로 그것을 채우면 되는 것이었다.

불행히도 이 연구는 이러한 정체성을 채택한 공동체에서 의사 결정이 어떻게 이루어졌는지, 또는 각기 다른 소집단들(예를 들어 서로 다른 젠더의 사람들)이 어떤 역할을 수행했는지에 대한 세부 정보를 제공하지는 않는다. 실제로 젠더 역할에 관한 정보는 책에 거의 담겨 있지 않다. 공동체의 공식 지도자들이 전부 혹은 대부분 남성이더라도, 예컨대 여성들이 '전쟁' 정체성을 선택한 다른 공동체들보다 저항에서 더 적극적인 역할을 했는지를 살펴보는 것은 흥미로울 것이다. 하지만 책에는 그런 정보가 없기 때문에 이 주제에 대해서는 향후 연구가 더 필요하다. 그럼에도 우리는 비전쟁 공동체의 지도자들이 간디나 압둘 가파르 칸 Abdul Ghaffar Khan[26]처럼 카리스마 넘치는 인물이 아니라는 사실을 알고 있다. 그러나 전쟁이 일어났다고 해서 공동체 지도자들이 바뀌거나 하는 사례도 없었다. 모든 비전쟁 공동체의 지도 모델은 수평적인 체계였고, 공동체 구성원들 누구나 그들에게 다가갈 수 있는 구조였다. 또 다른 중요한 공통점은 공동체의 결속력이 학교나 깨끗한 식수와 같은 사회 서비스의 유지, 유사 시 따라야 할 행동 요령의 명문화, 조기 경보 시스템과 같은 보안 대책 등을 통해 강화되었다는 점이다.

뿐만 아니라 모든 사례에서 무장 단체와의 대화는 매우 중요했다. 이는 성공을 거둔 대부분의 반독재 시민 저항 운동들과도 일맥상통하는 부분이다. 그에 관한 비교연구 결과, 무장 세력과 접촉해 그들의 연민을 사거나 심지어 지원을 얻으려 하는 것이 성공에 가장 결정적인 요인 중 하나라는 사실이 밝혀졌다.[27] 공동체는 종종 타협을 해야 했으며, 어떤 경우에는 아프가니스탄의 경우처럼 일시적이거나 영구적인 형태의 점령에 시달려야했다. 그러나 때로 무장 단체로부터의 폭력을 겪을

26 **편집자 주** 1919년 간디를 만나면서 정치 활동을 시작한 뒤, 당시 영국령 인도에 속해 있던 오늘날 파키스탄의 북서부 변경 지대에서 파슈툰족을 이끌고 독립운동을 벌였다. 독실한 무슬림이었으며, 간디와 더불어 비폭력 저항 운동을 이끈 덕분에 흔히 '변경의 간디'라고도 불린다.

27 Chenoweth, Erica und Stephan, Maria J. 2011, Why Civil Resistance Works: The Strategic Logic of Nonviolent Conflict, (New York: Colombia University Press) Nepstad, Sharon Erickson 2011, Nonviolent Revolutions: Civil Resistance in the Late 20th Century, (Oxford: Oxford University Press)

지라도, 싸움에 전면적으로 휘말리는 것은 가까스로 피할 수 있었다. 이와 관련해 앤더슨과 월리스는 이들 공동체가 사용한 전략을 아래와 같이 6가지로 정리했다.

1. 기존의 소통 창구를 통해 자신들이 진솔하고 진지하다는 것을 전투원들에게 설득하기
2. 분쟁의 모든 당사자들과 직접 협상하기
3. 분쟁 당사자들이 들이닥쳤을 때 '문호를 개방하기(Open Doors)'
4. (가장 위험하고, 가장 많이 실패한 전략인) 무장 단체에 맞서기
5. (장교나 관리를 공동체 활동에 참여시키는 것과 같이) 무장 단체를 끌어안기
6. 투치족을 이미 살해한 것처럼 행세한 르완다 무슬림들이나 여학생들을 교사인 것처럼 꾸민 자고리 주민들처럼 속임수를 동원하기

그리고 두 사람은 이렇게 결론 내렸다. "이 책에서 분석한 비전쟁 공동체를 낭만적으로만 바라봐서는 안 된다. 공동체의 많은 사람들이 무장 단체와의 협상을 위해 소중한 것들을 포기해야 했고, 때로는 목숨을 잃기도 했다. 공동체 구성원 간에도 실질적인 의견 차이가 있었기에 내부의 분쟁 해결 시스템도 마련해야 했고, 불확실성 속에서 단결을 유지하기 위해서는 지속적인 노력이 필요했다. 비전쟁 공동체는 극도로 어려운 상황에서 평범한 삶을 살고자 노력하는, 실제 감정을 지닌 현실

적인 사람들로 구성되어 있었다."[28] 이처럼 '전쟁에서 이탈하는' 공동체의 이야기가 이상적이고 평화주의적이며 비폭력적인 공동체의 이야기로 오해되어서는 안 된다. 그들 역시 전쟁에 참여한 이웃 공동체들만큼이나 내부 갈등과 불평등, 불관용을 겪었을 것이다. 책에서 그렇게 적지는 않았지만, 바로 그 점이 그들을 '평화' 공동체가 아니라 '비전쟁' 공동체라고 묘사하는 중요한 이유 중 하나다. 어쨌든 평화는 단순히 전쟁의 부재가 아니라 확실한 정의의 실현이다. 물론 전쟁이 아니라면 정의가 보다 더 쉽게 달성될 수 있겠지만 말이다. 만약 이러한 공동체에서 정의로운 내적 평화를 실현하기 위해 어떤 시도들이 있었는지까지 담겼더라면 앤더슨 등의 책은 내용적으로 더 탄탄해졌을 것이다. 그리고 어쩌면 사회 서비스를 유지하고 행동 강령을 도입하려는 혼신의 노력을 그런 의미로 해석할 수도 있을 것이다. 그러나 일부의 경우 남성들이 심지어 다른 전쟁에 가담해 싸웠던 과거를 자랑스럽게 강조했다는 사실로 미뤄볼 때, 적어도 그러한 남성들의 공동체에서는 젠더 정의gender justice가 잘 이뤄지지 않았을 거라고 짐작할 수 있다. 특정한 상황 하에서라 하더라도 폭력을 가할 수 있는 능력이 자존심의 원천이 되는 남성성 모델이 유지되는 한, 젠더 정의는 절대로 이뤄질 수 없다. 우리는 또한 이러한 남성성 모델이 유지되는 공동체가 얼마나 오래 '비전쟁' 상태를 유지할 수 있을지에 대해서도 의문을 제기할 수밖에 없다.

28 Anderson, Mary B. und Wallace, Marshall 2013, p.171.

낭만적으로 묘사하려는 것은 아니지만, 그럼에도 병역거부 운동에 있어 이들 공동체의 이야기가 중요한 이유는 그것이 개인의 양심적 거부라는 문제를 집단적 차원으로 끌어올리기 때문이다. 그리고 이 글에서 다루는 주제는 아니지만, 그들의 이야기는 민간이 주도하는 방위civilian-based[29]의 생생한 예시이기도 하다. 그러나 동시에 그것은 비폭력에 대한 강한 윤리적 헌신을 의미하는 '양심적' 병역거부의 사례라고 할 수는 없다. 살상을 금지하고, 사람을 구분 짓지 않으며, 약자를 보호하고, 차별받는 사람들을 도울 것을 요구하는 신앙의 명령에 따른 선택이었다고 이야기하는 르완다의 무슬림들만이 유일한 예외였을 뿐,[30] 그 밖의 다른 모든 공동체들의 결정은 지극히 실용주의적인 것이었다. 이 점에서 위 사례들은 비폭력에 대한 실용주의적인 접근법이 지배적인 전 세계 상당수의 시민 저항 사례들과 다시 견줄 만 하다.

오늘날에도 여전히 많은 사람들은 비폭력적인 접근법에 반대한다. 비폭력은 오직 간디와 같은 '성인聖人'이 영국인들처럼 '문명화된' 상대를 향해서나 쓸 수 있는 방법이라는 것이다. 그러나 여기서 살펴본 사례들은 비폭력을 위해 반드시 강력한 지도자나 영웅이 필요한 것은 아니며, 그보다 중요한 것은 협력할 수 있는 사람들의 공동체임을 보여

29 2차 세계대전 이후 평화 연구자들과 군대에 의해 만들어진 개념으로, 완전한 파괴로 이어질 우려 때문에 맞서서 저항하는 것이 더 이상 불가능할 때 스스로를 방어하는 방법에 관한 것이다. 그 주요 특징 중에는 물리적인 점령은 허락하더라도 자신의 삶의 방식을 지키거나, 궁극적으로 피점령자의 협조를 필요로 하는 점령자의 상황을 지렛대 삼아 그들에게 협조하지 않는 방법이 있다.

30 Anderson, Mary B. und Wallace, Marshall 2013, p.164.

준다. 그리고 그들은 집단학살이나 탈레반과 같은 극단주의 집단에 맞설 때조차도 전쟁에 '반대'를 외치는 것이 가능하다는 것을 입증했다. 전쟁에 저항하는 가장 강력한 방법이 무엇인지를 행동을 통해 직접 보여준 것이다.

30. 범죄조직의 '모병'에 저항하기

이고르 세케는 전쟁저항자인터내셔널의 살상거부권 프로그램 위원회 위원으로, 멕시코에 거주하면서 특히 아동과 청소년의 군사화에 적극적으로 대응하고 있다. 이 글에서 그는 무장 갱단에 맞선 아동과 청소년의 저항을 소개하며, 전쟁 저항의 일환으로서 이를 병역거부의 한 형태로 간주해야 한다고 주장한다.

불행히도 전쟁을 위해 신병을 모집하는 건 비단 군대만이 아니다. 중앙아메리카의 북부 지역에서는 '마라스Maras'라고 알려진 폭력 갱단이 끊임없이 미성년자를 모집하는 캠페인을 벌이고 있다. 모집은 선물이나 돈, 휴대전화 등으로 아동과 청소년을 매수하거나, 그들에게 힘과 보호에 대한 환상을 불러일으키는 방식으로 이뤄진다. 마찬가지로 온두라스는 세계에서 가장 높은 살인율을 자랑하는 나라이며, 과테말라와 엘살바도르가 그 뒤를 잇고 있다. 살인은 주로 MS13 또는 M18이라는 두 갱단의 단원들에 의해 저질러진다. 극히 폭력적이고 고도로 무장한 이 집단들은 사회 전체와 그중에서도 특히 가장 취약한 계층을 상대로 전쟁을 벌인다. 그들이 고용하는 미성년자는 대체로 저소득층 출신들이며, 때로는 열 살 정도밖에 안된 어린 아이들도 있다. 폭력 조직은 아이들에게 강도와 마약 거래는 물론이고, 심지어는 친구나 가족 구성원까지 살해할 것을 강요한다. 이런 방식으로 갱단은 조직의 '미래 구성원'들을 힘과 위계에 완전히 굴복시킨다.

그러나 과테말라, 엘살바도르, 온두라스의 젊은이들이 점점 힘과 보호라는 거짓된 약속을 믿을 수 없다는 걸 깨닫게 되자, 갱단은 전술을 바꿔 이제 '공포'를 모집의 주요한 도구로 삼기 시작했다. 일단 어린 소년 소녀가 모집 과정에 진입하면, 되돌리기란 거의 불가능하다. 가끔은 갱단 단원의 부탁을 들어주거나, 그들이 연 파티에 갔다가 자기도 모르는 사이에 끌려 들어가는 경우도 있다. 가입을 거부하거나 벗어나려는 시도는 대개 죽음이라는 대가로 되돌아온다. 이 비공식적인 '징병'을 피할 수 있는 거의 유일한 방법은 멕시코를 거쳐 미국으로 도주하는 것이다. 매년 멕시코를 가로질러 북쪽을 향해 이동하는 사람들 가운데 수천 명이 출신 국가에서의 폭력과 생명에 대한 위협을 이유로 미국에서 난민 지위를 받는다.

정부군이 모집한 신병에게 군복을 나눠주듯이, 중앙아메리카의 갱단들 역시 끌어들인 남녀 젊은이들에게 '군복'을 부여한다. 차이가 있다면, 그들에게 주어진 군복은 영원히 벗을 수 없는 문신이라는 점이다. 이제 갱단에서 저지른 모든 일들은 영원히 몸에 각인되게 된다. 많은 사람들이 탈출을 시도하지만, 불행히도 마수에서 벗어나는 이들이 극히 일부에 불과한 이유 중 하나이기도 하다. 그럼에도 해마다 많은 젊은이들이 갱단의 '군복'을 거부하며 도주를 택하고, 그들은 우리의 지지와 연대를 필요로 한다. 따라서 모든 이에게 살상을 거부할 권리가 있다고 믿는 사람이라면, 그들 역시도 병역거부자로 봐야 마땅하다.

오늘날 해마다 혈혈단신으로 멕시코와 미국 사이의 국경을 넘는 미성년자들의 수는 약 5만 명으로 추산된다.[31] 아동 이민자들을 위해 일하는 시민단체들은 이들을 이민자가 아닌 난민으로 간주할 것을 요구하고 있다. 이유는 매우 간단하다. 아이들은 갱단들 간의 다툼을 피해 도망쳤고, 이는 전쟁 상황과 다를 바 없기 때문이다. 전쟁이 있는 곳이라면 어디든 그것에 저항하는 사람들이 있고, 또 그것을 피해 탈출할 방법을 강구하는 사람들이 있기 마련이다. 병역거부가 단순히 법적인 용어가 아니라 직접적으로든 간접적으로든 살인을 저지르거나 살인에 연루되는 것을 거부하는 행위인 한, 그들 역시 병역거부자다. 마찬가지로 이민자들, 그 중에서도 특히 가장 명백한 전쟁 저항자들이라 할 수 있는 아동 이민자들과 함께 활동하는 지역 단체들은 명실상부한 병역거부 국제 연대 운동의 일부이다.

31 Bratek, Rebecca 2014, 57,000 migrant children picked up at US border since Oct. 1st, Los Angeles Times [online] 9th July 2014 [online], (http://www.latimes.com/nation/nationnow/lanannsenateimmigrationhearing20140709-story.html)

옮긴이 후기

한국의 병역거부 운동이 스스로에게 던진 질문들

한국의 병역거부 운동은 막 학생 운동을 마친 뒤 사회 운동에 몸담고 싶어 하던 몇몇 청년들에 의해 시작되었다. 학창 시절 접한 사회과학 서적들과 현장 활동을 통해 만난 사회적 소수자들 덕분에 좌파적 세계관을 가지게 되었으나, 막상 어디서부터 어떻게 누구와 운동을 시작해야 할지 난감해하던 그들이 퀘이커 평화단체인 친우봉사위원회American Friends Service Committee, AFSC 활동가들을 만나 병역거부 운동에 관해 알게 된 것은 되돌아보면 무척이나 다행스러운 일이었다.

당시 평화인권연대라는 신생단체의 설립자이자 활동가였던 이들은 이후 군대식 기준과 사고방식에서 정상성이 인정되지 않는 사람들, 이를테면 장애인, 여성, 여호와의 증인들을 만나고 그들의 이야기를 기록하면서 병역거부 문제를 사회의 수면 위로 끌어올릴 준비를 시작했다. 또 한편으로는 전쟁저항자인터내셔널과 같이 오랫동안 병역거부 운동을 해온 외국 단체들을 만나면서 그들로부터 캠페인 방법론을 배우고, 사례연구도 함께 진행했다. 아직 '병역거부'라는 단어조차 생소한 시절이었기에 공부할 게 한둘이 아니었던 기억이 생생하다.

그 무렵 병역거부는 유명한 성우가 당사자였기 때문이기도 했지만, 생각보다 심각했던 인권침해사史로 2001년 단숨에 한국 사회의 뜨거운

감자로 떠올랐다. 열심히 사람들을 만나고 기록하고 세미나를 했다고는 하지만 여전히 많이 부족했던 평화인권연대 신참 활동가들의 역량을 채워준 건 베델(여호와의 증인 세계 본부와 지부 사무실의 명칭)의 여호와의 증인들이었다. 매우 지적이고 꼼꼼한 이 분들은 사례 조사면 사례 조사, 번역이면 번역, 모든 분야에서 미숙한 활동가들을 도와주었다. 활동가들은 병역거부자들이 일제강점기부터 존재해 왔다는 사실, 이들이 인권의 사각지대에 놓여 있다는 현실, 국제 인권 기준으로는 이것이 인간의 천부적인 권리로 오래전부터 자리매김 해왔다는 것을 알리기 위해 먼저 병역거부자 개인과 그 가족, 친구들의 아픔을 전하는 데 캠페인의 온 역량을 집중했다. 그리고 이들을 위한 사회적 구제책으로 대체복무제의 도입에 대해서도 홍보했다. 여호와의 증인이 아닌 불교 신자이자 평화 운동가이던 오태양이 병역거부를 하기 전에는 이 문제가 특정 종교의 문제로 취급되기도 하는 바람에 종교의 자유 영역에서도 논의가 활발했고, 각 종교와의 간담회 등 다양한 활동들도 함께 진행되었다.

캠페인의 발전 과정에서 개인의 인권에 집중하는 이런 전략은 어떤 측면에서는 당연하고 효과적이었지만, 평화운동으로서의 병역거부 운동이라는 측면이 잘 드러나지 않는 현상도 발생했다. 병역거부자들의 역할은 착한 사람(그 시기 병역거부자들은 술을 먹어서도, 욕을 해서도, 질서를 어겨서도 안 됐다), 혹은 어떠한 고난도 감수하며 묵묵히 자기가 옳다고 믿는 신념(종교든 무엇이든)을 지켜나가는 사람이어야만 했고, 사회적 토론이 벌어질 때마다 이들은 이런 개인적 상황과 경험을 증언하기 위해 바르고 호의적인 모습으로 등장해야만 했다. 어떤 사회적 부정의나 군사주의에 저항하는 주체로서의 능동성이 부각되기보다는 심판을 기다리는 피해자로서의 수동성만을 기대 받았다. 활동가와 병역거부자들은 이런 상황을 문제로 받아들였고, 몇 번의 모임을 거쳐 2003년 병역거부자와 후원인들의 모임인 전쟁없는세상을 출범시켰다. 2003년 미국의 이라크 침공과 한국군의 파병 역시 반전평화운동으로서 병역거부 운동(군대란 궁극적으로 무엇을 위한 기관인가)을 다시 한 번 확인하게 하는 사건이었다. 한편 정치사회적 영역에서는 2004년 병역거부자들에 대한 사상 최초의 무죄 선고(서울남부지방법원 이정렬 판사)가 있었으나, 바로 대법원과 헌법재판소의 유죄 선고 및 병역법 합헌 결정으로 1심 법원의 저항은 묵살되었다. 하지만 같은 해 가을, 정기국회에서 대체복무제 도입을 위한 입법안 발의(임종인, 노회찬 의원)가 최초로 이루어져 매우 극적인 한 해를 보내게 된다.

병역거부 캠페인이 해를 거듭하면서 전쟁없는세상도 반군사주의 평화 운동 단체로서의 지향점을 분명히 하게 됐다. 그 중 하나가 무기거래반대 캠페인을 전쟁없는세상의 주요 의제로 채택한 것이었다. '전쟁과 전쟁을 일으키는 다양한 원인을 우리 일상에서, 그리고 사회 구조에서 제거하기 위해 노력할 것'이라는 전쟁없는세상의 신념처럼 활동가들은 무엇이 우리 사회에서 전쟁을 일으키는 일상인지, 이에 저항할 수 있는 역량이 우리에게 얼마나 있는지에 관한 오랜 논의와 판단을 거쳐 신중하게 전쟁없는세상의 두 번째 캠페인을 시작했다. 이는 2006년 전쟁저항자인터내셔널 국제회의의 관련 세미나에 참석하면서 영감을 얻은 것이었지만, 본격적으로는 2007년 당시 노무현 정부가 대체복무제 도입 방침을 밝히면서 가능한 일이었다.

전쟁없는세상의 활동 영역을 확장하는 이 논의 과정에는 우리의 병역거부 운동이 병역거부 당사자(국가에 의해 군 복무 의무를 부여받은 남성)가 아닌 다른 활동가들을 소외시키는 측면이 있었고, 특히 여성 활동가의 역할을 병역거부자 개인의 고난을 극대화시키기 위해 조용히 뒤에서 눈물짓는 지지자의 역할로만 비춰지게 했다는 내부적인 평가도 제기되었다. 우리가 의도한 바는 아니었지만 말이다. 병역거부 운동은 원래는 군사주의에 반대하는 운동이지만, 동시에 불복종하는 당사자가 주목받을 수밖에 없는 방식의 운동이라 반군사주의의 다른 이슈(징집 대상자가 아닌 다양한 실천자를 포괄할 수 있는)가 필요하다는 취지의 논의였다. 당시에 잘 몰랐지만, 터키와 같이 우리와 비슷한 문제를 겪은 나라에서는 이에 저항하는 전략으로 군 복무 의무가 없는 여성들이 공개적으로 병역거부를 선언('징병되는 것은 아니지만, 나 역시 전쟁을 일으키는 군사주의를 거부하는 병역거부자다!')하는 캠페인이 벌어지기도 했다. 이외에도 평화 수감자를 지원하는 활동을 여성 활동가 대신 출소한 병역거부자들이 맡는다든지, 여성주의 세미나와 워크숍을 시작한다든지 하는 젠더 의식을 전쟁없는세상의 활동에 흡수하려는 크고 작은 시도가 있었다. 어떤 시도는 성공적이었고, 어떤 시도는 실패했다.

그러다 이명박근혜 시기를 거치면서 전쟁없는세상도 침체기를 겪었다. 여러 가지 요인이 있었겠지만, 대체복무제 도입이 무산되면서 오는 상실감과 피로감이 일차적인 원인이었고, 최소한의 생계조차 보장할 수 없는 단체의 열악한 활동 환경, 의사결정 구조 등에서 협동적이고 민주적인 구조의 미비와 같은 문제들이 전쟁없는세상의 미래를 불투명하게 하는 그 외 요인들이었다. 이런 상황을 극복하기 위해 전쟁없는세상은 전쟁저항자인터내셔널의 비폭력트레이너와 함께 운동 계획 설계Movement Action Plan, MAP 트레이닝을 진행했다. MAP 트레이닝은 활동가들에게 사회 운동의 흐름을 보다 장기적 관점에서 볼 수 있게 하고, 전쟁없는세상 내 다양한 활동가들의 역할을 이해할 수 있게 해주었다. 또 그 즈음 본격적인 공사가 시작된 제주해군기지 반대 운동에 비폭력 직접행동 그룹으로 결합해서 활동한 것(그 행동 그룹의 주축은 전쟁없는세상의 여성 활동가들이었다!)은 MAP 트레이닝이 알려준 통찰과 함께 죽어가던 전쟁없는세상의 활동에 산소 호흡기가 되어 주었다.

결국 이 MAP 트레이닝을 계기로 전쟁없는세상은 앞의 두 가지 캠페인에 더해 비폭력 프로그램이라는 새로운 프로그램을 시작하게 되었다. 이것은 활동가의 소진과 중요한 자원 낭비, 내분, 절망 등 운동의 방해물에 대응하고 활동을 보다 효과적이고 행복하게 할 수 있도록 서로에게, 또 스스로에게 배운다는 취지의 일종의 교육 프로그램으로 현재까지 다양한 트레이닝과 워크숍, 자료를 생산해오고 있다.

번역하면서 특별히 주목한 지점들

이 책은 병역거부라는 이슈를 중심으로 쓰인 책이지만, 지난 15년간 전쟁없는세상의 고민과 실천을 이해하고 읽으면 더 잘 이해될 수 있는 내용이다. 전쟁을 일으키는 제도와 일상의 폭력이 어떻게 나날이 교묘해지고 진화하는지와 나라마다 지역마다 어떤 식으로 드러나는지를 알 수 있고, 또 이에 전쟁 저항자들이 어떻게 대응해왔는지를 잘 보여준다.

책을 옮기면서 고민했던 것 중 하나는 '병역거부conscientious objection' 라는 용어의 번역이었다. 영어 표현을 직역하면 '양심적 거부'이지만, 이것은 관용적으로 '사상·양심·종교에 근거해 군 복무를 거부하는 행위'를 뜻하므로 '양심적 병역거부'라고 해도 큰 문제는 없다. 그러나 이 책에서처럼 넓은 의미의 양심적 거부에 전쟁세 거부나 전쟁 수혜 활동 및 범죄조직의 모병(단원 모집)에 저항하는 것 등을 포함시킨다면, 병역거부라는 표현에는 약간의 오해가 있을 수 있다.

한편 종래의 사상·양심·종교에 근거한 병역거부와 그에 따른 수감 내지 대체복무가 아닌 소위 '병역 기피', 병역 면제, 탈영, 비전투병 복무 등도 구분 없이 이 개념에 포함시키는 것이 최근 세계 병역거부 운동의 추세이며, 이들을 '회색 거부자'라고 부르기도 한다. 그래서 한국의 한 병역거부자 후원회는 스스로 이름을 '양심없는 것들'이라고 짓기도 했다. 이 점에서 양심적이라는 수식어도 그리 적절하지 않다. 이런 문제의식에서 병역거부자와 그 밖의 양심적 거부자를 단순히 '거부자objector'라고 표현하기도 하나, 이 역시 혼동을 일으킬 여지가 있다.

그래서 어쩌면 의미상 가장 정확한 표현은 '전쟁 거부' 혹은 '군사주의 거부'일 것이다. 하지만 기존에 사용하던 용어와 너무 다르고, 여전히 거부는 대부분의 맥락에서 군 복무 거부를 뜻하므로, 편의상 앞의 수식어만 떼고 '병역거부'라 번역하기로 정했다. 결과적으로 병역에 한정된 느낌을 준다는 점에서는 아쉽지만, 원어 표현에 담긴 양심의 제약에서 벗어난 것은 다행스럽다. 다만 맥락에 따라 '양심적 (병역)거부'의 의미가 강조돼야 할 경우에는 그렇게 옮겼다.

이 책에서 특히 인상적이었던 것은 페미니즘과 여성 및 LGBT 병역거부자에 관한 부분이었다. 이 책은 인종, 계급, 장애 등 군사주의와 교차하는 여러 의제 중에서도 젠더에 특히 많은 지면을 할애하고 있으며, 필자도 절반가량이 여성이다. 병역거부 운동과 보다 광범위한 반군사주의 평화 운동 및 모든 진보적 사회 운동에서 젠더의식이 중요한 이유는 책에서 누차 설명하고 있으므로, 여기에 다시 적을 필요는 없을 것 같다.

오늘날 한국의 병역거부 운동은 적어도 남성 중심성이나 남성 우월주의에서는 많이 벗어난 것 같다. 병역거부를 주요 활동 영역으로 삼고 있는 전쟁없는세상의 활동가 중 절반가량이 여성이다. 평등한 조직 구조 덕에 숫자만이 아니라 실제 활동과 의사 결정에서의 영향력도 성별에 따른 격차가 거의 없다고 여겨진다. 또한 (남성) 병역거부자의 '영웅화'에 대한 경계와 문제의식도 공유되고 있다. 그럼에도 아직 공개적으로 선언한 여성 병역거부자가 나오지 않은 한국 활동가의 입장에서 터키나 이스라엘의 그런 사례를 접하는 것은 무척 흥미로웠다.

그 밖에 눈여겨본 것은 스페인의 인수미시온 운동과 전쟁세 거부, 그리고 콜롬비아와 영국의 건설적 프로그램 사례였다. 인습적인 운동의 틀을 탈피해 창의적이고 창조적인 동시에 효과적이고 성공적이었던 캠페인들의 경험은 지금 우리의 운동을 더 풍성하고 다채롭게 만들어줄 것이다. 이 책은 병역거부의 과거와 현재, 미래에 대한 통찰을 두루 담고 있다. 이것은 오늘날 병역거부 운동에 직접 발 담그고 있는 활동가뿐 아니라, 보다 광범위한 반군사주의 평화 활동가와 이외의 사회 운동에 참여하거나 그것을 조직하는 모든 사람에게 유용한 길잡이가 되어줄 것이다.

병역거부의 역사와 항시 전쟁의 위협에 놓인 한국의 공고한 군사주의, 반군사주의 평화 운동에서 제대군인의 역할, 완전거부가 주축이 된 핀란드의 운동, 이스라엘의 운동이 마주한 딜레마, 범죄 조직의 단원 모집에 저항한 멕시코의 운동 등, 과거의 사례를 우리는 타산지석과 반면교사로 삼을 수 있다. 열악한 국내 상황으로 인해 대체복무를 목표로 택할 수밖에 없었던 러시아와 대체복무제를 주된 목표로 삼은 것이 장기적으로 운동에 독이 된 독일의 사례, 그리고 라틴아메리카 운동에서 병역거부 운동의 여러 경향 간의 경쟁은 상반되는 시각을 함께 제시함으로써 우리의 시야를 넓히고 고민거리를 던져준다.

그리고 민주적인 의사결정과 조직화, 국제 연대, 국제법 기제 같은 운동의 방법론에 관한 구체적이고 실용적인 정보는 때와 장소에 관계없이 병역거부를 포함한 모든 분야의 활동가에게 당장 뼈가 되고 살이 될 것이다. 법률처럼 언뜻 어렵고 딱딱하게 느껴질 수 있는 내용도 있지만, 활동가가 알아야 할 것은 이런 절차의 존재와 그것을 이용하는 방법 정도이다. 어차피 세부적이고 기술적인 실무는 변호사나 기타 전문가의 도움이 필요하기 때문이다.

마지막으로, 갈수록 확장되고 있는 병역거부의 외연에 관한 부분은 활동가들이 현재 진행 중인 운동 내지 캠페인 이후의 미래를 상상하고 대비하는 데 유익할 것이다. 징병제 폐지 이후 운동의 과제와 다른 사회 운동으로 가는 발판으로서의 병역거부, 전쟁 수혜 활동에 대한 저항, 건설적 프로그램에 관한 아이디어들은 비록 병역거부 운동과 반군사주의 평화 운동에 초점을 맞추고 있으나, 그에 담긴 고찰은 다른 운동에도 충분히 적용될 수 있을 것이다.

우리는 모든 분야의 활동가와 진보적 사회 운동에 관심 있는 사람들이 이 책을 읽기를 바란다. 사회의 탈군사화와 평화, 평등, 민주주의는 병역거부 운동의 궁극적인 목적일 뿐 아니라, 그것의 수단이자 전략이며, 철학이다. 우리의 운동 방식은 그 자체로 우리가 만들고자 하는 현실의 반영이어야 하기 때문이다. 폭력적이고 차별적이며 비민주적인, 젠더·계급·장애 의식을 결여한 운동은 단기적인 성과는 거둘지언정 결코 정의롭고 평화로운 미래를 가져올 수는 없다. 비폭력은 우리가 만들고자 하는 사회의 반영으로서 그동안 우리가 문제의식 없이 답습해왔던 운동 방식의 대안으로 무한한 가능성을 품고 있다. 이 책을 읽은 사람들이 여기에 공감해주었으면 좋겠다.

2018년 5월 어느 날

지우, 정민

병역거부

변화를 위한 안내서

초판 1쇄 인쇄 2018년 5월 25일
초판 1쇄 발행 2018년 6월 1일

지은이 전쟁저항자인터내셔널(WRI)
옮긴이 여지우, 최정민

펴낸곳 도서출판 경계
펴낸이 최재훈
책임편집 최재훈
디자인 박자영
기획 이용석

등록 2011년 1월 19일, 제2012-000279호
주소 서울시 마포구 동교로 129, 301-B
전화 02-3144-1313
팩스 02-3144-0852
이메일 gyeonggyebooks@gmail.com

ISBN 978-89-969403-5-7 (03300)
인쇄 인쇄그룹 형제(02-2278-8828)
용지 뉴플러스 80g, 랑데부 210g

이 도서의 국립중앙도서관 출판예정도서목록(CIP)은 서지정보유통지원시스템 홈페이지(http://seoji.nl.go.kr)와 국가자료공동목록시스템(http://www.nl.go.kr/kolisnet)에서 이용하실 수 있습니다.
(CIP 제어번호: CIP2018016030)